Dimitri Casali

LA FRANCE DES ROIS DE FRANCE

Albin Michel

INTRODUCTION

L'âme des rois de France plane encore sur la France. Leur histoire est partout présente autour de nous. Pendant près de mille cinq cents ans, ils n'ont cessé d'agrandir, de consolider, d'embellir leur royaume et ont ainsi forgé notre territoire national. Cent monuments emblématiques racontent la longue construction d'une nation, la nôtre. Véritable radioscopie de la France, ces lieux de mémoire symbolisent l'œuvre patrimoniale de nos grands souverains et nous émerveillent sans cesse.
Les rois de France ont bâti la France, fait incontestable et sentiment partagé même par notre République. Depuis Hugues Capet, pas moins de trente-six rois capétiens se sont succédé en huit cents ans, soixante-six si l'on part de Clovis et que l'on ajoute les trente souverains mérovingiens et carolingiens.
Chaque roi est différent par ses traits de caractère, sa manière de faire, ses forces, ses faiblesses, ses réussites et ses échecs. Cependant tous ont consacré leur vie, quel que fût leur bilan, au même projet : unifier et étendre le royaume de France, renforcer le pouvoir de l'État, susciter l'idée nationale, l'adhésion des habitants aux mêmes croyances, au sein de populations très hétérogènes dont ils ont été le ciment. Plus qu'aucun peuple en Europe, le peuple français fut en effet le fruit d'un projet de « vivre ensemble » avant la lettre, dont ses rois se voulurent les promoteurs. Ce sont eux qui préparèrent cette unité nationale que la Révolution se contenta de parachever. Comme l'a écrit Pierre Nora : « La France est le plus vieil État-Nation au monde... »

Cet ouvrage, instantané de notre histoire, permet de mieux saisir la matière même de ce qui constitue la France « pays des arts et des lettres » et à laquelle les habitants du monde entier restent particulièrement attachés comme l'a encore rappelé l'incendie de Notre-Dame, le 15 avril 2019. Il retrace la part de nos rois dans la croissance de l'identité nationale. Ce livre raconte aussi, d'une époque à l'autre et dans l'ordre chronologique, comment les Français ont fait, de leur soif de connaissances et de créer, la clé de leur liberté.
Par sa situation géographique située au « Finisterre de l'Europe », la France est devenue un creuset où des hommes venus de tous horizons ont œuvré à son rayonnement culturel. Héritière de siècles de migrations artistiques et ce depuis le Moyen Âge, la nation française a construit son identité par un brassage d'influences architecturales des plus diverses. En retour et à de nombreux moments de l'Histoire de l'Humanité, la France a incarné l'espérance des hommes : avec les bâtisseurs des cathédrales dans le sillage des Capétiens, des châteaux de la Loire grâce à l'humanisme des princes de la Renaissance, jusqu'au grand âge du classicisme français où s'exprime le rationalisme de Descartes ou de Pascal. Aux monuments parisiens, de la Sainte-Chapelle au Palais-Royal, répondent ainsi cent lieux régionaux, repères culturels et mémoriels symboliques de l'œuvre royale dans les provinces. Donjons orgueilleux, ruines émouvantes, nobles patines et flamboyance des sculptures et des ornements, les lieux emblématiques du patrimoine français sont passés en revue.

Aujourd'hui, le grand public manifeste une réelle soif de redécouvrir ses racines culturelles et mémorielles, dans un contexte politique et social brûlant... Notre société a su développer son attachement au patrimoine et nous avons tendance à croire que tous ces monuments sont éternels. Pourtant, il y a quelques décennies, les vestiges architecturaux étaient parfois considérés comme une nuisance qui empêchait toute urbanisation ou, au mieux, une simple carrière où l'on allait se servir en matériaux. N'oublions pas comment la cité de Carcassonne a failli disparaître. Ce sont des hommes comme Viollet-le-Duc qui ont su mener le sauvetage et qui se sont battus pour pérenniser la restauration de notre patrimoine. Continuons son combat ! Cette Histoire unique, que le monde entier nous envie, nous permet de mieux comprendre que le fondement de l'identité française restera toujours et avant tout culturel...
À la lumière d'une magnifique iconographie, partons à la découverte de cette France – qui est loin d'être éternelle... –, dans les pas de nos rois de France.

N'oublions pas comment la cité de Carcassonne a failli disparaître.

LE PATRIMOINE ROYAL DE FRANCE

- Monuments religieux
- Forteresses, ouvrages militaires
- Bâtiments publics et palais régionaux
- Châteaux et palais
- Ouvrages d'art civils et publics

(Voir carte détaillée de Paris en double suivante)

SOMMAIRE

1 Notre-Dame de Paris
2 Donjon du Louvre
Forteresse du Louvre
3 Sainte Chapelle
4 Conciergerie
5 Palais de la Cité
6 Bastille
7 Faubourg Saint-Antoine
8 Place des Vosges
9 Place Dauphine
10 Pont-Neuf
11 Palais du Luxembourg
12 Hôtels du Marais
13 Sorbonne
14 Notre-Dame du Val-de-Grâce
15 Palais Mazarin
16 Invalides
17 Porte du Faubourg Saint-Martin
18 Porte du Faubourg Saint-Denis
19 Place des Victoires
20 Place Vendôme
21 Concorde
22 École militaire
23 Rotonde de La Villette
24 Rotonde du parc Monceau
25 Panthéon
26 Palais-Royal

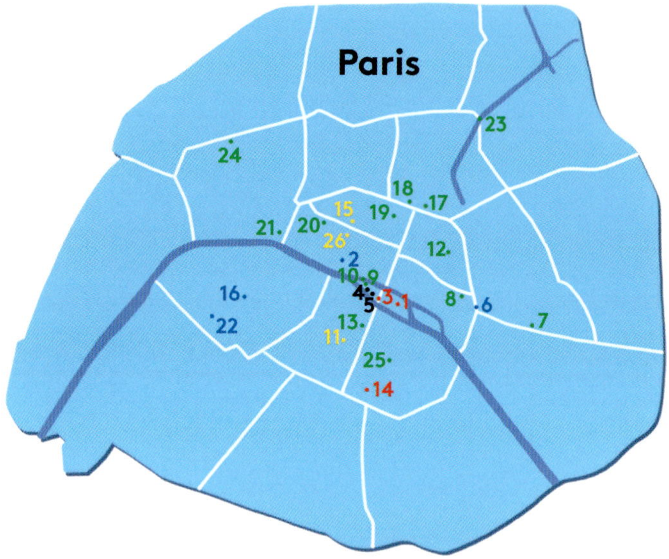

- Monuments religieux
- Forteresses, ouvrages militaires
- Bâtiments publics et palais régionaux
- Châteaux et palais
- Ouvrages d'art civils et publics

Chapitre 1

LOUIS VII : LA NAISSANCE DE L'ART FRANÇAIS

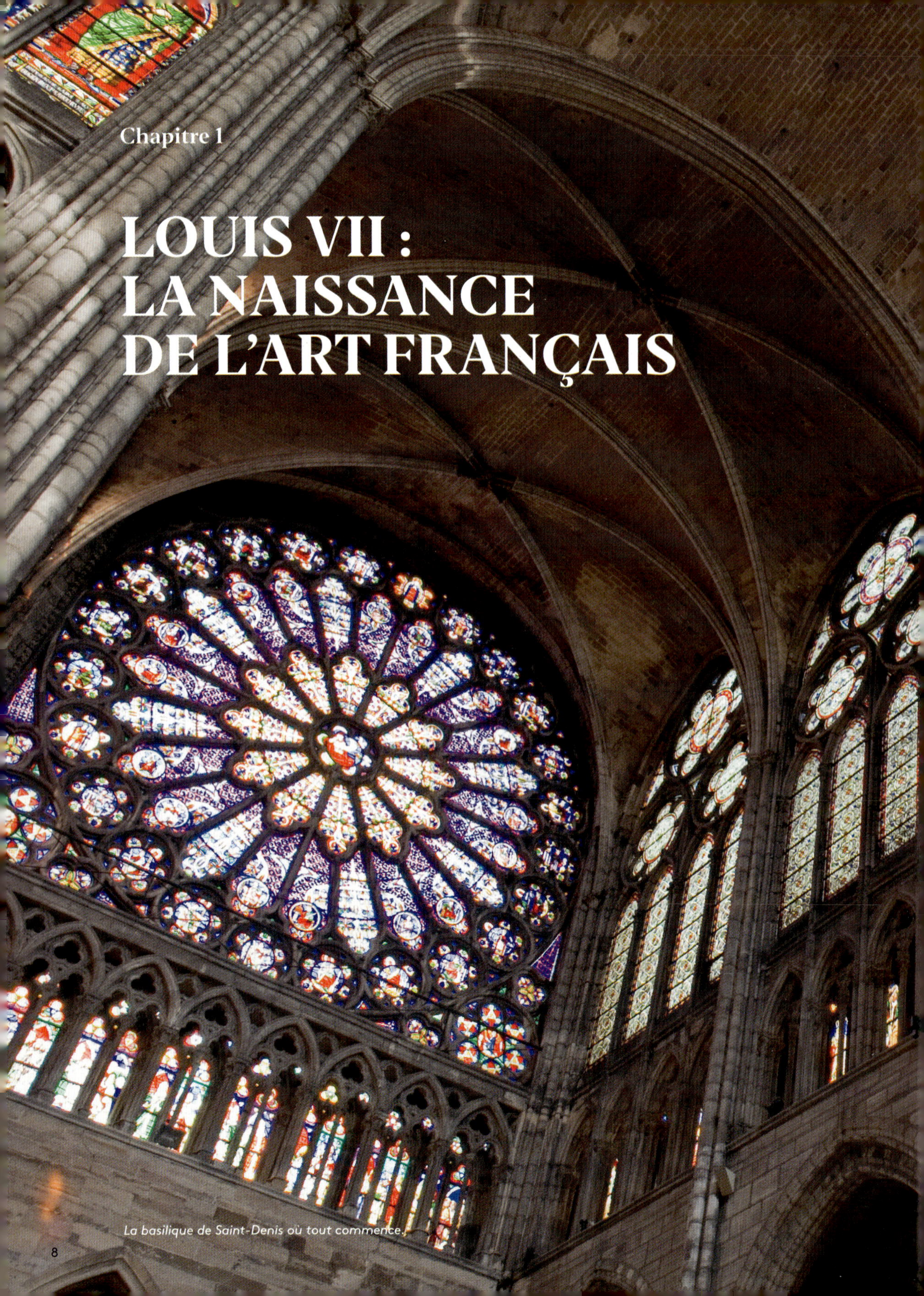

La basilique de Saint-Denis où tout commence.

AUX ORIGINES DE LA FRANCE

La Francie occidentale : morceau d'Empire...

Au début du Moyen Âge, la France n'existe pas encore... Son territoire fait partie de l'Empire de Charlemagne qui s'étend de la Bretagne à l'Autriche. En 843, lors du traité de Verdun, cet État géant est partagé entre les petits-fils du grand empereur carolingien qui forment des royaumes indépendants. À Louis le Germanique revient l'est de l'Empire, de l'Autriche au Rhin, qui prend le nom de Francie orientale. Lothaire hérite d'un ensemble de territoires situés entre le Rhin, le Rhône et l'Escaut : la Lotharingie. Quant à Charles le Chauve, il récupère toute la partie ouest de l'ancien Empire carolingien, la Francie occidentale, le lointain ancêtre de notre France.

Le royaume de Charles le Chauve est limité à l'ouest par la Manche et l'océan Atlantique, au sud par la marche d'Espagne, de l'autre côté des Pyrénées, et la Méditerranée. À l'est, la frontière serpente entre l'Escaut, la Meuse, la Saône et le Rhône, les fameux « quatre fleuves ». Ravagée par les invasions normandes et sarrasines tout au long des IXe et Xe siècles, la Francie occidentale ne compte en 987 que 5 millions d'habitants, mais comporte quelques zones de fort peuplement, en Île-de-France, en Flandre ou en Champagne.

Au début du Moyen Âge, la France n'existe pas encore...

Une mosaïque d'États féodaux

Incapables d'arrêter les invasions du IXe siècle, les rois se sont appuyés sur des chefs de guerre issus des grandes familles carolingiennes. Seuls remparts face à l'ennemi, ces puissants personnages se sont taillé d'immenses domaines et ont accumulé les terres. Leurs descendants ont fondé des principautés puissantes comme l'Anjou, la Bourgogne, la Flandre ou la Champagne, à l'origine de nos provinces puis de nos régions. Ils sont devenus des princes disposant de solides réseaux de clientèle et se sont parés de titres ronflants : comtes, ducs (« celui qui dirige » en latin), marquis... À tel point que la Francie occidentale ressemble, à la fin du Xe siècle, à une vaste mosaïque, sans véritable pouvoir central.

En effet, le roi de Francie occidentale n'exerce son autorité réelle que sur son domaine royal, un petit ensemble de terres dispersées et enclavées, qui s'étend de Senlis à Orléans. Maître de Paris, il dispose ainsi de quelques bonnes villes marchandes comme Étampes ou Corbeil et d'établissements religieux comme Saint-Germain-des-Prés, Corbie et Saint-Riquier. De ce « domaine royal », il tire toutes ses ressources, sous la forme de taxes et de revenus fonciers. Isolé et encerclé, le roi fait pâle figure à côté de ses vassaux, beaucoup plus puissants et plus riches que lui : le duc de Normandie Richard Ier, le comte Foulques III d'Anjou ou le comte de Toulouse Raymond IV. Pourtant, à partir du XIe siècle, les rois capétiens, à force de traités, de mariages et de conquêtes, vont peu à peu étendre le domaine royal, aidés par une période de grande croissance démographique et économique qui s'est ouverte à travers toute l'Europe. Prudemment, les rois de France affirment leur pouvoir. Ils font accepter l'idée que celui-ci leur vient directement de Dieu et qu'ils sont eux-mêmes les représentants de Dieu sur terre. Les autres seigneurs doivent leur rendre hommage. Qui aurait pu croire que cette fragile dynastie devait gouverner la France jusqu'à la Révolution, soit un plus de huit cents ans...

Carte

La France au XIe siècle

Domaine royal

Principautés vassales du roi de France

Seigneuries ecclésiastiques

Limite du royaume

Limite actuelle

LES CAPÉTIENS ET LA NAISSANCE DE L'ART FRANÇAIS

Notre récit débute au moment où se produit ce que l'on peut considérer comme la véritable naissance de la France. C'est-à-dire l'époque où, parmi un large brassage d'idées et de populations, se manifestent l'esprit et l'art français, le moment où s'éveille le sentiment national, cette conscience d'être relié en une entité forte où tout un peuple s'unit pour mieux se différencier des autres nations. Le XIIe siècle est le siècle charnière, celui où la dynastie capétienne s'arme de forces nouvelles. Avec Paris pour capitale, Reims pour ville du sacre, et l'abbaye de Saint-Denis pour nécropole, la royauté française dispose de trois centres névralgiques issus des plus anciennes traditions franques.

Les règnes de Louis VI le Gros, de Louis VII le Jeune et surtout de son fils Philippe Auguste, avec sa grande victoire de Bouvines de 1214, sont décisifs et caractéristiques de ces mutations.

Dans les domaines politique, intellectuel et artistique, tout se met en place progressivement à cette période : le titre même de « roi de France », l'art français des cathédrales, les universités de Paris à Montpellier, la littérature avec la *Chanson de Roland*, le *Roman de Renart*, *Le Roman de la Rose*, Chrétien de Troyes, les savants, saint Thomas d'Aquin, Abélard et Héloïse, la capitale Paris et ses cent mille habitants vers 1260 et déjà sur notre territoire environ quinze millions d'habitants.

Paris devient le siège permanent du roi. Jusqu'alors les rois étaient restés itinérants pour des raisons matérielles d'approvisionnement mais aussi pour des questions militaires et judiciaires. L'art gothique qui va naître sera le reflet sur le plan architectural de la promotion de cette région d'Île-de-France où se recoupent les axes du pouvoir, de l'économie, de la pensée universitaire et de l'art.

La multiplication des constructions d'églises favorise l'éclosion d'un nouveau type d'architecture : l'art gothique. Cette naissance des cathédrales marque la véritable naissance de la France. Saint-Denis est la première basilique de l'art gothique que l'on nomme alors « art français » au sens littéral. Apparu dans le bassin parisien, cet art va se développer partout en Europe. Animé par une véritable fièvre de constructions religieuses, le royaume de France voit s'édifier quatre-vingts cathédrales : Notre-Dame de Paris, Chartres, Reims qui s'élancent de plus en plus haut dans une course effrénée vers le ciel. Ce qui frappe le plus dans ce nouveau style architectural est cette verticalité, cet irrésistible élan vers les cieux.

Histoire d'un mot

Gothique

Ce style architectural était appelé par les chroniqueurs du Moyen Âge *opus francigenum*, c'est-à-dire « art né au pays de France ».
Le terme « gothique » (« relatif aux Goths »), forgé pendant la Renaissance, désigne d'abord, et de façon péjorative, la période médiévale, jugée barbare par rapport à l'Antiquité romaine.
C'est dans les années 1820, au début de la vague romantique, que l'adjectif « gothique » en vient à qualifier de façon positive les églises bâties entre le XIIe et le XIVe siècle.

La construction d'une cathédrale est assimilée à celle d'une cité fabuleuse, véritable « Jérusalem céleste ». Enluminure de Jean Fouquet, vers 1470.

Notre-Dame de Paris, Chartres, Reims qui s'élancent de plus en plus haut dans une course effrénée vers le ciel.

Date

11 juin 1144 : la naissance de l'art français

À 5 kilomètres au nord de Paris, la nouvelle basilique de Saint-Denis, nécropole des rois de France, est solennellement consacrée le dimanche 11 juin 1144 en présence du roi Louis VII le Jeune et de son épouse la reine Aliénor d'Aquitaine. Les grands personnages du royaume, les évêques et les archevêques, tous sont émerveillés par la lumière des vitraux et l'élancement de la structure. Ce jour signe la naissance de l'art gothique appelé aussi « art français » qui combine les techniques de la croisée d'ogives et des arcs-boutants, caractérisé par la hauteur, la luminosité et la richesse de la décoration.
Les premiers essais de cette nouvelle technique ont lieu en Normandie, comme la salle capitulaire de l'abbaye de Jumièges ou encore en Angleterre le chœur de la cathédrale de Durham, où elle a été utilisée dès la fin du XIe siècle. Hormis ces tentatives, c'est en Île-de-France que s'élabore véritablement ce style nouveau de l'art français, l'*opus francigenum* qui se répandra ensuite dans l'Europe entière et connaîtra un succès foudroyant de l'Écosse à la Pologne et de la Hongrie à l'Espagne ; partout on imite l'*opus francigenum*.
Sa localisation parle d'elle-même : toutes ces cathédrales sont situées dans les villes appartenant au domaine royal capétien.
Les innovations du gothique ne concernent pas seulement les cathédrales, les remparts des villes comme celle de Carcassonne, les palais, les châteaux forts comme la tour du Louvre en adoptent aussi les techniques.
Ainsi, à la fin du XIIIe siècle, grâce aux modèles français, le gothique est l'art de l'Occident.
Il atteint son plus grand degré de pureté.

Page de gauche : La tour gauche de la ***basilique Saint-Denis*** *(Île-de-France) sera lézardée en 1837 par la foudre. Des travaux de restauration sont dirigés par les architectes Debret puis Viollet-le-Duc qui fera déposer la flèche en 1847 et sauvera la basilique de la ruine. Gravure de 1845.*
Page de droite : Saint-Denis se distingue des autres abbayes par une architecture nouvelle, l'art gothique.

Lieu de mémoire

Saint-Denis, première église au monde construite dans le style gothique

Suger, abbé de Saint-Denis, lance en 1135 les travaux de reconstruction de l'ancienne église romane. Il fait venir des artistes de tout le royaume de France pour aboutir à une œuvre d'art total et donner à l'édifice l'image d'une cité fabuleuse qu'il assimile à la Jérusalem céleste. Dans un premier temps, on élève une nouvelle façade dotée de deux tours crénelées. Sur les bâtiments romans, les ornements étaient constitués par les tympans qui surplombaient les entrées. Suger fait réaliser, à Saint-Denis, de fines sculptures sur toute la façade, certaines évoquant la Jérusalem céleste. Avec ses trois portails, l'abbatiale illustre la Trinité.

Pour l'intérieur de l'édifice, Suger s'inspire d'une nouvelle technique élaborée depuis peu en Angleterre, la croisée d'ogives, qui permet de bâtir de hautes voûtes en répartissant leurs forces vers les piliers. Avec ces arcs croisés, d'immenses piliers peuvent être élevés sans fragiliser la couverture de l'édifice. Des éléments architecturaux inédits comme les arcs-boutants supportent le poids de ces voûtes. Le chœur sera achevé après quatre ans de travaux.

Plus haute, plus élancée, la basilique fait ainsi entrer plus de lumière à l'intérieur de ses murs. Ses bâtisseurs veulent illuminer les esprits des fidèles et les « mener par la lumière à la lumière ». C'est pourquoi ils redécouvrent l'art du vitrail, connu depuis l'Antiquité. Composé de nombreux morceaux de verre colorés reliés entre eux par du plomb, celui-ci permet de raconter de belles histoires : des passages de la Bible, des épisodes de l'Histoire, mais aussi des scènes de la vie quotidienne. Dans le déambulatoire qui entoure le chœur, l'abbé Suger ordonne l'ouverture de multiples chapelles rayonnantes en perçant de larges baies décorées de vitraux aux couleurs rouge rutilant ou bleu profond. Ces verrières commandées exerceront une influence majeure sur tout l'art gothique. Les fragments de verre soudés entre eux par du plomb composent des figures majestueuses. De ces vitraux originaux, il ne subsiste à Saint-Denis que cinq verrières, elles sont les plus anciennes datées avec certitude.

À la mort de Suger en 1151, seul le chœur et la façade sont entièrement terminés, la basilique restera en chantier jusqu'au début du XIIIe siècle. Toutefois sa consécration en 1144 marque bien le début de ce nouveau style architectural : l'art gothique qui va ensemencer l'Europe entière.

Après Saint-Denis, les mêmes équipes d'artisans travailleront au portail royal de la cathédrale de Chartres entre 1145 et 1155. On retrouvera le même esprit à Sens entre 1130 et 1164, à Senlis, à Laon et enfin à Paris où Notre-Dame est érigée en 1163 et sa nef achevée en 1180.

Vue intérieure du chœur vers le nord-est de la basilique Saint-Denis.
***La basilique Saint-Denis (Île-de-France)** : l'art ancien du vitrail ressuscite et permet le triomphe de la lumière. Commencée en 1137 par l'abbé Suger, sa façade ouest est terminée en 1140, le chœur est bâti de 1140 à 1144, la nef est du XIIIe siècle.*

LA BASILIQUE DE SAINT-DENIS, TOMBEAU DES ROIS

L'abbaye royale de Saint-Denis a illuminé des siècles durant l'histoire artistique, politique et spirituelle de la France. Premier témoin de l'art gothique, inaugurée en 1144, la nouvelle basilique est élevée sur les fondations d'une première église bâtie à la fin du Vᵉ siècle sur la tombe de saint Denis, premier évêque de la ville de Paris, persécuté et mort décapité au IIIᵉ siècle. Après sa décollation à Montmartre (mont des Martyrs), il se serait relevé et aurait marché, la tête dans les mains, jusqu'à ce lieu où il voulait être enterré. Agrandie et favorisée par Dagobert en 629, l'église devient un centre religieux important. À sa mort en 639, le roi mérovingien choisit de se faire enterrer auprès des reliques du saint qui, selon la croyance religieuse, est censé assurer l'accès du souverain au paradis. Ainsi, peu à peu, l'abbaye devient le lieu de sépulture privilégié des rois de France : 42 rois, 32 reines, 60 princes et princesses y ont reposé. À la suite de son pillage par les révolutionnaires en 1793, la plupart des sépultures ont été saccagées puis perdues. Aujourd'hui soixante-dix gisants et tombeaux monumentaux sont exposés dans la nécropole. Louis VII est le seul roi de France à y reposer avec certitude car, à l'époque de la Révolution, sa dépouille reposait à l'abbaye de Barbeau, près de Melun et c'est Louis XVIII qui la fit transférer à la basilique de Saint-Denis le 30 juin 1817. Napoléon en 1805 avait fait procéder à une première restauration.

Histoire d'un mot

Capet et capétien

Les Capétiens sont les rois de France qui ont succédé à Hugues Capet, et cette dynastie régnera pendant plus de huit siècles. Le mot « capet » désignait une petite cape. Hugues doit ce surnom au fait qu'il était abbé laïc de Saint-Martin de Tours. Ce saint s'était illustré en partageant son manteau, ou sa cape, avec un pauvre – et ce vêtement était devenu l'emblème de l'abbaye…

Saint-Denis, la basilique-nécropole.

La croisée d'ogives est une véritable révolution ! Placées sous la voûte, les ogives rendent l'église moins massive et lui permettent de s'élever plus haut vers le ciel. Le style gothique est né.

Portrait

Suger, le conseiller royal

Fils d'un chevalier pauvre, Suger (1080-1151) a le privilège d'entrer à l'âge de 10 ans à l'abbaye de Saint-Denis pour y étudier et devenir moine. C'est là qu'il rencontre le futur Louis VI dont il devient l'ami. Ce petit homme chétif possède une intelligence hors du commun et un talent unique d'administrateur, qualités qui lui valent une ascension fulgurante : d'abord moine archiviste, il effectue de nombreuses missions pour le roi et auprès du pape pour promouvoir son abbaye de Saint-Denis, avant d'en être élu abbé en 1122. En plus d'être un bon diplomate et un appui efficace pour le roi, Suger est aussi un grand historien. Il est à l'origine des *Grandes Chroniques de France*, histoire officielle de la monarchie. L'abbé est alors à la tête d'un des plus riches et des plus puissants établissements monastiques du royaume. Il ne se contente pas de cette fonction : il fait partie des meilleurs conseillers qu'aient eus les Capétiens, d'abord de Louis VI puis de son fils Louis VII. L'abbé Suger contribue à populariser l'idée que le roi capétien ne peut être le vassal de personne. De la royauté capétienne, il se fait une conception très élevée plaçant le souverain au sommet d'une pyramide féodale idéale et lui assignant la mission « de sauvegarder les églises, de protéger les pauvres et les malheureux, de donner des soins à la paix et à la défense du royaume ».

Suger présentant le plan de l'abbaye de Saint-Denis au roi Salomon, *vitrail, XIIe siècle, abbatiale de Saint-Denis. L'abbé Suger est présenté par Richelieu comme le premier grand serviteur de la monarchie.*

Symbole

La fleur de lys, symbole royal

Les fleurs de lys qui ornent la couronne et la tenue royale sont d'abord le symbole biblique de la Vierge Marie. L'abbé Suger éprouve une véritable passion pour la Vierge et pense qu'elle est la protectrice du royaume de France. Il propose alors au roi Louis VI d'arborer ce symbole pour montrer à toute la chrétienté que son royaume est placé sous la protection de Marie, mère du Christ. Semées sur un champ d'azur, elles symbolisent, pour le bleu, le ciel et le spirituel, pour les lys, la blancheur de la pureté et la perfection. Les fleurs de lys deviennent officiellement les « armes de France ». Un siècle plus tard, cette fleur est partout répandue sur les monnaies, les bannières et même les vêtements royaux et sur les sceaux, qui sont la « signature » du roi. En un siècle, la fleur de lys a conquis la France… À la fin du XIIIe siècle, le symbole change un peu. Seules trois fleurs de lys sont représentées sur les bannières royales. Elles sont censées représenter les trois valeurs du royaume de France : la foi, la sagesse et la chevalerie. Peu à peu, les lettrés leur donnent un autre sens. Les trois fleurs de lys représentent la Trinité chrétienne : le Père, le Fils et le Saint-Esprit. Bref, la France est bien « la fille aînée de l'Église ». La blancheur du lys se retrouvera, dès le XVe siècle, sur la bannière royale qui représente la France et son peuple, comme, par exemple, sur l'étendard de Jeanne d'Arc.

Dès la fin du XIIIe siècle, les fleurs de lys sont représentées en « semé » : en semis sur fond d'azur, comme une voûte étoilée, signe des liens sacrés entre le souverain et le ciel.

Suger a conçu des vitraux chargés d'une grande signification symbolique et religieuse, jouant un rôle essentiel dans la mise en valeur de la basilique.

LOUIS VII, UN ROI DE FRANCE À SAINT-DENIS

Mariage avec Aliénor d'Aquitaine

Second fils de Louis VI, le prince Louis est éduqué pour devenir clerc ou moine. Après la mort accidentelle de son frère aîné Philippe, il monte sur le trône à l'âge de 16 ans, en 1137, d'où son surnom de « le Jeune ». Il est pourtant appelé à jouer un rôle important dans l'histoire de France. Malgré des choix qui se révèlent funestes, le royaume s'enrichit et une véritable renaissance intellectuelle se manifeste. Le roi a été marié sept jours seulement avant la mort de son père à Aliénor d'Aquitaine, héritière du duc d'Aquitaine qui lui a apporté en dot un territoire grand comme cinq fois celui du roi de France.

Départ pour la deuxième croisade

En 1144, l'émir turc de Mossoul menace les États chrétiens de Palestine. Aliénor pousse alors son époux à organiser la deuxième croisade. Avant son départ, et comme le veut la coutume, Louis VII va prendre l'oriflamme à la basilique de Saint-Denis. Le 12 mai 1147, il reçoit avec son épouse la bénédiction des mains du pape Eugène III. Pendant l'absence du roi, Suger, son fidèle conseiller, est nommé régent. S'acquittant de sa tâche avec succès, il réussit à se procurer l'argent nécessaire pour financer la croisade et à préserver l'autorité royale malgré l'agitation des grands seigneurs.

Le 12 mai 1147, Louis VII prend l'oriflamme à Saint-Denis avant de partir en croisade, tableau de Jean-Baptiste Mauzaisse (1840).

La reine, ses suivantes et bien sûr ses troubadours font partie du voyage, ce qui retarde considérablement l'expédition. Parvenu en Orient, Louis VII, peu doué pour la guerre, ne fait preuve d'aucun talent militaire et la croisade se solde par un échec cuisant. Après avoir divorcé d'Aliénor le 21 mars 1152, Louis se remarie d'abord avec Constance de Castille puis avec Adèle de Champagne (descendante de Charlemagne) qui lui donne un fils, le futur Philippe Auguste, le 21 août 1165.

En 1179, le fils aîné du roi, Philippe, est associé au trône et est couronné à Reims. Il n'a que 14 ans. Le vieux roi, âgé de presque 60 ans, ne peut assister à la cérémonie car il est malade. Il s'éteint dans le palais de la Cité le 18 septembre 1180 après quarante-trois ans de règne.

Histoire d'un mot — **Montjoie Saint-Denis**

C'est depuis le règne de Louis VI (1081-1137), père de Louis VII, que les rois de France se rendent à l'église pour lever l'oriflamme de Saint-Denis avant de partir en guerre. L'oriflamme est l'étendard des rois de France. Cette précieuse étoffe de taffetas écarlate parsemée de flammes d'or, découpée en pointe et montée sur une hampe, les accompagne sur chaque champ de bataille. À l'origine, elle est la bannière de l'abbaye de Saint-Denis. En temps de guerre, cet étendard est systématiquement levé par les souverains qui viennent le recueillir des mains de l'abbé sur l'autel du saint martyr, pensant ainsi acquérir pouvoir et protection du saint protecteur du royaume : saint Denis. « Montjoie Saint-Denis », cri de guerre des chevaliers français sur les champs de bataille à partir du XIIe siècle, est inscrit dessus. À l'origine, une « mont-joie » est une colline protégeant un territoire et il en existait une près de Saint-Denis. Ce cri devient la devise du royaume de France. L'oriflamme est un des symboles capétiens autour duquel poindra un premier sentiment national.

Le couple royal Louis VII et Aliénor écoutant saint Bernard prêcher la deuxième croisade en 1146 à Vézelay, sur un tableau d'Émile Signol (1840).

ALIÉNOR D'AQUITAINE, LA REINE DES TROUBADOURS

Aliénor (1122-1204) épouse Louis VII le 25 juillet 1137 puis est couronnée reine de France le Noël suivant. Son influence sur les destinées du royaume va se révéler considérable... Belle, vive, frivole et sensuelle, elle est aussi très cultivée : elle connaît le latin, la musique et la poésie. Élevée à la cour d'Aquitaine, l'une des plus raffinées de l'époque, la nouvelle reine est rapidement déçue par le froid et austère palais de l'Île de la Cité à Paris. Quant à Louis VII, il se révèle timoré, ennuyeux et particulièrement pieux. Très vite, le couple ne cesse de se disputer. Aliénor choisit de vivre entourée de troubadours, ces poètes itinérants qui vont de château en château en racontant des épopées en vers glorifiant les vertus chevaleresques. Le plus souvent, ils sont natifs d'Aquitaine, de Provence ou du Limousin. Grâce à la reine, ce nouvel art de vivre se répand dans tout le pays. Une nouvelle culture basée sur le thème de l'« amour courtois » s'épanouit à la cour capétienne.

Ci-dessus : Aliénor, deux fois reine, mère de deux rois et de deux reines. Elle est belle avec des yeux verts limpides, une bouche admirable, un regard doux.
Ci-contre : ***Le tombeau d'Aliénor d'Aquitaine,*** *gisant polychrome représentant Aliénor d'Aquitaine, fin XIIe siècle.* ***Abbatiale Notre-Dame-de-Fontevraud,*** *tombeaux des Plantagenêts, Fontevraud-l'Abbaye (Pays de la Loire).*

Date

Louis VII, Aliénor d'Aquitaine, un divorce funeste pour le royaume

Le 21 mars 1152, une assemblée d'évêques, réunie à Beaugency, annule officiellement le mariage entre Louis VII et Aliénor, héritière du duché d'Aquitaine. C'est la fin d'une union plus stratégique que sentimentale scellée en 1137. Elle avait apporté au royaume de France l'immense duché d'Aquitaine qui s'étendait de la Loire aux Pyrénées. Mais les époux ne s'accordaient pas. « J'ai épousé un moine et non un roi », se plaignait la très indépendante Aliénor, lassée par l'austérité de son mari. Bien que très amoureux, Louis VII ne supportait pas sa frivolité méridionale. Il lui reprochait de ne pas lui donner d'héritier et de s'afficher avec de beaux seigneurs. Pendant la deuxième croisade, la discorde entre les deux époux s'accroît et éclate à leur retour en France. Louis reproche à Aliénor la légèreté de sa conduite et la soupçonne de le tromper. Peut-être lui a-t-elle été infidèle, en 1148, lors du séjour du couple à Antioche... D'aucuns évoquent en effet une liaison avec Raymond de Poitiers, son propre oncle ! L'affaire a fait grand bruit. Honteux, Louis VII a embarqué de force son épouse pour la France. La rupture était imminente. Chose inouïe, c'est Aliénor qui demande le divorce, au motif qu'il existe un lien de consanguinité entre elle et son époux !
Ce divorce aura des conséquences désastreuses pour le royaume de France. En effet, deux mois plus tard, la plus courtisée des divorcées épousera le fringant et énergique Henri II Plantagenêt, en lui apportant son immense duché d'Aquitaine soit un quart de la France, ce qui fait de lui un seigneur plus puissant que le roi de France. Ce sera le début d'une lutte entre Capétiens et Plantagenêts qui durera près de trois siècles.

Carte

Carte de la France vers 1180 à la mort de Louis VII

Domaine royal

Fiefs du roi de France

Seigneuries ecclésaistiques

Fiefs du roi d'Angleterre

Limite du royaume

Frontière actuelle

En se mariant à Henri Plantagenêt, Aliénor d'Aquitaine apporte en dot les riches provinces d'Aquitaine, du Poitou, du Périgord et du Limousin. Le domaine de Louis VII est singulièrement réduit. Les guerres entre la France et l'Angleterre vont se succéder.

« L'EMPIRE ANGEVIN »

Un second mariage va sceller la puissance de la famille des Plantagenêts issue des comtes d'Anjou. Le 18 mai 1152, Henri, le fils de Geoffroy V qui avait épousé Mathilde l'Emperesse, fille et héritière d'Henri Ier d'Angleterre, épouse Aliénor. En guise de dot, il reçoit son immense principauté, qui fait de lui l'un des personnages les plus puissants d'Occident. Au même moment, seul et sans héritier vivant, le nouveau roi d'Angleterre Étienne de Blois n'a d'autre choix que de lui léguer son royaume. À sa mort en 1154, c'est donc Henri Plantagenêt qui est proclamé roi d'Angleterre, devenant ainsi le maître d'un immense ensemble anglo-normand, mais aussi aquitain, qui s'étend de l'Écosse aux Pyrénées. Cet « empire angevin » durera jusqu'au début du XIIIe siècle, lorsque le roi de France Philippe Auguste parviendra à annexer l'Anjou, en 1205, au domaine royal, rattachement officialisé en 1259, lors du traité de Paris.

Le troubadour Bernard de Ventadour suit Aliénor d'Aquitaine à la cour d'Angleterre. La poésie des troubadours célèbre la femme avec beaucoup de respect et d'honneur. Elle devient alors l'incarnation de la noblesse et de la vertu.

Anecdote

L'amour courtois né en France

Née dans le Midi, cette nouvelle culture s'épanouit à la cour capétienne quand Aliénor arrive à Paris. Ce thème médiéval est né en Aquitaine sous la plume de son grand-père le duc Guillaume IX (1071-1127). Les troubadours chantent l'« amour courtois », c'est-à-dire l'amour profond et véritable entre un chevalier et sa dame. Mais rapidement, en Île-de-France, le sens du mot s'enrichit. Il devient une nouvelle culture, une nouvelle manière de penser, de se comporter, d'aimer et d'écrire selon des règles très précises : la femme est toujours vénérée pour sa beauté, l'homme doit être loyal, courageux et dévoué selon les valeurs de la chevalerie. L'amoureux est malade d'amour, il ne pense qu'à sa belle et en perd le sommeil. Enfin, l'amour vrai n'existe pas dans le mariage qui est plus une alliance politique et économique. L'homme est ainsi toujours amoureux d'une femme inaccessible, mariée et d'un rang social plus élevé que lui.

Lieu de mémoire

Le palais des comtes de Poitou et ducs d'Aquitaine de Poitiers

Avec la grande salle et la tour Maubergeon, le palais des comtes de Poitou et ducs d'Aquitaine est aujourd'hui l'un des plus remarquables ensembles d'architecture civile médiévale en France. La grande salle d'apparat, dite « Salle des Pas Perdus », est réédifiée par la famille Plantagenêt un peu avant 1200, avec ses vastes dimensions et son décor de style angevin (petites arcades décoratives, chapiteaux). Elle était la salle officielle du palais.

Le palais des comtes de Poitiers (Nouvelle-Aquitaine) *est l'ancien palais comtal de Poitiers et l'ancien palais ducal d'Aquitaine. Il est un témoignage médiéval du style architectural du gothique angevin. Le bâtiment avait la fonction de palais de justice jusqu'en 2019.*

NOTRE-DAME, CENTRE DE GRAVITÉ DE LA FRANCE

C'est sous le règne de Louis VII, réputé pour sa dévotion, que sont entamés les travaux de Notre-Dame de Paris, la plus majestueuse de toutes les cathédrales, au cœur même de la capitale de son royaume. Notre-Dame de Paris devient l'un des symboles de la monarchie française. Elle est l'édifice le plus imposant de son époque.

Le plus vaste monument religieux du monde occidental

Notre-Dame de Paris est construite sur l'emplacement d'une ancienne cathédrale qui datait du IVe siècle, à l'initiative de Maurice de Sully, évêque de Paris de 1160 à 1196. Encouragé par le roi, qui offre la somme considérable pour l'époque de 200 livres, il décide sa reconstruction, afin de ne pas laisser l'Église à l'écart du grand dynamisme qui secoue la capitale dans tous les domaines. Toutefois elle est aussi une réponse à la puissance de l'abbaye de Saint-Denis, très liée à la monarchie. Maurice de Sully jouit également de la confiance de la famille royale, de Louis VII et de son fils Philippe Auguste. Il parvient ainsi à manifester le renforcement du pouvoir épiscopal par rapport au pouvoir des abbayes. Car les cathédrales illustrent aussi l'accroissement du pouvoir des évêques qui jouent un rôle fondamental dans cette course effrénée vers le ciel dans toute l'Île-de-France que ce soit à Chartres, à Sens, à Amiens, à Soissons ou à Reims.

La cathédrale s'étendra à l'extrémité de l'île de la Cité, au-delà du mur romain. Son plan est en forme de croix latine. La première pierre est posée en 1163 par le pape Alexandre III que le roi Louis VII accueille à Paris. Le premier architecte de l'édifice est resté anonyme mais l'on sait que deux équipes de maçons travaillent simultanément. Les matériaux sont acheminés par la rue Neuve-Notre-Dame nouvellement construite. Le chœur est achevé en 1177 et consacré en 1182, la nef terminée en 1196, la tour et les façades occidentales le seront en 1200. Le monument est impressionnant : il mesure 130 mètres de long, la façade est large de 40 mètres, et les tours s'élèvent à 69 mètres de hauteur. L'ensemble ne sera vraiment achevé qu'en 1345.

Contact direct avec le Ciel

La mise en chantier de cette cathédrale s'inscrit dans le contexte de floraisons du style gothique, qui tend à manifester la puissance de l'Église et sa volonté de contact direct avec le Ciel.
À l'extérieur, les fidèles sont frappés par la richesse et la stricte ordonnance de la façade et des scènes qui couronnent les portails d'entrée, la galerie des Rois et le Jugement dernier, par la rosace centrale et les splendides vitraux qui laissent pénétrer une lumière sacralisée.
Sur les côtés de l'édifice, l'élégance de la structure se révèle avec les formes élancées du chevet, la flèche de la croisée qui s'envole vers le ciel emportant dans son sillage la nef centrale soutenue par sa ceinture d'arcs-boutants.
Sur la façade sud, l'impressionnante rosace que l'on doit à l'architecte Pierre de Montreuil avec ses 13 mètres de diamètre compte parmi les plus grandes du monde.
Dans les compartiments supérieurs de la cathédrale des chimères et gargouilles grimaçantes servant à évacuer l'eau de pluie de la toiture rappellent que le salut de la vie ne se trouve qu'au sein de la maison de Dieu. La galerie des chimères, composée de démons, de monstres et d'oiseaux fantastiques, ne sera ajoutée que par Viollet-le-Duc dans un style néogothique.

Monument emblématique de la capitale, classée au Patrimoine mondial de l'Unesco depuis 1991, ***Notre-Dame de Paris*** *est le monument le plus visité d'Europe (Île-de-France).*

NOTRE-DAME : EXPRESSION DE NOTRE CIVILISATION

Notre-Dame est le chef-d'œuvre de l'architecture gothique française. Concentré de foi, de grandeur d'âme et de puissance audacieuse, elle est l'œuvre des compagnons. Ils construisaient haut et beau afin que la chrétienté embarque sur ce vaisseau d'éternité. Jehan de Chelles, Pierre de Montreuil, Pierre de Chelles, Jean Ravy, Jean le Bouteiller et Raymond du Temple sont les maîtres d'œuvre qui se sont succédé durant cette période. L'intelligence humaine de ces bâtisseurs révèle la grandeur de Dieu.

À l'intérieur, le fidèle est troublé par un sentiment de beauté et de proximité avec le divin, mais aussi une impression de soumission ou de crainte. Il se sent bien peu de chose au milieu de cette immensité. Ce n'est plus la cathédrale qui s'élève vers le ciel mais les cieux qui descendent vers la terre à travers les vastes verrières que la maîtrise technique a permis d'ouvrir dans les parois en limitant la poussée des voûtes grâce à l'appui des arcs boutants.

Le centre de l'Histoire de France

Notre-Dame est le lieu historique d'un grand nombre d'événements religieux et politiques de l'histoire de France :

– en 1239, Saint Louis y dépose la Sainte Couronne du Christ, en attendant l'achèvement de la construction de la Sainte-Chapelle ;

– en 1302, Philippe le Bel y ouvre les premiers états généraux du royaume de France ;

– en 1793, pillée et très endommagée pendant la Révolution française, la galerie des vingt-huit rois de Judée est brisée par des vandales qui les ont pris pour la lignée des Capétiens.

La fameuse stryge, démon ailé mi-femme mi-oiseau, de Notre-Dame de Paris.

La couronne d'épines.
Le 19 août 1239, Louis IX dépose les reliques : la couronne d'épines, constituée d'un cercle de joncs de 21 centimètres retenus par des fils d'or, un fragment du bois de la croix. Elles arrivent en procession à Paris. Le roi délaisse sa parure royale, endosse une simple tunique et, pieds nus, porte la couronne d'épines jusqu'à Notre-Dame de Paris.
Ci-dessous : La galerie des vingt-huit rois de Judée ayant précédé le Christ.

La nef de la cathédrale Notre-Dame de Paris.

Date

15 avril 2019 : le jour où Notre-Dame a failli disparaître…

Le 15 avril 2019, la douleur du pays et de la communauté internationale a été immense. La France entière, pour une fois unie, a pleuré et communié ensemble. Ce qui est sûr, c'est que nous n'avions pas su prendre soin d'Elle… Il y avait eu des négligences. Notre-Dame ne sera plus jamais la même, même si nous la reconstruisons à l'identique.
Les Français sont souvent oublieux de leurs racines chrétiennes.
Les sommes allouées par l'État sont ridicules depuis vingt ans.
Il faut se poser les questions des vraies responsabilités.
De l'abandon des églises parisiennes par les pouvoirs publics souvent par idéologie antichrétienne ou par désintérêt (ignorance) de nos élus.
La valeur artistique de ce chef-d'œuvre unique au monde…

Photographie de Thomas Goisque prise le 16 avril 2019, le lendemain de la catastrophe. Cette image spectaculaire fera la une du New York Times.

Chapitre 2

PHILIPPE II AUGUSTE, « L'IDÉE DE FRANCE »

Le « premier roi de France »

Servi par de remarquables qualités d'homme d'État, Philippe Auguste est un souverain habile, énergique, sans scrupule, aussi brillant chef de guerre que diplomate. Monté sur le trône en 1180 à l'âge de 15 ans, il sera véritablement le premier roi de France. Au terme de quelque quarante années de règne, il triple la superficie du domaine royal et rattrape les fautes politiques de son père. Grâce à sa victoire à Bouvines, le royaume devient la première puissance de l'Occident chrétien et la nation française commence à prendre forme.

Un royaume en pleine expansion

Philippe II est appelé « Auguste », comme les empereurs romains, parce que son premier souci est d'agrandir son royaume. Le jeune roi épouse Isabelle de Hainaut, la nièce du comte de Flandre, qui lui apporte en dot l'Artois. Puis, il met la main sur le comté de Boulogne. L'extension du domaine royal ne s'effectue pas seulement par des alliances matrimoniales, mais aussi par la guerre. Philippe II n'hésite pas à affronter Philippe d'Alsace pour récupérer le Vermandois en 1185 : le domaine royal s'étend désormais du Berry jusqu'à la mer du Nord. Dans la foulée, il entreprend la conquête de la Normandie contre un redoutable adversaire, le roi d'Angleterre, Richard Cœur de Lion. Mais celui-ci meurt opportunément en 1199 et, dès 1202, le roi de France s'empare de l'Anjou, du Maine, de la Touraine et enfin du duché normand. En 1206, seule la Gascogne reste encore aux mains des Anglais. En vingt ans, le roi n'a cessé d'accroître ses territoires au détriment des possessions naguère tenues par le roi d'Angleterre auquel il a aussi repris le Poitou.

L'émergence de l'État

Pour mener à bien sa politique de conquêtes, Philippe Auguste réorganise complètement la gestion du royaume. Jusque-là, l'administration du domaine royal était confiée à des prévôts. Philippe les fait désormais surveiller par des baillis qu'il nomme et renvoie à son gré. Véritables fonctionnaires de l'État, ils sont instruits et connaissent le droit romain. Ils sont également chargés de lever l'impôt qui alimente le trésor royal et d'assurer la justice. Dans le sud de la France, les baillis prennent le nom de « sénéchaux ». Philippe Auguste crée aussi la première police avec les sergents d'armes chargés de faire appliquer les décisions des juges.

Louis-Félix Amiel, Philippe II dit Philippe Auguste, roi de France, *1837.*
Portrait imaginaire de Philippe Auguste : sa ténacité et sa forte personnalité font de lui l'un des plus grands rois de l'Histoire de France. Physiquement, un chanoine de Tours le décrit comme « très bien fait de corps, de formes élégantes et de physionomie riante, chauve, le teint coloré, grand mangeur et grand buveur... » Le roi meurt à 58 ans, le 14 juillet 1223, à Mantes, après quarante-trois ans de règne.

« Seigneur, je ne suis qu'un homme, mais je suis roi de France ! Gardez-moi et vous ferez bien... »

Philippe Auguste, bataille de Bouvines, 1214

Regnum Franciæ

Le règne de Philippe Auguste est le moment clé de la cristallisation de l'idée même de France. Il commence à se faire appeler non plus seulement « roi des Francs » mais aussi « roi de France ». C'est une petite révolution… Ce processus de mise en place trouve son achèvement dans la formulation des diplômes royaux. Jusqu'en 1196 prévalait l'expression *Regnum Francorum*, « royaume des Francs ». À partir de cette date, la chancellerie royale utilise la formule *Regnum Franciæ* , « royaume de France ». La nouveauté réside dans la capacité du terme « France » à définir le royaume dans sa totalité. Le royaume de France n'est plus considéré comme un ensemble de seigneuries mais comme un territoire en voie d'unification. Progressivement, l'expression « Francigène » (« Français ») ne désigne plus seulement les habitants du domaine royal ; elle désigne aussi ceux de Bourgogne, de Normandie ou de Champagne. Quant à la formule latine *rex francorum*, « roi des Francs », elle sera remplacée par l'expression *rex Franciae*, « roi de France », à partir de Saint Louis, en 1254. Cette évolution sémantique traduit parfaitement la politique autoritaire menée par les rois capétiens vis-à-vis de leurs vassaux.

Ci-dessus : Le grand sceau de Philippe Auguste est un peu comme le cachet du roi, sa signature. Le roi y est représenté, assis sur son trône, tenant dans ses mains la fleur de lys et le sceptre. Tout autour est gravée la formule latine Francorum rex Philippus dei gracia, *qui signifie « Philippe, roi des Francs par la grâce de Dieu ».*
Ci-contre : Le couronnement de Philippe II Auguste, dans la cathédrale de Reims le 1er novembre 1179, enluminure attribuée à Jean Fouquet, XVe siècle. Le pouvoir de droit divin du roi est reconnu par tous : il est le premier capétien à ne plus avoir besoin de faire faire sacrer son fils de son vivant pour mieux l'associer au pouvoir, celui-ci lui succède sans aucun problème. La continuité dynastique est assurée.

Le règne de Philippe Auguste est le moment clé de la cristallisation de l'idée même de France.

PHILIPPE AUGUSTE, LE ROI DE PARIS

Une nouvelle capitale : Paris…

En quelques décennies, Paris connaît un développement fulgurant et se transforme en une gigantesque ville de 50 000 habitants environ (en 1220). Philippe Auguste décide d'en faire un lieu d'embellissement monumental et d'y fixer définitivement la capitale de l'État royal. La ville cumule désormais les titres : centre de décision politique du pays, métropole économique, pôle commercial, centre religieux et culturel.

Paris, plus grande ville de l'Occident chrétien !

Entraînée par un important essor économique, la population parisienne passe de 25 000 habitants en 1180, à environ 200 000 habitants en 1297, ce qui en fait la plus grande ville d'Occident en dehors de Milan et Venise.

Le roi Philippe Auguste s'attache à la rendre plus salubre et plus belle en faisant paver les rues principales (rues Saint-Martin et Saint-Denis) et installe des fontaines liées à un réseau d'aqueducs.

Avant son départ en croisade (1190), le roi entreprend la construction d'une enceinte fortifiée englobant la ville marchande sur la rive droite et le quartier Latin sur la rive gauche. Il doit s'assurer que la ville sera entourée de puissantes murailles afin de la protéger contre d'éventuelles incursions anglaises. Hautes de 9 mètres sur 3 mètres de large, et longues de 3 kilomètres, elles sont achevées à son retour et se terminent par la fortification du quartier étudiant au sud (1209) et des Halles.

Naissance du Louvre

Du côté de la Seine, Philippe Auguste complète la protection de Paris par la construction du château du Louvre avec sa grosse tour censée empêcher les attaques à l'ouest au niveau du fleuve. À l'origine, il s'agit d'un donjon de 32 mètres de haut pour 15 de diamètre, entouré d'une enceinte quadrangulaire de 78 mètres sur 72, ceint de dix tours situées aux angles et au milieu des côtés, entouré de fossés d'eau. Le donjon symbolise le pouvoir du roi, il passe pour être inexpugnable. Le roi y entrepose le trésor royal, les archives et ses prisonniers… comme Ferrand, le comte de Flandre, battu et capturé à la bataille de Bouvines en 1214.

L'essor de Paris au Moyen Âge rend compte de l'incroyable boom des villes médiévales après le XIe siècle. Jean Froissart, Chroniques, *troisième quart du XVe siècle.*

Anectdote — **Des rues pleines de fange**

Les rues de Paris non pavées étaient pleines d'une fange nauséabonde comme le racontent les *Chroniques de Saint-Denis* : « Un jour que le roi [Philippe Auguste] allait par son palais […] il s'accouda à une des fenêtres pour prendre l'air. Or il arriva que précisément des charrettes qui passaient sur les chemins remuèrent et touillèrent tant la boue et les immondices, dont la voie est pleine, qu'une puanteur à peine supportable en sortit, monta jusqu'à la fenêtre où est accoudé le roi. Quand il sentit cette odeur affreuse, il quitta la fenêtre, le cœur défaillant. » D'après le chroniqueur, c'est cet incident qui décida le roi à faire paver les rues principales.

À sa construction par Philippe Auguste, entre 1190 et 1202, le Louvre est un donjon entouré d'une enceinte quadrangulaire. Reconstruit et agrandi par Charles V en 1360 comme on le voit ici, il est encadré par la tour de la Taillerie et la tour de la Chapelle, et à gauche de sa façade par deux tours jumelées au centre. L'ensemble est entouré d'une enceinte ponctuée de trois tours. C'est François Ier qui fera raser la forteresse primitive pour y bâtir le nouveau Louvre. Frères Limburg, « Le Mois d'octobre » (détail), enluminure des Très Riches Heures du duc de Berry.

La « Cité », le cœur du royaume

Dans le palais de l'île de la Cité, Philippe Auguste installe sa Cour de justice. La « Cité », c'est le cœur politique de la France. Là se trouve le siège du pouvoir royal et des institutions du royaume : le palais, aménagé au cours du XIIIe siècle. Ce vaste complexe administratif comprend notamment une immense salle de réunion (la grand-salle), des cours de justice, une chambre des comptes, une salle du trésor royal, des archives, une prison, une gigantesque cuisine, une boulangerie, des jardins. En tout, ce sont six cents personnes qui travaillent dans ces bureaux à la gestion du royaume.

En 1215, c'est la création de l'université de Paris. On y enseigne, outre la théologie, la médecine et le droit. La ville devient un centre culturel dont la réputation rayonne sur toute l'Europe chrétienne. Paris est la seule grande ville d'Europe à cumuler les fonctions de capitale et de première université de théologie de la chrétienté.

Grâce aux fouilles menées dans les années 1980, les soubassements du ***Louvre de Philippe Auguste*** *ont été redécouverts et aménagés en crypte archéologique accessible aux visiteurs du Louvre. Ces vestiges impressionnants donnent une idée de la qualité de ce monument défensif élevé à la fin du XIIe siècle. Aujourd'hui subsiste la salle basse, dite salle Saint Louis.*

LA CONQUÊTE DE LA NORMANDIE

Capétiens contre Plantagenêts

Depuis 1154, le duché de Normandie est la charnière de l'immense ensemble des Plantagenêts, à la fois insulaire et continental. Pour le roi capétien Philippe II Auguste, c'est un obstacle de taille dans l'expansion du domaine royal vers la Manche et dans le contrôle de la vallée de la Seine, artère commerciale et stratégique vitale pour Paris. En raison de sa position et de sa richesse, la Normandie devient ainsi un enjeu de l'affrontement auquel se livrent Capétiens et Plantagenêts. Fils d'Henri II, Richard Cœur de Lion devient roi d'Angleterre et duc de Normandie en 1189. Philippe II Auguste a beau multiplier les chevauchées dans la région de Rouen, il ne parvient toujours pas à s'imposer durablement. La frontière entre leurs possessions est située au niveau de la forteresse de Gisors : les armées anglaises y sont cantonnées, menaçant à tout moment d'envahir Paris. La mort soudaine de Richard en 1199 redonne du courage à Philippe, d'autant que le nouveau roi d'Angleterre, Jean sans Terre, manque d'envergure. Il étend sa domination sur une partie de la Haute-Normandie en ralliant les comtes du Vexin, du pays de Bray et du Lieuvin. Mais il sait que pour conquérir tout le duché, il lui faut en faire sauter le verrou, Château-Gaillard.

Lieu de mémoire

Château-Gaillard

À la frontière des deux royaumes, Richard Cœur de Lion a fait construire l'une des plus puissantes forteresses d'Occident. En une année, de 1197 à 1198, Château-Gaillard est bâti sur une falaise qui domine la vallée de la Seine, au niveau des Andelys, ce qui fait dire crânement au roi d'Angleterre : « Elle est belle, ma fille d'un an. » Réputé imprenable, cet immense complexe défensif se compose de plusieurs fortifications qui suivent le relief du site : la citadelle de la Roche sur la falaise, l'enceinte de la Couture et le château de l'Île dans la vallée. Richard Cœur de Lion fait installer une importante garnison, commandée par Roger de Lacy, connétable de Chester. Mais, un an plus tard, il trouve une mort stupide lors du siège de Châlus en 1199.
Au printemps 1203, Philippe Auguste franchit l'Epte et s'avance jusqu'aux Andelys. Le siège de la forteresse commence en septembre 1203 : la place est encerclée par une série de fortifications afin d'interdire tout ravitaillement. Philippe Auguste se retire alors dans son domaine royal, laissant les assiégés en proie à la faim et au froid de l'hiver. Il ne revient à Château-Gaillard qu'en février 1204, pour découvrir que la garnison anglo-normande résiste encore. Le Capétien passe alors à la seconde étape du siège, en ordonnant la construction d'une galerie de bois et d'un beffroi pour saper la première enceinte. Au bout d'un mois, il peut s'emparer, le 6 mars 1204, de cette forteresse qu'on disait imprenable. L'annonce de cette nouvelle entraîne la chute de toutes les places normandes jusqu'à la capitulation de Rouen en juin 1204. Aussitôt, Philippe II annexe le duché. Curieusement le roi d'Angleterre Jean sans Terre n'est pas intervenu pour secourir Château-Gaillard, alors même qu'il résidait en Normandie.

La forteresse de Château-Gaillard (Normandie) est l'œuvre du roi d'Angleterre et duc de Normandie Richard Cœur de Lion. Située au cœur du Vexin normand, à 100 kilomètres de Paris dans la commune des Andelys (Eure), bâtie sur une falaise de calcaire dominant un grand méandre de la Seine, elle fut démantelée en 1603.

Un symbole

L'emblème de la Normandie : les léopards normands

Hissées par la plupart des mairies et autres collectivités territoriales normandes, « deux léopards jaunes, aux griffes et à la langue bleues », telles sont les armoiries du duché de Normandie. Ces animaux incarnent la force, le courage et l'ardeur au combat. Le blason d'Henri Plantagenêt est orné de six lions rouges. Lorsqu'il devient roi d'Angleterre sous le nom d'Henri II, en 1154, il change les six lions en léopards. La différence est minime. Les lions sont représentés « marchant », c'est-à-dire verticaux, alors que les léopards sont dits « passant », c'est-à-dire horizontaux. Au fil des ans, la taille des boucliers diminue… Et Richard Cœur de Lion, fils d'Henri II, ne fait figurer que trois léopards sur son écu en 1194. Le blason de l'Angleterre est né. Les Anglais imposent ce symbole aux pays conquis. Le blason de la Normandie aura donc deux léopards et l'Aquitaine un léopard.

Anecdote

Toilettes ou chapelle ?

Château-Gaillard n'aurait pas été conquise aussi vite sans l'intervention de Bogis. Cet écuyer courageux rôdait autour de la seconde enceinte à la recherche d'une brèche. Selon Guillaume Le Breton, le chroniqueur attitré du roi de France, il se serait alors aperçu que la fenêtre des latrines de la forteresse était laissée sans surveillance. Il s'y serait engouffré avec ses compagnons, semant la panique parmi les assiégés. Bogis put ainsi ouvrir le pont-levis pour permettre aux armées du roi de France de pénétrer dans la forteresse. Cette anecdote cocasse est contestée. Plus probablement, l'écuyer serait passé par la fenêtre de la chapelle de Château-Gaillard. Un sacrilège… que le chroniqueur aurait maquillé en inventant cette histoire de toilettes, plus politiquement correcte.

*Le siège de **la forteresse de Château-Gaillard** dure six mois, de septembre 1203 à mars 1204. Les troupes royales, composées de mercenaires du routier Cadoc, hissent la bannière royale sur les murailles du Château-Gaillard. Reconstitution 3D (image de synthèse), 2017.*

24 JUILLET 1214
BOUVINES, PREMIÈRE VICTOIRE NATIONALE…

Dès 1213, le roi d'Angleterre Jean sans Terre forge contre Philippe Auguste une large coalition qui réunit notamment l'empereur d'Allemagne Otton IV, Ferrand, le comte de Flandre, et Renaud de Dammartin, le comte de Boulogne.

Philippe Auguste affronte ses ennemis à Bouvines près de Tournai dans le Nord, le 24 juillet 1214. Après six heures de combat, la victoire française est totale. Les barons français ont certes vaillamment combattu pour la défense du royaume, mais il faut noter le rôle fondamental des milices des communes. Le lendemain, le cortège des vainqueurs prend la route de Paris. Le roi passe devant le comte de Flandre, Ferrand, prisonnier et lui lance : « Te voilà ferré, Ferrand ! »

Aidé de tout un peuple, Philippe Auguste remporte une grande victoire qui affermit la monarchie et suscite pour la première fois un sentiment d'unité nationale. La liesse populaire s'exprime durant sept jours et sept nuits pour célébrer cet événement de dimension européenne. La victoire est ressentie comme le triomphe de tout un peuple réuni autour de son roi.

Naissance de la nation France

Avec Bouvines, la famille capétienne acquiert la gloire qui lui manquait et assoit pour longtemps son pouvoir sur le royaume de France. Première grande bataille rangée remportée par un souverain, elle est largement utilisée par l'historiographie capétienne pour renforcer la légitimité de la dynastie et magnifier l'unité de la nation autour de son souverain. La paix issue de la bataille de Bouvines permet à Philippe Auguste d'affirmer sa suprématie et de vivre les dernières années de son règne dans la sérénité, tout en préparant l'accession au trône de son fils, Louis VIII dit le Lion. Ses récentes acquisitions territoriales sont consolidées. Il est si puissant qu'il est le premier Capétien à ne plus avoir besoin d'associer son fils au pouvoir. La continuité dynastique est assurée !

« Ma couronne au plus brave ! » : avant la bataille, Philippe dépose sa couronne sur un autel et demande solennellement à ceux qui l'entourent s'il y en a parmi eux qui s'estiment plus dignes et plus vaillants que lui de s'en saisir. Comme tous s'inclinent, Philippe dit : « Seigneur, je ne suis qu'un homme, mais je suis roi de France ! Gardez-moi et vous ferez bien. Car, par moi, vous ne perdrez rien et partout après vous, j'irai… » Tableau d'Horace Vernet, 1827, d'après Guillaume Le Breton, témoin de la bataille de Bouvines, in Vie de Philippe Auguste.

« Nous ne prenons les armes que pour défendre notre liberté et notre honneur. »

Philippe Auguste, avant la bataille de Bouvines

Carte — **Carte de France en 1226**

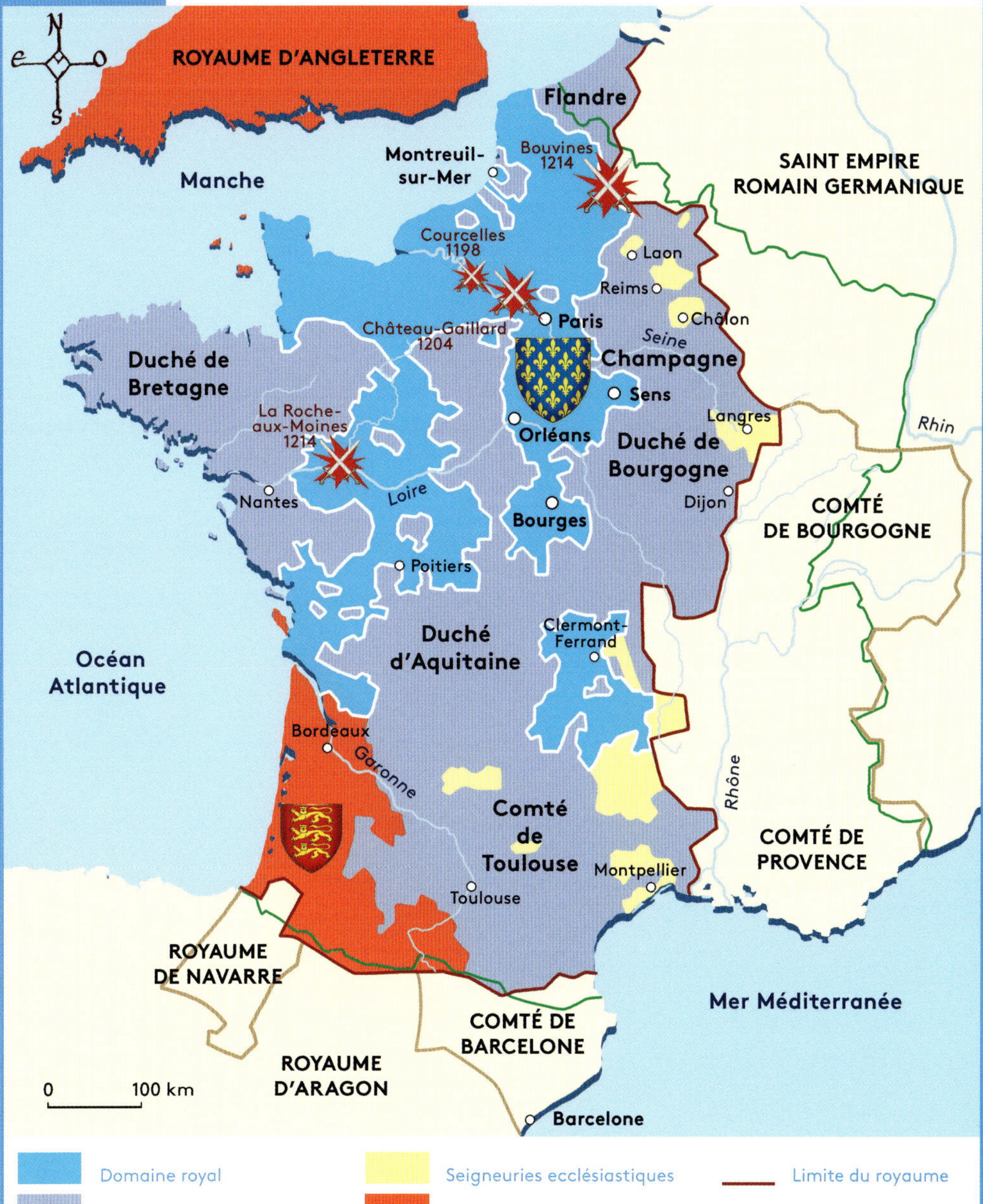

Le domaine royal à la fin du règne de Philippe Auguste : seule la Guyenne reste aux Plantagenêts.

L'ANNEXION DU LANGUEDOC

Au moment où l'art royal partout conquérant triomphe, l'expansion territoriale entreprise par Philippe Auguste atteint les rivages de la Manche, de l'Atlantique et de la Méditerranée, et cela en moins de trente ans. La croisade contre les Albigeois décidée par le pape Innocent III en 1208 apparaît surtout comme un conflit entre la France du Nord et la France méridionale, même si derrière cette opposition se cachent aussi des divergences d'ordre théologique. Après avoir obtenu l'autorisation du roi, les croisés commandés par Simon de Montfort déferlent sur le Languedoc qu'ils vont mettre à feu et à sang.

Un comté de Toulouse très convoité

Depuis le IXe siècle, le riche comté de Toulouse s'étend de Nîmes jusqu'à Foix et du Quercy jusqu'au Roussillon, il est une principauté presque indépendante, au sein de la Francie occidentale. Les hommages et impôts que le comte de Toulouse verse à son suzerain, le roi de France, sont tout à fait négligeables. Située au carrefour des voies entre la France du Nord et l'Espagne, la cité de Toulouse, qui compte près de 30 000 habitants, connaît alors un important développement économique et devient un grand centre de culture et de commerce.

La région du Languedoc veut préserver son indépendance et rêve de former un État viable composé du comté de Toulouse mais aussi et surtout de la Catalogne espagnole. Car, depuis le XIe siècle, la Catalogne et le comté de Toulouse se sont intimement rapprochés au gré des alliances matrimoniales. Le roi d'Aragon et comte de Barcelone, Pierre II, beau-frère du comte Raymond VI, contrôle le Roussillon et, depuis le XIIe siècle, Montpellier.

Cependant, la principauté est convoitée par le roi de France qui aimerait mettre fermement la main sur tout le Languedoc.

La naissance de l'hérésie cathare

C'est à cette époque que se répand, dans le monde chrétien, un mouvement hérétique très puissant : le catharisme. S'il ne se développe pas réellement dans le nord de la France, il trouve un fort écho dans le Midi. Ce mouvement devient très influent, d'autant plus qu'il touche une frange importante des paysans mais surtout une bonne part de l'aristocratie et des habitants des villes, alors en plein développement. Les églises cathares se multiplient à Albi, Toulouse, Carcassonne, Agen… sous le regard bienveillant des notables locaux ! L'architecture du Midi va s'en trouver durablement marquée.

Histoire d'un mot

Langue d'oc ou langue d'oïl ?

Dès le IXe siècle, deux types de civilisations s'opposent en France par leurs langues et leurs cultures. La Loire en marque la frontière. Au sud du fleuve, on trouve les pays de langue d'oc où les racines latines et l'héritage de la Rome antique sont encore très présents. Les troubadours viennent de cette région. La langue d'oc est donc avant tout une langue romane, issue du latin populaire. C'est en langue d'oc que sont écrits les premiers textes littéraires français au Xe siècle.

Au nord de la Loire, s'étendent les régions de langue d'oïl, où la culture germanique est plus marquée.

Les trouvères seront, après le XIIe siècle, les équivalents des troubadours pour ces pays. Cette langue du Nord dite langue d'oïl ou encore langue du roi, se distingue notamment de celle du Sud par la façon de prononcer le mot « oui » : oïl dans le Nord et oc dans le Midi.

À partir du XIIIe siècle, avec les progrès de l'administration centrale, la langue d'oïl l'emporte sur la langue d'oc. En 1539, l'ordonnance de Villers-Cotterêts substitue le français, une langue d'oïl, au latin et aux autres langues dans les actes publics. Il ne faudra pas cinquante ans pour que l'assimilation prenne le pas sur l'union.

Philippe Auguste assiste à l'exécution d'hérétiques. Enluminure de Jean Fouquet, Chroniques de Saint-Denis.

Un symbole — La croix du Languedoc

La croix du Languedoc est le blason des comtes de Toulouse depuis que le célèbre Raymond IV Saint-Gilles a joué un rôle de premier plan lors de la prise de Jérusalem, en 1099, aux côtés de Godefroi de Bouillon. C'est une croix grecque à branches égales, fléchée d'or, dont les extrémités sont perlées.

Le sceau de Raymond VII (1222-1249), le puissant et indépendant comte de Toulouse, obligé de se soumettre à l'autorité royale.

LA CROISADE CONTRE LES « ALBIGEOIS »

Le sud de la France, royaume cathare

En 1167 se tient le concile de Lombers en pays albigeois : c'est ce lieu qui donnera son nom à la croisade dite « des Albigeois » qui va ensanglanter le Midi de 1208 à 1229. Le concile, qui se voulait une tentative de réconciliation entre des représentants de l'Église catholique et les cathares, échoue. Ceux-ci sont désormais considérés comme hérétiques et la répression va pouvoir se mettre en place avec la bénédiction des papes.

Le pape Innocent III dénonce l'hérésie cathare comme un véritable crime de lèse-majesté et dépêche dans le Midi un légat, Pierre de Castelnau, chargé d'enrayer les progrès de cette dissidence religieuse. Il est assassiné en 1208, près d'Arles, par un écuyer du comte de Toulouse Raymond VI. L'attitude du pape puis du roi de France, Philippe Auguste, se durcit alors nettement. Pour anéantir l'hérésie solidement enracinée en Languedoc, Innocent III lance le 10 mars 1208 la croisade des Albigeois.

Le roi de France, ne voulant pas se compromettre, refuse cependant d'en prendre la tête et la fait conduire par un seigneur sans scrupule : Simon de Montfort. Cette croisade réunit des barons de la France du Nord : chevaliers champenois, normands, flamands, bourguignons mais aussi lorrains et bavarois qui voient tous là une occasion de gagner des biens et des pouvoirs. Après quatre années de luttes acharnées contre Raymond VI et les seigneurs languedociens, l'armée des croisés remporte une victoire définitive à la bataille de Muret sur le comte de Toulouse et son beau-frère Pierre II, roi d'Aragon et comte de Barcelone, accouru lui prêter main-forte. Leur supériorité numérique et une trop grande confiance en eux les ont perdus. Cette victoire de Muret de 1213 marque la première étape de la conquête du Midi qui passera bientôt entièrement dans l'orbite du roi de France.

La révolte du comte de Toulouse

Au concile de Latran, en 1215, Simon de Montfort prend possession du comté de Toulouse au nom du roi. Quant au seigneur légitime, Raymond VI, il est déchu de ses droits en raison de son soutien à l'hérésie cathare. Mais, à peine pacifiée, la ville de Toulouse se soulève en octobre 1217 et chasse les représentants de Simon de Montfort qui doit faire le siège de sa propre capitale. C'est à cette occasion qu'il meurt au combat le 25 juin 1218, frappé à la tempe par une lourde pierre. Son armée se disperse aussitôt. Son fils Amaury de Montfort entend faire respecter ses droits. Il poursuit le combat mais il est écrasé par Raymond VII, successeur de Raymond VI.

Dès lors, la lutte contre les Albigeois est directement prise en charge par la monarchie française. Philippe Auguste envoie dans le Midi son fils Louis en 1218...

Histoire d'un mot **Cathares**

Au XIIe siècle, dans le sud de la France, certains chrétiens affirment leur dissidence religieuse par rapport à l'Église. Leur dogme et leur foi reposent sur la croyance en un dieu du bien qui vit au ciel et un dieu du mal, créateur du monde terrestre, ici-bas. Leurs chefs se nomment eux-mêmes les « purs » ou parfaits et prônent la purification – *catharsis* en grec, d'où leur nom de « cathares ». Ils refusent le dogme de la Trinité et les sacrements de l'Église. Politiquement, les cathares bénéficient du soutien du très puissant Raymond VI, comte de Toulouse et marquis de Provence.

Saint Sernin : « La brique règne désormais sans partage »

Symbole de Toulouse, avec la remarquable harmonie de son architecture, cette basilique est la plus grande église romane de France. Elle est élevée entre le XIe et le XIVe siècle en l'honneur de saint Saturnin (ou Sernin), premier évêque de la ville. Ce joyau monumental est inscrit au Patrimoine mondial de l'Unesco au titre des chemins de Saint-Jacques-de-Compostelle depuis 1998. Étape importante du pèlerinage, elle accueille les pèlerins depuis des siècles. La cathédrale mesure 115 mètres de long, 64 mètres de large au transept et sa nef atteint 21 mètres de haut. Dans le transept nord richement décoré, on découvre des fresques médiévales émouvantes dont l'essentiel date du XIIe siècle, époque où les travaux furent ralentis du fait de la faveur accordée par les comtes au catharisme...

La basilique Saint-Sernin (Occitanie), commencée en 1080, est consacrée dès 1096. Vue de la grande nef classée au Patrimoine mondial de l'Unesco.

LE LANGUEDOC DANS LE DOMAINE ROYAL

Louis VIII le Lion ravage le Midi

À la mort de Philippe Auguste en 1223, Louis VIII monte sur le trône. Il obtient du fils de Simon de Monfort qu'il lui abandonne ses droits sur ses possessions dans le Midi puis lance une nouvelle offensive contre Raymond VII de Toulouse en 1226. À son approche, les seigneurs et les villes se hâtent de faire leur soumission au roi de France : Nîmes, Castres, Carcassonne, Albi se rendent et Louis VIII met le siège devant Toulouse, toujours occupé par Raymond VII. Mais le roi meurt de dysenterie au cours de l'expédition. Celle-ci n'est cependant pas sans conséquence puisqu'en 1229, par le traité de Paris, Raymond VII abandonne le Bas-Languedoc au roi de France, première étape vers l'annexion complète du Languedoc par la France, achevée en 1271.

Quand le comte de Toulouse cède ses droits au roi de France

Le comte de Toulouse Raymond VII n'a qu'une fille unique, Jeanne, et, comme dans le royaume, elle ne peut pas succéder à son père. Jeanne est alors contrainte par le nouveau roi Louis IX d'épouser son frère, Alphonse de Poitiers. Or le contrat stipule que, s'ils n'ont pas d'héritier, tout le Languedoc reviendra au domaine royal. On soupçonne donc fortement Saint Louis de connaître l'infertilité de son frère... Car, en 1271, Alphonse de Poitiers meurt sans enfant. Et le Languedoc bascule dans le domaine royal français, avec tous ses revenus, qui entrent directement dans la trésorerie des Capétiens.

Monument sans égal et de caractère guerrier, ***la cathédrale Sainte-Cécile (Occitanie)*** *est construite de 1282 à 1390, le clocher est rehaussé au XV*e *siècle.*

La cité épiscopale d'Albi (Occitanie) est classée à l'Unesco depuis 2010. ***Le palais de la Berbie****, palais des évêques construit en 1265, est aujourd'hui le musée Toulouse-Lautrec. Vue depuis l'autre rive du Tarn avec la cathédrale Sainte-Cécile à l'arrière-plan.*

Sainte-Cécile d'Albi : victoire du catholicisme en terre cathare

En 1282, l'évêque Bernard de Castanet veut montrer que l'hérésie cathare est extirpée et lance l'édification de la cathédrale Sainte-Cécile afin de bien montrer la puissance de l'Église catholique.

Les cathares restent encore nombreux en Albigeois et le dépouillement du style gothique méridional, doit permettre un nouveau dialogue avec l'Église. Très vite, des différends apparaissent cependant entre le roi de France et Bernard de Castanet et les officiers royaux perçoivent directement les revenus du diocèse à la place de l'évêque.

Les murs épais et fortifiés de Sainte-Cécile rappellent encore la période troublée par les guerres et les pillages dus à la croisade des Albigeois. Son allure extérieure austère donne l'impression d'une forteresse militaire : il est nécessaire à la fois de protéger le sanctuaire de sainte Cécile (patronne des musiciens) et d'afficher un sentiment de pauvreté en réponse au catharisme qui prône un mode de vie exemplaire. La cathédrale albigeoise est le plus grand bâtiment au monde à être intégralement construit en brique. En effet, le développement accru des villes a entraîné une demande accrue en matériaux de construction. La redécouverte de la brique de terre cuite, tant prisée par les Romains et nommée dans le Midi « brique toulousaine » permet une avancée rapide des chantiers. Elle est facile à fabriquer sur place et aisée à mettre en œuvre par des maçons moins qualifiés que pour la pierre.

LA CATHÉDRALE SAINTE-CÉCILE D'ALBI

La cathédrale Sainte-Cécile, construite entre 1282 et 1390, est classée avec la cité épiscopale d'Albi depuis 2010 sur la liste du Patrimoine mondial de l'Unesco, et est aujourd'hui l'une des cathédrales les plus visitées de France.

Ses fresques représentent la plus grande surface de fresques de la Renaissance en France. L'enduit utilisé est léger et n'efface pas le relief des briques, il donne un aspect particulier à la peinture.

La cathédrale Sainte-Cécile (Occitanie)*, vue de la nef sur la voûte vers l'est en direction du chœur. Ce bleu profond qui tapisse les voûtes au-dessus du chœur est le fameux « bleu de France », qu'on dit aussi « bleu roi ».*

Sainte-Cécile est la seule cathédrale d'Europe dont les murs et les voûtes de la nef sont demeurés entièrement peints sur une surface d'environ 18 500 mètres carrés. Elle est classée Patrimoine mondial de l'Unesco.

Chapitre 3

SAINT LOUIS, LE MEILLEUR DES ROIS DE FRANCE

Un saint ? Un sage ? Un héros ?

Peu de rois de France sont aussi célèbres que lui ! Et pourtant, il reste énigmatique et plutôt mal connu... Louis IX est un souverain énergique à la vie austère qui cherche avant tout à faire régner l'ordre et la justice dans son royaume. Respecté dans toute l'Europe pour sa sagesse, sa piété et sa charité, il est considéré comme le plus grand roi chrétien de son époque. Les témoignages des contemporains sur sa vie sont particulièrement abondants. Le plus connu est sans doute celui du seigneur Jean de Joinville, ami et conseiller du roi, qui rédige en 1309 un *Livre des saintes paroles et des bons faits de notre roi saint Louis*. Toutes les biographies successives insistent sur l'exceptionnelle personnalité du roi et montrent que déjà de son vivant il est considéré comme un saint. Roi de l'ascèse, du renoncement aux biens matériels, homme de l'abnégation et du sacrifice, il fonde ses espérances sur un au-delà qui constitue à ses yeux la vraie vie, celle qui l'attend pour l'éternité. Louis est admiré et honoré même par ses ennemis, et son sens de la justice va rejaillir sur toute la lignée capétienne.

Louis IX affirme avec force son lien avec les dynasties qui l'ont précédé, Mérovingiens et Carolingiens, en organisant chronologiquement la nécropole des rois à Saint-Denis, où il fait installer des gisants aux expressions idéalisées dont la beauté fait corps et sens. Sa canonisation en 1297 sous le nom de saint Louis magnifiera le sang des Capétiens et fera de lui un élément central du pouvoir royal de droit divin. Sa réputation sans tache franchit les siècles et survivra même à la chute de la royauté : à l'époque de la Restauration, la fête de saint Louis, le 25 août, constitue encore une célébration essentielle.

Le roi idéal ?

Louis IX a bénéficié de son vivant d'un extraordinaire prestige dû à un charisme évident. Très rapidement, on le présente comme le roi idéal, même si dans sa jeunesse il n'était pas cet ascète mystique moult fois décrit. Gai, bon compagnon, spirituel, Louis IX joignait le courage guerrier à la prestance, s'efforçant toujours d'être le meilleur représentant de la chevalerie. Il était déjà résolu et autoritaire, conscient de sa souveraineté.

Pourtant à travers certains témoignages apparaît une personnalité trouble. Ainsi, son confesseur, relevé du secret de la confession à l'occasion du procès en canonisation, décrit un homme très pieux tourmenté par les plaisirs de la chair et tiraillé entre ses tentations et le respect scrupuleux des interdits de l'Église. Son compagnon Joinville, qui pourtant lui voue une admiration sans borne, sait le juger durement quand il lui arrive, exceptionnellement, de mal se conduire. Dans ses mauvais jours, Louis IX peut se montrer tyrannique, lunatique et imprévisible. Le très saint roi semble bien loin !

Certaines chroniques moins élogieuses insistent sur son hostilité envers les juifs : il les oblige, sous peine d'amende, à porter une « rouelle » – un rond jaune – sur leurs vêtements, afin de les distinguer des chrétiens. Pour autant, il faut se garder de considérer Louis IX comme un antisémite : comme les autres souverains de son époque, il cherche avant tout à convertir les juifs à la foi chrétienne.

Sa réputation sans tache franchit les siècles et survivra même à la chute de la royauté.

Jules Lefebvre, Saint Louis, *1897. Saint Louis est représenté comme un roi au visage d'ange. Sous son règne, la couronne de France porte huit fleurs de lys, symboles de pureté… Sa personnalité énigmatique n'est pourtant pas si lisse.*

LOUIS IX ROI DE JUSTICE

À la recherche de la paix…

Durant son règne, Louis IX recherche la paix avec ses voisins. Après avoir remporté les victoires de Taillebourg et de Saintes sur le roi d'Angleterre Henri III, il signe avec lui un traité. Partisan d'une solution équilibrée et juste, Louis n'entend pas anéantir son adversaire. Par le traité de Paris de 1258 Henri renonce définitivement à la Normandie, à la Touraine, à l'Anjou, au Poitou et au Maine, mais la France accepte la présence anglaise en Aquitaine et dans les diocèses de Limoges, de Périgueux et de Cahors, terres pour lesquelles le roi d'Angleterre rendra l'hommage féodal dû au suzerain en tant que duc d'Aquitaine.

Le roi justicier

Louis IX cherche à imposer la justice à l'intérieur du royaume. Il multiplie à cet effet les ordonnances et renforce l'administration pour la rendre plus efficace et plus juste. Il envoie des enquêteurs en province pour surveiller le travail des baillis et instaure ce qui deviendra la Cour des comptes pour vérifier toutes les dépenses de l'État. Il interdit les guerres privées entre nobles, la prostitution et le jeu. Il crée à Paris, en 1254, un parlement qui devient une Cour de justice.

Il entend aussi protéger les plus pauvres de la violence des barons. « S'il y a querelle entre un pauvre et un riche, soutiens de préférence le pauvre contre le riche jusqu'à ce que tu saches la vérité, et quand tu la connaîtras, fais justice », écrit-il à son fils.

Ci-dessus, à gauche : Détail d'un vitrail de la Sainte-Chapelle de Paris (Île-de-France) représentant Saint Louis portant les reliques de la Passion qu'il a acquises en 1238, chromolithographie, XIXe siècle. Exécuté de son vivant, ce vitrail donne une idée précise de la physionomie du roi. Bel homme, grand, blond et élégant mais de santé fragile. Son caractère est volontiers emporté et très autoritaire sous une fausse apparence de docilité.
Ci-dessus, à droite : Portrait en pied de Saint Louis IX portant la Sainte-Chapelle, enluminure, France, XIIIe siècle.

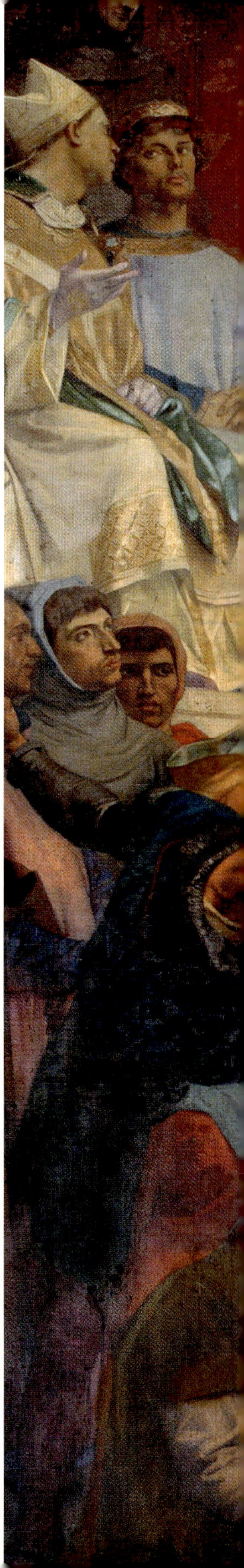

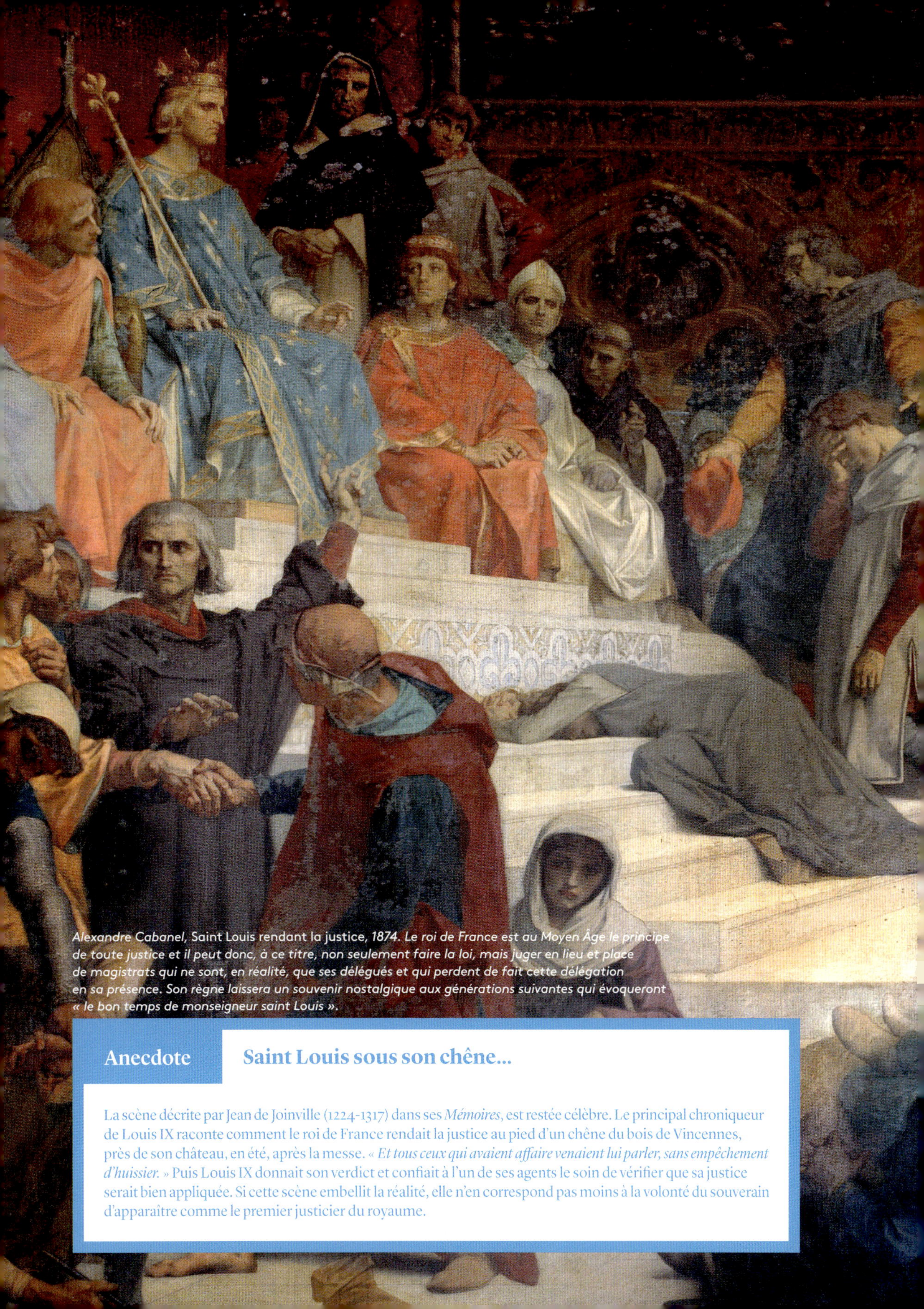

Alexandre Cabanel, Saint Louis rendant la justice, *1874. Le roi de France est au Moyen Âge le principe de toute justice et il peut donc, à ce titre, non seulement faire la loi, mais juger en lieu et place de magistrats qui ne sont, en réalité, que ses délégués et qui perdent de fait cette délégation en sa présence. Son règne laissera un souvenir nostalgique aux générations suivantes qui évoqueront « le bon temps de monseigneur saint Louis ».*

Anecdote

Saint Louis sous son chêne…

La scène décrite par Jean de Joinville (1224-1317) dans ses *Mémoires*, est restée célèbre. Le principal chroniqueur de Louis IX raconte comment le roi de France rendait la justice au pied d'un chêne du bois de Vincennes, près de son château, en été, après la messe. « *Et tous ceux qui avaient affaire venaient lui parler, sans empêchement d'huissier.* » Puis Louis IX donnait son verdict et confiait à l'un de ses agents le soin de vérifier que sa justice serait bien appliquée. Si cette scène embellit la réalité, elle n'en correspond pas moins à la volonté du souverain d'apparaître comme le premier justicier du royaume.

Lieu de mémoire

Saint Louis et la Sainte-Chapelle

Le « très chrétien »

Saint Louis est un roi très pieux et profondément croyant. Il écoute deux messes tous les matins, récite de nombreuses prières et s'impose de dures pénitences. Il se lève à minuit et assiste à tous les offices divins de la journée, des matines aux vêpres. Et lorsque ses seigneurs lui reprochent de passer trop de temps en prières, il répond : « Si je perdais deux fois plus de temps au jeu ou à la chasse, vous ne m'en feriez pas grief ! » Jouxtant son palais de la Cité à Paris, Saint Louis fait construire la Sainte-Chapelle pour abriter les reliques de la Passion du Christ : la couronne d'épines et un morceau de la « vraie croix » qu'il a acquis à prix d'or auprès de l'empereur byzantin.

Le joyau de l'art gothique

En six ans, de 1242 à 1248, l'édifice est conçu comme un véritable reliquaire, tout de pierre et de verre : 36 mètres de long, 17 mètres de large, 42,5 mètres de haut sans la flèche. C'est une vraie prouesse technique. L'obsession de la lumière est particulièrement évidente, la Sainte-Chapelle est un chef-d'œuvre de transparence. Ici, pratiquement pas de mur, mais d'immenses verrières de 600 mètres carrés atteignant 15 à 16 mètres de haut ! Les couleurs flamboyantes mettent en scène des épisodes de l'Ancien et du Nouveau Testament : la Genèse, le Livre des Rois, la Passion du Christ, etc.

Le concepteur de cette splendeur ne serait autre que le célèbre Pierre de Montreuil qui a travaillé sur bien des chantiers de la capitale. Il superpose deux chapelles, l'inférieure pour les gens du commun, la supérieure pour l'entourage du roi, selon un usage courant dans la construction des palais royaux du Moyen Âge. Dans les premiers temps, la chapelle haute n'est d'ailleurs accessible que par les galeries supérieures du palais, Louis IX n'ayant pas fait construire d'escalier public. Avec une nef à deux étages, son architecture permet de repousser le poids de la voûte sur des contreforts dont la saillie est réduite afin de ne pas rompre l'élévation extérieure. Un maximum d'espace est ainsi dégagé pour laisser entrer la lumière.

Considérée d'emblée comme un des chefs-d'œuvre de l'art gothique rayonnant alors à son apogée, la Sainte-Chapelle a été rapidement copiée. Dix édifices ont été construits sur son modèle en France dont la fameuse Sainte-Chapelle de Vincennes, édifiée sur ordre de Charles V.

Vue intérieure de la chapelle supérieure de la Sainte-Chapelle (Île-de-France) avec ses vitraux du XIIIe siècle. Elle fut consacrée en 1248. La première chose qui marque à son abord, c'est son étroitesse, elle ne mesure pas plus de 17 mètres de large.

LA SAINTE-CHAPELLE DE PARIS

1 270 300 visiteurs par an !

Depuis 1991, les quais de la Seine ont été classés sur la liste de l'Unesco car jalonnés d'une succession de chefs-d'œuvre architecturaux et urbains dont la cathédrale Notre-Dame et la Sainte-Chapelle. Celle-ci a accueilli, en 2018, 1 270 300 visiteurs, ce qui en fait le troisième monument géré par les Monuments nationaux le plus visité après le Mont-Saint-Michel (1 396 200 visites) et l'Arc de triomphe de l'Étoile.

La chapelle basse de la Sainte-Chapelle

La chapelle basse est dédiée à la Vierge Marie. Son ambiance sombre et ses proportions évoquent une crypte. Cette chapelle était destinée aux gens de la cour, contrairement à la chapelle haute, réservée au roi et à sa famille. Aujourd'hui, deux tiers des vitraux sont d'époque et authentiques. Leur polychromie architecturale, avec des teintes très intenses, marque profondément la Sainte-Chapelle. Elle est destinée à les mettre en valeur. Les couleurs ont été ravivées grâce à une application de cire à chaud lors de la restauration de 1836. Cette restauration a été exemplaire et extrêmement respectueuse de l'authenticité de l'édifice original.

La moitié du budget de l'État

La rapidité avec laquelle est mené le chantier témoigne de la santé financière du royaume, dont le trésor peut réunir de grosses sommes en très peu de temps. La couronne d'épines a été acquise pour la somme faramineuse de 135 000 livres tournois en 1238, plus de la moitié du revenu annuel de l'État royal, qui s'élève alors à 235 285 livres. Somme considérable si on la compare au coût de construction de la Sainte-Chapelle : 40 000 livres.

Ci-contre :
Des fleurs de lys omniprésentes : elles composent le décor principal du plafond de la chapelle basse, jaillissant au sein de couleurs éclatantes, rouge, bleu, et or, et de motifs végétaux.
Ci-dessous : ***La Sainte-Chapelle (Île-de-France)****, vue extérieure depuis l'entrée du palais de justice.*

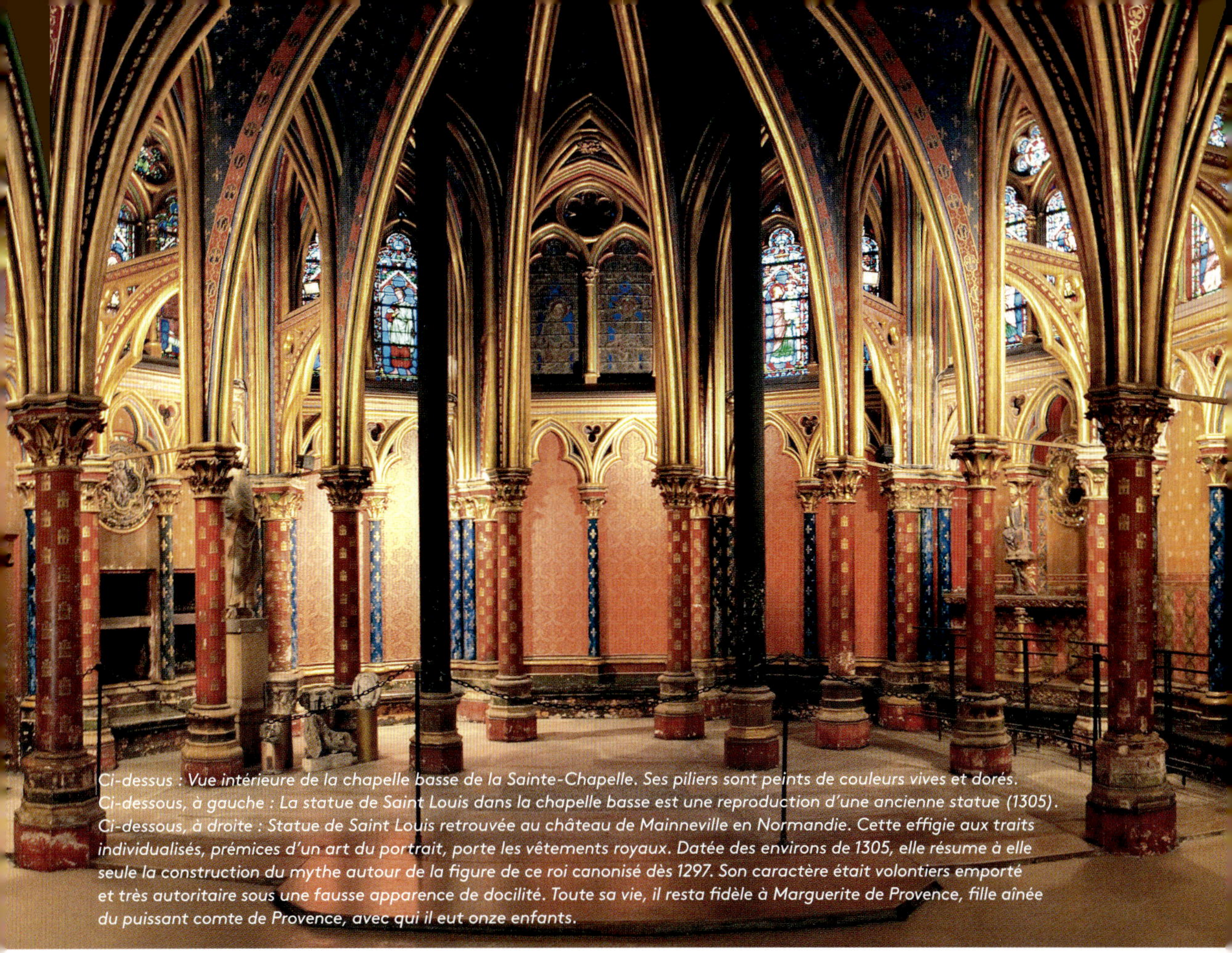

Ci-dessus : Vue intérieure de la chapelle basse de la Sainte-Chapelle. Ses piliers sont peints de couleurs vives et dorés.
Ci-dessous, à gauche : La statue de Saint Louis dans la chapelle basse est une reproduction d'une ancienne statue (1305).
Ci-dessous, à droite : Statue de Saint Louis retrouvée au château de Mainneville en Normandie. Cette effigie aux traits individualisés, prémices d'un art du portrait, porte les vêtements royaux. Datée des environs de 1305, elle résume à elle seule la construction du mythe autour de la figure de ce roi canonisé dès 1297. Son caractère était volontiers emporté et très autoritaire sous une fausse apparence de docilité. Toute sa vie, il resta fidèle à Marguerite de Provence, fille aînée du puissant comte de Provence, avec qui il eut onze enfants.

Le palais du Luxembourg
La Sorbonne

Le palais du Louvre
Le Pont-Neuf
La Sainte-Chapelle
La Conciergerie
Le palais de la Cité
Notre-Dame

Pour se doter d'un débouché sur la Méditerranée, le roi fait construire ***le port d'Aigues-Mortes (Occitanie)****, d'où partent les septième et huitième croisades.*

Lieu de mémoire

Aigues-Mortes : Saint Louis s'assure le contrôle du Midi

Aigues-Mortes premier accès à la Méditerranée

Le 12 avril 1229, par le traité de Paris, Raymond VII cède toutes ses possessions, de Carcassonne jusqu'à la Provence, au roi de France. Il ne lui reste qu'un comté réduit à l'Agenais, au Rouergue et à la région de Toulouse. En 1240, la fondation d'Aigues-Mortes à 30 kilomètres à l'est de Montpellier constitue l'acte le plus symbolique de la reconquête du Midi par les Capétiens. Entre Montpellier, qui dépend du roi d'Aragon, et une Provence appartenant au Saint-Empire germanique, Louis IX décide la construction d'un port sur une fine bande côtière méditerranéenne. Élevée *ex nihilo* sur un lido marécageux, Aigues-Mortes donne ainsi leur premier accès à la mer aux rois de France et constitue l'unique porte du royaume au sud, destinée à devenir un lieu d'échange commercial.

Aigues-Mortes port des croisades

En 1244, à la suite d'une grave maladie, Louis IX fait vœu de se croiser. Il intensifie les travaux pour l'édification d'Aigues-Mortes. Sa collaboration avec l'architecte Eudes de Montreuil pour dresser les plans du port et de la ville devient presque quotidienne. Pendant quatre ans, toute la région se consacre à cette œuvre immense. Pour encourager ouvriers et marchands à venir s'installer dans ce lieu insalubre entouré d'eaux stagnantes (Aigues-Mortes signifie « eaux mortes »), le roi accorde à la cité une série de privilèges : dispense d'impôts, exemption de taxes et de servitudes militaires. Le 25 août 1248, le roi finit par s'embarquer pour l'Égypte, avec 25 000 hommes et 8 000 chevaux, chiffres considérables pour l'époque. Sa suite est composée de son épouse Marguerite de Provence, ses frères Robert d'Artois, Charles d'Anjou et Alphonse de Poitiers. La flotte royale comprend trente-huit grands vaisseaux et des centaines d'embarcations plus modestes. Mais la croisade est un échec et le roi est même fait prisonnier en 1250. Libéré grâce aux templiers qui payent une très forte rançon, il rentre en France en 1254.

Ci-dessus : Mille six cent quarante mètres de remparts protègent Aigues-Mortes, ils sont achevés en 1300.
Ci-contre : Louis IX embarquant sur une nef à Aigues-Mortes, lors de la septième croisade, en 1248.

MONTSÉGUR ET LA FIN DES CATHARES

Au début de l'année 1244, la croisade contre les cathares est achevée. Les armées du roi de France occupent tout le Languedoc. Ou presque... Dernier bastion du catharisme languedocien, la citadelle de Montségur résiste toujours. Perchée sur son *pog* (« montagne » en occitan) à 1 200 mètres d'altitude, elle abrite un petit millier de cathares conduits par Raymond de Péreille et Pierre-Roger de Mirepoix. Certains d'entre eux se sont illustrés en massacrant des inquisiteurs, les 28 et 29 mai 1242. L'Église a aussitôt réagi : lors d'un concile réuni à Béziers en avril 1243, elle a décidé d'en finir avec Montségur. Un mois plus tard, la citadelle est assiégée par une armée envoyée par le roi de France forte de 6 000 hommes, commandée par Hugues des Arcis, le sénéchal de Carcassonne. À l'automne 1243, les croisés se lancent à l'assaut du *pog*. De nuit, « des valets armés à la légère », guidés par des hommes du pays, commencent l'ascension de la montagne. Ils s'emparent du poste de guet, situé sur la partie basse de la crête rocheuse, pour y installer des catapultes. Depuis cette position, les machines de siège bombardent le *castrum* de la citadelle, au sommet du *pog*. L'étau se resserre. Le 1er mars, Pierre-Roger de Mirepoix négocie la reddition de la citadelle. Il se voit accorder une trêve de quinze jours au terme de laquelle les assiégés pourront sortir librement à condition qu'ils renient leur foi. Mais la résistance continue... Beaucoup refusent d'abjurer. Certains décident même de recevoir le *consolament*, le baptême cathare. Le 16 mars 1244, après la reddition de Montségur, ces 200 irréductibles seront conduits au bûcher, comme autant de martyrs d'une foi anéantie.

***Le château de Montségur dans les Pyrénées (Occitanie)** s'élève au sommet d'un pic à 1 207 mètres d'altitude, entouré de pentes abruptes. Le dernier acte de l'hérésie cathare s'y joue le 16 mars 1244 avec la prise du château où les défenseurs préfèrent brûler plutôt que de renoncer à leur croyance.*

Les « cinq fils de Carcassonne »

Le traité de Corbeil, signé en 1258 par Louis IX et Jacques Ier d'Aragon, fixe la frontière entre les deux pays au sud des Corbières. La cité de Carcassonne devient le centre de commandement d'un ensemble fortifié comprenant notamment les châteaux de Peyrepertuse, Aguilar, Termes, Quéribus, Puilaurens, ces forteresses, les « cinq fils de Carcassonne », défendant le royaume des incursions étrangères tout en assurant le contrôle du territoire nouvellement conquis.

La frontière est fixée juste au sud du château de Peyrepertuse qui, comme ses voisins Puilaurens et Quéribus, est reconstruit par Saint Louis. Le Midi de la France n'en continue pas moins à posséder une spiritualité originale.

En 2017, Aguilar, Montségur, Peyrepertuse, Puilaurens, Quéribus, Termes et la cité de Carcassonne (qui pourrait donc être classée deux fois) ont été inscrits sous le nom de « châteaux cathares » sur la liste indicative des biens français candidats à l'Unesco. Une étape indispensable avant de se hisser ensemble sur la prestigieuse liste du Patrimoine mondial de l'humanité.

***Le château de Quéribus dans l'Aude (Occitanie)**. Dernière citadelle cathare reconstruite par Saint Louis en 1239, elle veille telle une sentinelle de pierre sur le massif des Corbières.*

***Le château cathare de Puilaurens (Occitanie)**. Saint Louis puis son fils Philippe III reconstruisent et renforcent la structure défensive de ces sites fortifiés.*

***Le château cathare de Peyrepertuse (Occitanie)** acquis par Saint Louis en 1239. Surnommé à juste titre la « citadelle du vertige », il domine depuis son promontoire rocheux des paysages sauvages et préservés.*

SAINT LOUIS ÉDIFIE LA CITÉ DE CARCASSONNE

La cité de Carcassonne actuelle restitue dans son aspect général l'image d'une ville du XIIIe siècle, avec son formidable système de fortifications rythmé par cinquante-deux tours, mais aussi celle d'une cité royale conçue par les ingénieurs de Saint Louis afin de protéger la frontière sud du royaume.

La première enceinte urbaine, construite au IVe siècle, et renforcée au XIe siècle par les vicomtes de Carcassonne, est doublée et complétée d'une seconde enceinte. Lorsque Saint Louis, puis son fils Philippe le Hardi et son petit-fils Philippe le Bel, la font édifier, ils mettent tous leurs soins à construire quatre barbacanes, fortifications avancées qui protègent les portes d'entrée et les rendent inexpugnables. Elles permettent de marquer les esprits de la population de la cité et de gagner leur confiance – Carcassonne compte alors près de 4 000 habitants.

En 1852, grâce aux efforts de l'archéologue Jean-Pierre Cros-Mayrevieille, épaulé par Prosper Mérimée, inspecteur général des Monuments historiques, est obtenue l'annulation du décret qui autorisait la destruction pure et simple des enceintes de la cité. Viollet-le-Duc peut commencer le grand chantier de restauration. C'est lui qui a permis la conservation de la magnifique cité de Carcassonne, contrairement à la plupart des cités médiévales, comme Angoulême, qui ont toutes perdu leurs impressionnants remparts. Sauvée de la destruction, Carcassonne est devenue la cité médiévale la plus belle et la mieux conservée d'Europe.

La cité de Carcassonne (Occitanie) *avec son double mur d'enceinte élevé du VIe siècle à 1130 et renforcé par Saint Louis et son fils de 1250 à 1280, restauré de 1852 à 1879 par Viollet-le-Duc. Ici, la porte d'Aude avec la tour de la Justice et le château comtal.*

Les rois de France ménagent le Sud

Peu à peu, Saint Louis impose son autorité avec tact et diplomatie. À une justice seigneuriale et coutumière, il substitue une justice générale et royale. Le pouvoir rayonne par le biais de sénéchaux nommés par le roi (appelés baillis dans le Nord) : sénéchaussées de Beaucaire puis de Carcassonne. Louis IX a cependant l'intelligence ou la bonté de ne pas chercher à s'imposer aux Français du Midi. Durant tout son règne, long de quarante-quatre ans, de 1226 à 1270, il ne sera pas rendu une seule fois dans le Sud-Ouest. Le premier à effectuer ce que l'on appellerait aujourd'hui un voyage officiel, ce sera son petit-fils Philippe le Bel. Ses sujets d'oc ne se sentent pas encore français, et il faut ménager le sentiment qu'ils ont de leur différence. Quand l'archevêque de Sens, chancelier de Saint Louis, fait traduire, après 1229, des archives pour les pays de la France d'oc, il se garde bien de le faire en français d'oïl, de peur de provoquer un soulèvement et de mécontenter des Occitans. On choisit donc le latin comme langue de transition. Rapidement, pourtant, dès la fin du XIIIe siècle, la belle langue d'oc des premiers troubadours n'est plus parlée que par les paysans. Elle n'a plus le prestige ni le rayonnement de la langue d'oïl, que les nouvelles élites apprennent peu à peu.

La cité de Carcassonne est, depuis 1997, classée au Patrimoine mondial de l'Unesco. Elle est devenue l'un des hauts lieux du tourisme national et international : en 2018, elle a reçu 382 600 visiteurs.

Chapitre 4

PHILIPPE IV LE BEL, LE ROI DE FER

« Empereur en son royaume »

Petit-fils de Saint Louis, Philippe IV le Bel est aussi un personnage exceptionnel. Son règne constitue indiscutablement l'apogée de la dynastie capétienne. Le plus puissant des monarques d'Occident gouverne avec une telle fermeté qu'il y gagne le surnom de « roi de fer ». Sa beauté physique est reconnue unanimement par ses contemporains. Selon les chroniqueurs, le roi est grand, blond, vigoureux, et offre un visage harmonieux. Il parle très peu. Ses réponses sont laconiques, quand il ne laisse tout simplement pas la parole à ses conseillers. Pour lui, la raison d'État domine toutes les autres.

Sous son règne, la France consolide ses frontières et la monarchie échappe à l'emprise du pouvoir religieux. À sa mort, Paris aurait compté 200 000 habitants selon l'historien Georges Duby, et la population du royaume aurait atteint les 16 millions.

Le plus puissant des monarques d'Occident gouverne avec une telle fermeté qu'il y gagne le surnom de « roi de fer ».

Philippe IV donne au royaume une administration moderne. Il soumet l'orgueil guerrier des barons provinciaux, vainc les Flamands révoltés, vainc l'Anglais en Aquitaine, vainc la papauté qu'il installe de force en Avignon. Pour des raisons religieuses, financières et politiques, il s'attaque au puissant et richissime ordre des templiers et obtient, au terme d'un procès retentissant en 1312, la condamnation, la suppression de leur ordre et de leur colossale organisation. Sa fille Isabelle est mariée au roi Édouard II d'Angleterre, lui-même vassal du roi de France pour le duché d'Aquitaine. Philippe IV meurt le 29 novembre 1314, à l'âge de 46 ans, après un règne tourmenté de près de trente ans.

Le roi Édouard Ier d'Angleterre rend hommage à Philippe IV le Bel après la guerre de 1297-1299. Enluminure de Jean Fouquet, vers 1480.

La lutte du trône et de l'autel

« Nous sommes fatigués de t'avertir de te corriger, et de mieux gouverner ton royaume » (bulle *Ausculta Fili*, 1301). En s'adressant ainsi au roi de France, le pape Boniface VIII déchaîne la fureur de Philippe IV. S'engage alors un véritable bras de fer entre les deux hommes. Au travers des bulles pontificales, le pape dénonce l'indépendance prise par le roi très chrétien, rappelant que le souverain français doit obéissance au successeur de saint Pierre à Rome. Le chef de l'Église catholique réaffirme ainsi la suprématie de l'Église sur tous les États. Philippe le Bel ne l'entend pas de la même oreille et désire affirmer sa pleine et entière autorité en tant que représentant de Dieu sur terre et dans son royaume. Pour cela, il convoque les états généraux le 10 avril 1302 dans la cathédrale Notre-Dame de Paris.

> ***« Nous qui voulons toujours raison garder. »***
>
> Philippe IV

Ci-dessus : Philippe IV, ses trois fils et sa fille Isabelle surnommée la Louve de France (de gauche à droite : le futur Charles IV Le Bel, le futur Philippe V le Long, Isabelle, Philippe IV, le futur Louis X le Hutin, accompagnés de Charles de Valois, frère du roi). Enluminure française, XIVe siècle.
Ci-contre : Vue sur la Conciergerie, vestige du palais de Philippe IV – le palais de justice a été construit sous Napoléon III.

PHILIPPE IV : LA LOI PERSONNIFIÉE

« Architecte » des institutions royales

Philippe IV s'entoure de conseillers compétents comme Guillaume de Nogaret ou Enguerrand de Marigny qui connaissent très bien le droit et les lois. Le roi devient la loi personnifiée et affirme posséder un pouvoir absolu sur tout le royaume.

Dévoués et efficaces, ses « juristes » imposent l'idée que l'État est une puissance indépendante et inaliénable, incompatible avec la notion de théocratie pontificale chère aux papes des siècles précédents ainsi qu'à Boniface VIII.

> ***Philippe IV crée trois institutions : le grand conseil, le parlement et la chambre des comptes. Elles sont toutes trois concentrées sur l'île de la Cité.***

Pour mener à bien sa politique, Philippe IV crée trois institutions : le grand conseil chargé des affaires politiques, le parlement pour la justice et la chambre des comptes consacrée aux affaires financières. Elles sont toutes trois concentrées sur l'île de la Cité. Le parlement est la Cour de justice suprême du royaume : issu de la cour du roi, il est situé tout près du palais royal. Il est formé de deux services principaux composés de maîtres (magistrats), de clercs et d'auditeurs, tous salariés : la chambre aux plaids chargée de mener des enquêtes, et la chambre des requêtes qui reçoit les plaintes. La chambre des comptes est chargée de vérifier les dépenses des officiers royaux, notamment ceux de l'hôtel du roi ; issue aussi de la cour du roi, elle acquiert une véritable autonomie, à tel point qu'elle a son propre siège, devant la Sainte-Chapelle, et son propre personnel.

Par ailleurs, l'hôtel du roi est entièrement consacré à la protection et au bien-être du souverain et de sa famille. Il compte 300 personnes, réparties entre plusieurs services : la chapelle, le sceau, la chambre aux deniers, la chambre du souverain, la cuisine, la paneterie, l'échansonnerie et la vénerie. Les chambellans sont chargés du protocole royal et de la protection du souverain : le grand chambellan est le personnage clé du royaume. Leur effectif va doubler au cours des trente années du règne de Philippe IV.

Histoire d'un mots **Ducs, comtes, marquis…**

Ces titres sont directement inspirés de l'administration romaine puis carolingienne. Le mot « duc » vient du latin *dux* qui signifie « celui qui dirige », et « comte » dérive du latin *comes* (le « commis »). Quant au « marquis », il désigne à l'origine le chef militaire d'une région frontalière appelée « marche ». Lorsque ces principautés seront intégrées au domaine royal, ces titres deviendront des dignités de la noblesse française, selon une étiquette précise : la première dignité est le duc, viennent ensuite le marquis, puis le comte, le vicomte, le baron, enfin le simple chevalier ou sire.

À une époque où la papauté accumule les difficultés de succession et les erreurs morales, le roi de France choisi par Dieu entend être le maître de l'Église de France. D'après le Recueil des rois de France de Jean du Tillet, *vers 1550.*

PHILIPPE LE BEL

LE PALAIS DE L'ÎLE DE LA CITÉ

La Conciergerie : témoin des siècles

Elle est aujourd'hui l'important vestige du palais des Capétiens, situé sur l'île de la Cité et partie intégrante du palais de justice construit sous Napoléon III.
La Conciergerie offre un témoignage remarquable sur l'architecture civile des XIIIe et XIVe siècles et tient son nom du titre porté par le gouverneur de la Maison du Roi. De 1240 à 1340, après un siècle de travaux, le palais de la Cité connaît une expansion et une structuration remarquables correspondant au développement du rayonnement et de la centralisation du pouvoir royal. Continuellement réaménagé, il devient une des principales résidences des rois de France jusqu'en 1358.
Louis IX lui adjoint la Sainte-Chapelle et installe au dernier étage d'un bâtiment annexe les archives et la bibliothèque royale. Il conserve le donjon, ou Grosse Tour, dû à Louis VI et situé dans la partie nord et nord-ouest du palais.
Philippe IV le Bel entreprend à son tour la réfection complète du palais de la Cité ainsi que son agrandissement en y apportant sa touche personnelle. Il reste de cette époque trois salles gothiques. En 1298, une nouvelle enceinte est achevée avec deux portes d'entrée fortifiées ouvertes sur le front oriental du palais. Les travaux se terminent en 1313 et le palais perd alors son caractère privé. Il n'est plus une des nombreuses résidences royales, mais le siège officiel du gouvernement.

La grande salle des gens d'armes

Le roi fait édifier la grande salle à deux nefs qui est longue de 70 mètres et large de 29, entourée des statues des rois de France. Elle passe pour être la plus belle du royaume. Au-dessous, on trouve des salles basses voûtées qui existent toujours et que le visiteur peut admirer à la Conciergerie : la salle des gardes et l'immense salle des gens d'armes ainsi que les cuisines édifiées plus tard sous Jean II le Bon. La salle des gens d'armes sert de réfectoire au très nombreux personnel employé au service du roi. En 1314, on peut l'évaluer à 2 000 personnes en y ajoutant la garde personnelle du roi affectée à sa sécurité et à la garde du palais.

***La Conciergerie (Île-de-France)**, palais royal capétien construit entre 1240 et 1340, devient une prison à partir du XIVe siècle. Elle fut restaurée par Viollet-le-Duc de 1851 à 1868. De gauche à droite, la tour de l'Horloge, la tour de César, la tour d'Argent et la tour Bonbec. La Conciergerie a reçu 440 200 visites en 2018.*

Les quatre tours du quai de l'Horloge

De l'enceinte du palais, il subsiste, sur les bords de la Seine, quatre tours qui se dressent encore sur le quai de l'Horloge : la fameuse et magnifique tour de l'Horloge de forme carrée, haute de 47 mètres, qui accueillit, vers 1370, la première horloge publique à Paris ; les deux tours jumelles : la tour d'Argent où sont conservés le trésor de la Couronne et la tour de César, appelée ainsi puisque bâtie sur des fondations du premier palais romain ; et enfin, la tour Bonbec où l'on torture les prisonniers – ainsi appelée car les suppliciés interrogés subissaient la pratique de la « question » qui leur faisait avouer leurs méfaits (ils ouvraient leurs becs...).

Une partie du palais est convertie en prison d'État en 1370, après son abandon comme résidence par Charles V. On y enfermera les personnes ayant attenté à la vie du roi, tel Ravaillac en 1610. Mais son nom reste surtout attaché à la période de la Terreur pendant la Révolution française.

La tour de l'Horloge est située au nord-est de Conciergerie. Elle donne à la fois sur le boulevard du Palais et sur le quai de l'Horloge bordant les rives de la Seine. L'horloge, installée en 1370, a été restaurée de nombreuses fois. En 1585, deux sculptures de Germain Pilon ont été ajoutées, représentant la Justice, à droite, et la Loi, à gauche. En 1849, le mécanisme de l'horloge a été remplacé. L'inscription latine du haut se réfère à la triple couronne du roi Henri III et celle du bas à l'administration de la justice et des lois.

La salle des gens d'armes de la Conciergerie, construite de 1302 à 1313 sous Philippe IV le Bel. Les fonctions de direction sont exécutées dans le palais de la Cité à Paris, qui regroupe tous les services administratifs, financiers et judiciaires.

LE ROI DE FRANCE, MAÎTRE DE LA RELIGION

Jean Alaux, 10 avril 1302, les états généraux, *vers 1836. L'assemblée des ordres proclame l'indépendance absolue du roi de France et dénonce les ingérences de la papauté dans les affaires temporelles.*

Le gallicanisme : prérogative de l'État

Comme ses ancêtres, Philippe IV affirme son autorité à la fois face à l'Empire germanique et aux féodaux. Les légistes royaux, Jean de Blanot en particulier, consacreront par une formule ce refus de soumission à l'Empire : « Le roi de France est empereur en son royaume » (1256). Mais Philippe IV entend aussi se libérer de la tutelle morale du pape. En 1301, il entre violemment, à coups de textes incendiaires, en conflit avec Boniface VIII qui aurait fini, dit-on, giflé par les hommes du roi (1303). Cet épisode marque le début d'une doctrine et d'une pratique, le gallicanisme, caractérisée par l'affirmation, en France, de prérogatives de l'État en matière religieuse, notamment la nomination des évêques et des abbés par le roi. On reste toutefois dans le cadre strict du catholicisme, le gallicanisme n'étant pas un schisme, et le roi, désormais maître de la religion, se montre souvent d'autant plus zélé à la défendre : y porter atteinte reviendrait à remettre en cause sa propre autorité.

Une date

10 avril 1302
Les états généraux réunis pour la première fois

Afin d'obtenir le soutien du pays dans son conflit contre le pape, le roi de France décide de convoquer des « états généraux ». Pour la première fois, clergé, noblesse et bourgeois des villes sont réunis dans un même lieu et le même jour. Il n'est pas inhabituel, pour le roi, de réunir en assemblée ses barons et ses évêques qui, en tant que vassaux, lui doivent conseil. Mais, en convoquant également les représentants des communes, Philippe innove.
Selon la théorie de l'État alors en vigueur, le « corps » de la monarchie est assemblé pour soutenir la « tête » (le roi). Le chancelier Pierre Flotte annonce l'ordre du jour au millier de personnes réunies : la volonté du pape de subordonner le pouvoir temporel du roi. Il réfute les thèses pontificales et accuse Boniface d'empêcher le roi de mener les réformes nécessaires au royaume. Prenant ensuite la parole, Philippe proteste contre les prétentions intolérables du pape à porter atteinte à l'indépendance du royaume. Lorsqu'il affirme sa volonté de réduire l'autorité du pape et de réformer l'Église, ses paroles sont applaudies par l'assemblée qui proclame d'une seule voix ne reconnaître d'autre souverain temporel que le roi. Le but de Philippe est atteint : même le clergé, à l'exception de quelques prélats restés fidèles au pape, s'est rallié à lui et les trois états s'accordent pour soutenir ses protestations. Le clergé rédige une lettre pour le pape, la noblesse et les bourgeois s'adressent aux cardinaux. Le roi de France n'en demandait pas davantage, tous légitiment ainsi son pouvoir temporel de souverain sur l'Église de France, qualifiée dès lors d'Église gallicane.

Charles Philippe Auguste Larivière, Philippe IV le Bel à la bataille de Mons-en-Pévèle, le 18 août 1304, contre les Flamands, *1841.*

La malédiction du maître des templiers

L'affaire du Temple marque la souveraineté du roi et son indépendance politique par rapport à la papauté, ainsi que sa mainmise sur l'Église de France. Mais Philippe ne peut savourer longtemps sa victoire. Il meurt le 29 novembre 1314, lors d'un étrange accident de chasse. Avant de mourir, il murmure à l'oreille de son fils aîné Louis : « Pesez, Louis, pesez ce que c'est que d'être roi de France... » Quelques mois après, le 20 avril 1314, le nouveau pape Clément V qu'il a fait nommer disparaît à son tour. Sa succession se révèle difficile. Il laisse une descendance sans postérité. Ces décès successifs accréditent alors la légende de la malédiction lancée par le grand maître de l'ordre templier, Jacques de Molay au moment de son supplice. Celui-ci a été brûlé vif le 19 mars 1314 à l'extrémité de l'île de la Cité sur l'île aux Juifs, non loin de Notre-Dame. Il aurait hurlé : « Pape Clément ! Roi Philippe ! Avant un an, je vous cite à comparaître au tribunal de Dieu... ! Maudits ! Soyez tous maudits jusqu'à la treizième génération de vos races ! » On ne sait s'il a vraiment prononcé ces paroles mais la malédiction semble s'être réalisée. Aucun des trois fils de Philippe IV n'a d'héritier, ce qui ouvre la voie à l'accession au trône à la branche des Valois et au cousin germain Philippe de Valois, qui règne sous le nom de Philippe VI.

Philippe le Bel et ses fils resteront pour la postérité de véritables « rois maudits ». Maurice Druon s'en inspirera pour écrire sa formidable suite romanesque historique, *Les Rois maudits*, de 1955 à 1977.

AVIGNON ET LE COMTAT VENAISSIN

Sept papes installés à Avignon

Dans son combat contre la papauté, la victoire de Philippe IV est totale. Sa mainmise sur les organes de direction de l'Église se manifeste de façon éclatante quand, en 1305, le roi de France fait élire Bertrand de Got, l'archevêque de Bordeaux, sous le nom de Clément V. Il est le premier d'une série de neuf papes, pour la plupart français, qui transfèrent la papauté à Avignon, ville impériale certes mais située en plein secteur d'expansion française.

Le Comtat Venaissin

Le Comtat appartenait à la fois au comte de Toulouse et au comte de Provence. Situé sur la rive gauche du Rhône, il se trouve dans le Saint-Empire germanique, donc hors des limites de la Francie occidentale. Mais en 1229, en vertu du traité de Paris, le Comtat Venaissin est attribué au souverain pontife. Correspondant à une partie de l'actuel département du Vaucluse, il est limité à l'ouest par le Rhône, au sud par la Durance et à l'est par le Dauphiné. Il comprend les villes de Carpentras, Valréas, L'Isle et Cavaillon – la cité d'Avignon elle-même avec son domaine dépendant officiellement du comté de Provence.

Fortement influencé par Philippe IV et fuyant l'instabilité de la péninsule italienne et de Rome, le pape Clément V s'installe tout d'abord dans le Comtat Venaissin en 1309. Son successeur Jean XXII, né à Cahors, choisit de s'établir à Avignon même. Six autres papes vont successivement résider dans cette cité qui est définitivement achetée en 1348 à la comtesse de Provence, mais qui n'en reste pas moins distincte du Comtat.

Au milieu du XIVe siècle, le Comtat Venaissin s'étend du sud de Cavaillon jusqu'à Pierrelatte, de Mornas à Aulan, et comprend de nombreuses enclaves (Valréas, Aubres, Valouses, Solérieux, Bonnieux). Avignon et le Comtat Venaissin ne seront rattachés à la France qu'en 1791, après un vote de leurs habitants.

Détail d'une fresque, scène de chasse au faucon dans la chambre du Cerf (salle de travail du pape Clément VI), probablement réalisée par Matteo Giovannetti da Viterbo en 1343, tour de la garde-robe du palais des papes.

Un essor économique remarquable

Pendant près d'un siècle, la présence de la papauté à Avignon permet l'essor de tout le Comtat. Pourtant, la région est minée par des luttes intestines, souvent d'une incroyable violence. Organisée autour de trois niveaux de pouvoir, le comte de Provence, les grands seigneurs (comme ceux des Baux ou de Castellane) et la papauté, la région est le théâtre d'affrontements sanglants. Le Comtat Venaissin et Avignon servent pourtant de carrefour commercial entre la France et l'Italie. C'est là que sont vendus de nouveaux produits, venus d'Orient et acheminés par les marchands italiens : l'artichaut, l'ananas, la laitue romaine, l'aubergine, puis la courge, le fenouil, la luzerne. Au milieu du XVIe siècle, ce sont les produits d'Amérique qui débarquent à Avignon notamment la truffe blanche (la pomme de terre) ou la tomate.

Le palais des papes à Avignon (Provence-Alpes-Côte d'Azur) *devient la résidence des papes, sous la protection officielle du roi de France : le palais vieux à gauche, construit à partir de 1335 sous Benoît XII par l'architecte Pierre Poisson ; à droite, l'aile ouest du palais nouveau bâti à partir de 1342 sous Clément VI par l'architecte Jean du Louvres. Depuis 1995, le centre historique d'Avignon : palais des papes, ensemble épiscopal et pont d'Avignon, est classé au Patrimoine mondial de l'humanité.*

Chapitre 5

CHARLES V, LE RÈGNE DE L'INTELLIGENCE

Un royaume au bord du gouffre

En 1328, le troisième fils de Philippe IV le Bel, Charles IV, meurt sans héritier mâle : il est le dernier Capétien direct. Une branche collatérale, les Valois, monte sur le trône et va présider au destin du royaume pendant plus d'un siècle et demi, jusqu'en 1589. Le nouveau souverain, Philippe VI, est le cousin germain du défunt roi. Mais en Angleterre règne le tout jeune roi Édouard III, petit-fils de Philippe le Bel par sa mère, Isabelle de France, et celui-ci ne l'entend pas de la même oreille. Les seigneurs et hauts dignitaires français justifient leur choix par la loi salique selon laquelle la couronne ne pourrait se transmettre par les femmes : « Le royaume de France est si noble qu'il ne peut aller à femelle. » En réalité, ils veulent empêcher que le royaume ne tombe en des mains étrangères. Cette succession déclenche une des pires guerres que la France ait jamais connues : la guerre de Cent Ans. Pendant cent seize ans, entrecoupés de courtes trêves, le pays est dévasté par les pillages, une grande épidémie de peste noire et par une terrible famine. Sa population passe de 15 à 10 millions d'habitants. C'est tout d'abord une période de défaites militaires, Crécy, Calais, Poitiers. Le royaume de France, plongé alors dans le désordre et l'anarchie, est au bord de l'abîme...

Charles le Sage redresse le pays

Fils de Jean II le Bon, Charles V monte sur le trône en 1364 dans ces conditions épouvantables. Le jeune roi doit faire face à une incroyable succession de crises : politique, économique, militaire et sanitaire. Le royaume est terriblement appauvri, les caisses de l'État sont vides, le peuple vit dans la misère, enfin la monarchie a perdu tout prestige. La France a rendu aux Anglais toutes ses conquêtes depuis plus de deux cents ans, du Poitou au Rouergue. Des soldats-brigands, rassemblés en « grandes compagnies », se livrent à des pillages d'une rare violence. Terrorisés, les paysans se révoltent lors de la Grande Jacquerie et le prévôt des marchands de Paris, Étienne Marcel, en profite pour contester le pouvoir royal. Pourtant, dès son couronnement, le nouveau roi va se révéler être l'un des plus remarquables hommes d'État de toute l'histoire de France.

Portrait de Charles V par François-Louis Dejuinne, XIXe siècle.

Dès son couronnement, Charles V va se révéler être l'un des plus remarquables hommes d'État de toute l'histoire de France.

Le caractère réfléchi du dauphin tranche avec l'impétuosité de son père, le roi Jean, captif en Angleterre. Pieux, tolérant, d'humeur toujours égale, très cultivé, ayant soif de savoir et conscient des devoirs que lui confère la couronne, Charles mérite bien son surnom de « Sage », au sens philosophique du terme. Mais c'est aussi un jeune homme à la santé fragile, affaibli par les séquelles d'une maladie d'enfance qui le laisse partiellement handicapé physiquement. Il préférera toujours confier ses armées à des capitaines compétents. En moins de vingt ans, non seulement le souverain inverse un processus de désagrégation territoriale qui paraissait irréversible mais il réussit à restaurer l'autorité royale dans tout son prestige, à travers un renforcement de l'administration et une véritable politique culturelle.

La dynastie capétienne

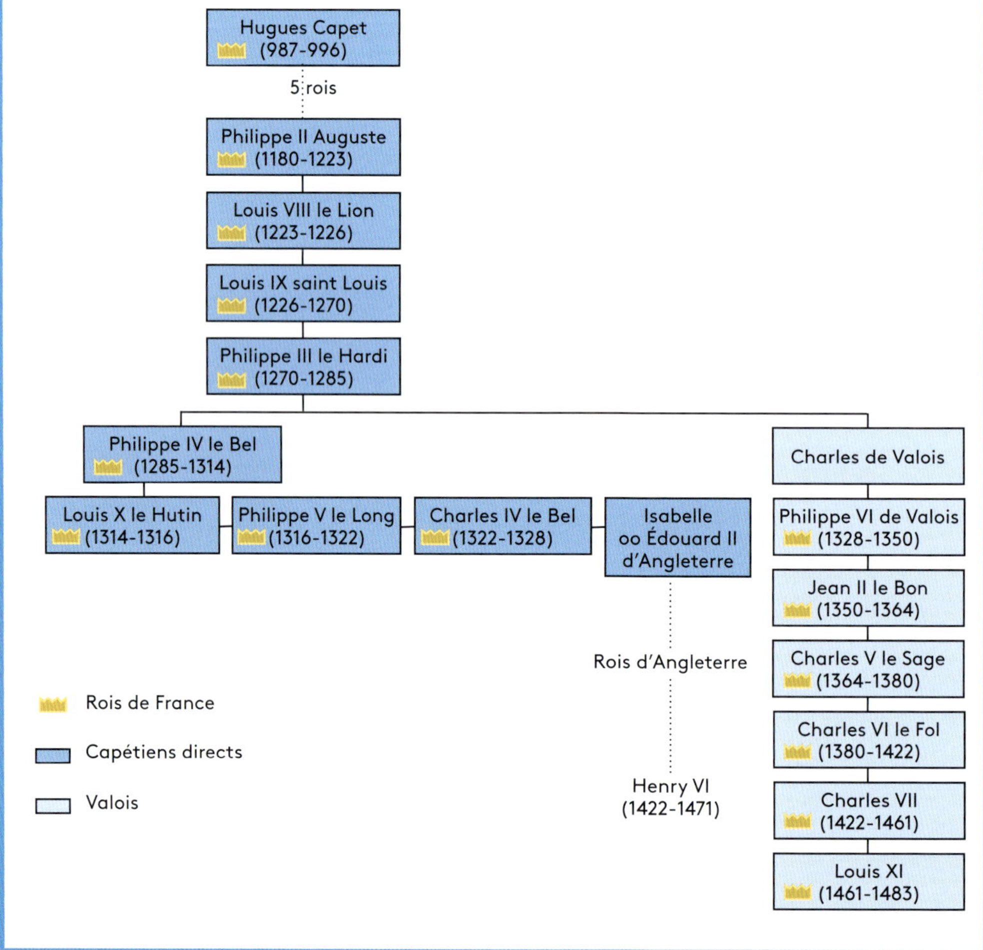

Durant la guerre de Cent Ans, la bataille de Crécy est le premier d'une longue suite de désastres français ! Les Anglais, dont la population ne compte que 3,5 millions d'habitants, écrasent les Français. Miniature des Chroniques de Froissart, XVe siècle.

Anecdote

La loi salique : « Les lys ne filent pas »

Pour faire valoir ses droits face à Édouard III, Philippe VI de Valois invoque le principe que « femme ne succède pas au royaume de France », déjà utilisé en 1316 selon la jolie expression « les lys ne filent pas ». Cette loi permet ainsi d'éviter que la couronne ne quitte le pays par le mariage d'une femme de la famille royale avec un prince étranger. Mais ce n'est que bien plus tard, en 1388, que le chroniqueur Richard Lescot découvre à la bibliothèque de l'abbaye de Saint-Denis un manuscrit de l'époque des Francs saliens où figure un article de la « loi salique », une loi franque du Ve siècle, l'article 62, qui stipule : « Quant à la terre, une femme ne peut absolument pas en hériter, car toute la terre doit aller au sexe mâle, c'est-à-dire à ses frères. » De façon abusive, cette loi est alors utilisée pour expliquer l'exclusion des femmes de la succession à la couronne de France. C'est donc *a posteriori* qu'elle sert à justifier le statut de seul héritier accordé à Philippe VI en 1328.

Pieter Bruegel l'Ancien, Le Triomphe de la Mort *(détail)*, *1562 : la grande peste marque un « coup d'arrêt » pour la civilisation occidentale, comme le dira le médiéviste Georges Duby .*

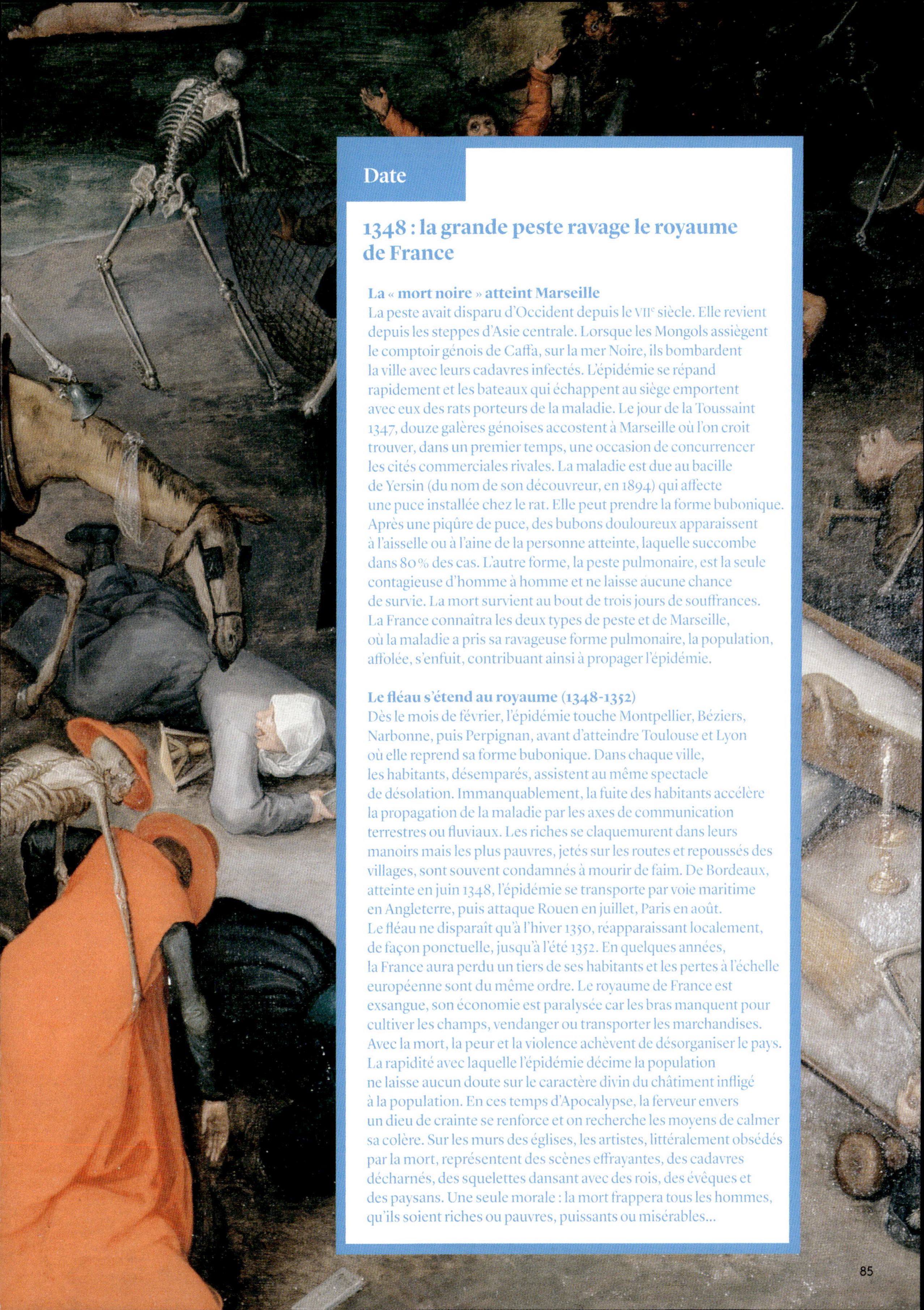

Date

1348 : la grande peste ravage le royaume de France

La « mort noire » atteint Marseille

La peste avait disparu d'Occident depuis le VIIe siècle. Elle revient depuis les steppes d'Asie centrale. Lorsque les Mongols assiègent le comptoir génois de Caffa, sur la mer Noire, ils bombardent la ville avec leurs cadavres infectés. L'épidémie se répand rapidement et les bateaux qui échappent au siège emportent avec eux des rats porteurs de la maladie. Le jour de la Toussaint 1347, douze galères génoises accostent à Marseille où l'on croit trouver, dans un premier temps, une occasion de concurrencer les cités commerciales rivales. La maladie est due au bacille de Yersin (du nom de son découvreur, en 1894) qui affecte une puce installée chez le rat. Elle peut prendre la forme bubonique. Après une piqûre de puce, des bubons douloureux apparaissent à l'aisselle ou à l'aine de la personne atteinte, laquelle succombe dans 80 % des cas. L'autre forme, la peste pulmonaire, est la seule contagieuse d'homme à homme et ne laisse aucune chance de survie. La mort survient au bout de trois jours de souffrances. La France connaîtra les deux types de peste et de Marseille, où la maladie a pris sa ravageuse forme pulmonaire, la population, affolée, s'enfuit, contribuant ainsi à propager l'épidémie.

Le fléau s'étend au royaume (1348-1352)

Dès le mois de février, l'épidémie touche Montpellier, Béziers, Narbonne, puis Perpignan, avant d'atteindre Toulouse et Lyon où elle reprend sa forme bubonique. Dans chaque ville, les habitants, désemparés, assistent au même spectacle de désolation. Immanquablement, la fuite des habitants accélère la propagation de la maladie par les axes de communication terrestres ou fluviaux. Les riches se claquemurent dans leurs manoirs mais les plus pauvres, jetés sur les routes et repoussés des villages, sont souvent condamnés à mourir de faim. De Bordeaux, atteinte en juin 1348, l'épidémie se transporte par voie maritime en Angleterre, puis attaque Rouen en juillet, Paris en août. Le fléau ne disparaît qu'à l'hiver 1350, réapparaissant localement, de façon ponctuelle, jusqu'à l'été 1352. En quelques années, la France aura perdu un tiers de ses habitants et les pertes à l'échelle européenne sont du même ordre. Le royaume de France est exsangue, son économie est paralysée car les bras manquent pour cultiver les champs, vendanger ou transporter les marchandises. Avec la mort, la peur et la violence achèvent de désorganiser le pays. La rapidité avec laquelle l'épidémie décime la population ne laisse aucun doute sur le caractère divin du châtiment infligé à la population. En ces temps d'Apocalypse, la ferveur envers un dieu de crainte se renforce et on recherche les moyens de calmer sa colère. Sur les murs des églises, les artistes, littéralement obsédés par la mort, représentent des scènes effrayantes, des cadavres décharnés, des squelettes dansant avec des rois, des évêques et des paysans. Une seule morale : la mort frappera tous les hommes, qu'ils soient riches ou pauvres, puissants ou misérables…

UN ROI JUSTE ET POPULAIRE

Le roi et l'État

Charles V comprend que le maintien de la souveraineté passe par le soutien de la population. Pour apaiser les mouvements sociaux qui ébranlent l'édifice monarchique, le roi prend des mesures décisives. Il est le premier souverain à recruter une petite armée permanente pour éviter les pillages perpétrés par les mercenaires démobilisés. Ces nouvelles dépenses sont financées par une meilleure organisation des impôts. Il s'appuie pour cela, de plus en plus, sur des hommes nouveaux issus de la bourgeoisie comme Nicole Oresme, qui l'aide à restaurer les finances. Devenu son conseiller et ami, celui-ci est aussi savant, philosophe et économiste. Oresme est l'un des premiers à considérer la monnaie comme le bien de la « communauté », c'est-à-dire du peuple, et non celle du roi, et encourage le souverain à garantir la stabilité monétaire.
Charles V utilise aussi les impôts pour accompagner la reconquête de son royaume, notamment en octroyant des exemptions fiscales aux villes qui acceptent d'être rattachées au domaine royal.
C'est aussi sous son règne que la personne et la fonction du roi commencent à se séparer, comme le montre la distinction entre le domaine privé du souverain et le domaine de la Couronne qui est le patrimoine de l'État. Le revenu des impôts est consacré aux affaires publiques, notamment à l'administration et à la guerre, même si le souverain dispose d'une « liste civile » pour payer ses dépenses.

Après avoir été couronné à Reims le 19 mai 1364, Charles V entre triomphalement à Paris par la porte Saint-Denis. Enluminure des Grandes Chroniques de France, *par Jean Fouquet, vers 1455.*

Du Guesclin est nommé connétable de France par Charles V en 1370 à l'hôtel Saint-Pol.

Le stratège

Charles V obtient une trêve avec l'Angleterre par le traité de Brétigny en 1360. La France doit céder à son ennemi la Guyenne, la Gascogne, Calais, le Ponthieu, et les territoires du comte d'Armagnac. Mais, en revanche, le roi Édouard III abandonne les duchés de Normandie et de Touraine et, surtout, il renonce à revendiquer le royaume de France. Charles est enfin sacré roi à Reims le 19 mai 1364, avec sa femme, Jeanne de Bourbon, qu'il a épousée en 1350 alors qu'ils étaient âgés tous deux de 12 ans et qui lui donnera huit enfants, dont deux seulement atteindront l'âge adulte.

Peu doué pour les grandes batailles, Charles V préfère confier l'armée royale à ses chefs de guerre comme Olivier de Clisson, Jean de Vienne ou le célèbre Bertrand du Guesclin. Mais il se fait remarquer par son sens aigu de la stratégie. Aux batailles rangées, toujours défavorables aux Français, il préfère les guerres d'escarmouches et de sièges, qui lui permettent de grignoter patiemment le territoire ennemi. Pendant dix ans, il harcèle et repousse patiemment ses adversaires anglais jusqu'à reconquérir progressivement presque tous les territoires perdus. À sa mort, le 16 septembre 1380, à Beauté-sur-Marne, sa résidence préférée, les Anglais n'occupent plus que Calais, Cherbourg, Brest, la région de Bordeaux et Bayonne. Le royaume a retrouvé enfin la puissance et la prospérité.

À la sortie de Paris, devant la porte Saint-Denis, le cortège du roi de France, Charles V le Sage, rencontre celui de l'empereur de Bohême, Charles IV. Les deux souverains se prennent la main pour se saluer. Enluminure des Grandes Chroniques de France, *par Jean Fouquet, vers 1455* (Livre de Charles V)*.*

En 1377, Charles V le Sage reçoit les messagers de son oncle maternel Charles IV, empereur de Bohême : ces derniers lui annoncent la visite en France de l'empereur et de son fils Wenceslas de Luxembourg. Enluminure de Fouquet.

CHARLES V, UN GRAND BÂTISSEUR

Des chantiers de prestige

Grand mécène, le roi mène une véritable politique culturelle en organisant des chantiers de prestige. Il transforme le vieux donjon du Louvre en palais, fait bâtir la forteresse de la Bastille et construit de riches résidences, comme l'hôtel Saint-Pol et le château de Vincennes. Il ordonne la rénovation des résidences royales de Saint-Ouen, Creil, Melun et fait construire la forteresse de la Bastille, destinée à protéger le roi en cas de révolte du peuple parisien car elle pourra sécuriser la route reliant la résidence du roi à l'hôtel Saint-Pol au château de Vincennes où il souhaite établir le centre administratif du royaume

Ci-contre :
La Bastille (Île-de-France), symbole de l'autorité royale.
La bastide de Saint-Antoine est à l'origine un petit châtelet à deux tours, élevé à l'emplacement du débouché de la rue Saint-Antoine sur l'actuelle place de la Bastille, à Paris. La construction d'une nouvelle forteresse, ordonnée en 1367 par Charles V, de 1370 à 1383, se fait sous la direction du prévôt de Paris, Hugues Aubriot, qui pose la première pierre le 22 avril 1370. La Bastille fait 66 mètres de long, 34 mètres de large et 24 mètres de hauteur au niveau des tours, elle est entourée d'un fossé de 25 mètres de largeur, profond de 8 mètres. Elle sera entièrement détruite après sa prise le 14 juillet 1789.
Ci-dessous :
Le Louvre de Charles V (Île-de-France), vers 1380.
Paris s'étant étendue largement au-delà de la première enceinte construite par Philippe Auguste, le roi en fait construire une seconde englobant les nouveaux quartiers. Il peut alors sacrifier certains dispositifs militaires du Louvre pour le rendre plus habitable, tout en disposant d'une résidence royale sûre, notamment après avoir dû réprimer la révolte du 22 février 1358 menée par le prévôt des marchands, Étienne Marcel.

Les magnifiques gisants de Charles V et de son épouse Jeanne à la basilique de Saint-Denis (Île-de-France). La mort de la reine survenue deux ans avant la sienne laisse le roi inconsolable et très affaibli.

Lieux de mémoire

Vincennes : Une idéologie royale

Sa Majesté Très Chrétienne, le roi de France

Charles V sait mettre en scène son autorité pour renforcer le caractère sacré du pouvoir royal. Il fait accepter par le pape et les autres souverains que le titre de « Très Chrétien » soit associé définitivement au seul roi de France. Le prédicat « Sa Majesté Très Chrétienne » est officiellement utilisé sur tous les traités. Charles V est aussi le premier à se donner un numéro d'ordre : « le 55e roi de France ». La majesté royale s'exprime par la puissance et le goût du luxe et lui inspire la volonté de doter la monarchie d'un cadre à sa mesure.

Vincennes, le Versailles médiéval

Pour que la monarchie apparaisse entourée d'une splendeur sans égale, il fait construire la résidence royale du château de Vincennes qui demeure en effet comme sa plus belle manifestation.
Haut de 50 mètres, soit six étages de voûtes portées par un puissant pilier central et cantonné de quatre tours, son donjon exprime la force et le faste retrouvés de l'autorité royale. La cinquième tour accolée au nord est celle des latrines apparemment oubliées dans le plan initial. Vincennes est bâti d'un seul jet de 1361 à 1369. Autour, deux enceintes, la seconde longue de un kilomètre et forte de neuf tours arasées) renferme une Sainte-Chapelle, réplique presque identique de celle de l'île de la Cité, et d'autres bâtiments plus récents.

Un intellectuel amateur d'art et des lettres

Pour Charles V, gouverner c'est penser. Aussi fin lettré que savant, il est l'un des monarques les plus cultivés de l'Occident médiéval. Spécialiste du droit et des lois, il se passionne aussi pour la mécanique, la philosophie, la médecine, les mathématiques et l'astrologie. Son immense soif de savoir, son amour pour l'étude et les beaux manuscrits le poussent à commander sans cesse de nouvelles traductions et de nouveaux ouvrages aux lettrés. À partir de 1364, il installe sa bibliothèque dans la tour de la Fauconnerie au Louvre et en fait réaliser l'inventaire : elle contiendra à sa mort près d'un millier d'ouvrages, base d'une bibliothèque royale qu'on considère aujourd'hui comme l'ancêtre de la Bibliothèque nationale – même si elle fut entièrement dispersée sous Charles VI : une partie seulement de ses manuscrits ont été retrouvés dont son exemplaire des *Grandes Chroniques de France*, magnifiquement illustré. Il collectionne également des objets d'art, comme des meubles et des tapis précieux.

Les fondements du sentiment national français

Les historiens sont d'accord pour considérer le règne de Charles V comme au fondement du sentiment national français. Au moment où le royaume semblait se désagréger d'une façon inévitable, il a véritablement modifié le cours de l'histoire. Ce grand souverain est la personnification même du bon gouvernement. Non seulement il restaure l'autorité royale, redresse l'économie, rend l'administration plus efficace, mais, partout, il sait également rétablir la sécurité. On peut dire qu'il encourage un sentiment national naissant, au moment même où Édouard III, imposant la langue anglaise dans tous ses territoires, renforce la haine des Anglais vus comme des envahisseurs. Peu à peu, un véritable désir d'appartenance nationale fait son apparition, désir qui va s'épanouir avec un personnage miraculeux : Jeanne d'Arc.

Grand bâtisseur, Charles V fait construire **le château de Vincennes (Île-de-France)**, qui restera l'une des résidences royales jusqu'au XVIIIe siècle. Ce monument est un grand témoin de notre histoire nationale et de la naissance de l'État français.
Ci-dessus : Le château de Vincennes (Île-de-France) a attiré 139 200 visiteurs en 2018.

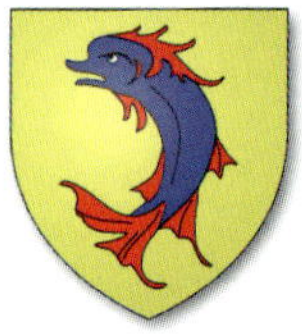

CHARLES V, PREMIER DAUPHIN ROYAL DU DAUPHINÉ

Le Dauphiné de Viennois, situé dans le quart sud-est de la France actuelle entre la Savoie et la Provence, était une principauté du Saint-Empire romain germanique. En 1349, il passe de l'autorité des comtes d'Albon qui avaient pris le titre de dauphins, à celle de l'héritier du trône de France. Pour qu'il ne soit jamais séparé de la Couronne, le roi Philippe VI le confie à l'héritier du trône de France, le futur Charles V, qui devient ainsi le premier « dauphin ».

Son contrôle est précieux pour le royaume, car la province occupe la vallée du Rhône, axe commercial majeur entre Méditerranée et nord de l'Europe depuis l'Antiquité.

Le traité de 1349 a été signé à Romans-sur-Isère dans la Drôme, dans ***la collégiale Saint-Barnard (Auvergne-Rhône-Alpes)****.*

Histoire d'un mot **Dauphin**

Charles est le premier à porter ce titre féodal qui sera attribué à tous les fils de rois de France appelés à régner. De génération en génération, il est dès lors attribué au fils aîné du roi de France et désigne l'héritier présomptif de la couronne, jusqu'à son sacre ou son décès, auquel cas le titre passe au prochain héritier. Autre condition pour porter le titre de dauphin : il faut non seulement être l'héritier du trône, mais aussi descendre directement du roi régnant.

Le palais du parlement du Dauphiné (Auvergne-Rhône-Alpes), cour souveraine de justice, est créé à Grenoble par le futur Louis XI en 1453.

Une date — 30 mars 1349 : Charles, le premier « dauphin »

Les guerres féodales contre la Savoie, les multiples emprunts aux banquiers florentins ont ruiné le Dauphiné de Viennois. De plus, après la mort de son fils André, le dauphin Humbert II n'a plus d'héritier. Il se résout donc à vendre sa principauté alpine.
Humbert II tente d'abord de négocier avec le pape établi à Avignon, sans succès. Il se tourne alors vers le roi de France, Philippe VI. Pour ce dernier, ce serait une belle occasion d'étendre les frontières de son royaume et de disposer d'une province riche en hommes. Il confie à son fils Jean, duc de Normandie, assisté d'une équipe de légistes, le soin de mener les négociations. La première rencontre a lieu en Avignon en 1342, en présence du pape Clément VI. Le 23 avril 1343, ils parviennent à un accord, appelé « premier transport du Dauphiné » : le dauphin consent à donner sa principauté à Philippe, le deuxième fils du roi. En échange, Philippe VI s'engage à lui verser 120 000 florins ainsi qu'une rente viagère de 10 000 livres. De plus, il promet de ne pas rattacher le Dauphiné au royaume de France et de maintenir ses droits et sa personnalité juridique. Coup de théâtre ! Un an plus tard, Philippe VI modifie l'accord en donnant le Dauphiné non pas à Philippe mais à son fils aîné Jean. Puis, nouveau changement ! Il décide de le confier au fils aîné de Jean, Charles, âgé de 12 ans, futur roi Charles V le Sage. Les termes du contrat sont donc revus à la hausse. Humbert II recevra 200 000 florins ainsi qu'une rente supplémentaire de 18 000 livres. Le traité est signé le 30 mars 1349 à Romans-sur-Isère. De décembre 1349 à mars 1350, le premier dauphin de France part pour Grenoble où, lors d'une grande cérémonie, la population jure serment de fidélité à son nouveau prince. En échange, celui-ci lui promet publiquement de respecter ses libertés et franchises.

Chapitre 6

PHILIPPE LE HARDI, PRINCE DE FRANCE ET DUC DE BOURGOGNE

Quand les ducs font trembler les rois

Situé entre le plateau de Langres et la plaine de la Saône, le duché de Bourgogne s'étend jusqu'aux portes du Lyonnais. Il est dirigé par Philippe le Hardi, issu de la branche cadette des Valois, fils de Jean II le Bon et frère du roi Charles V le Sage. En 1364, Philippe fonde une dynastie qui va devenir si puissante que les ducs de Bourgogne vont faire trembler les rois de France… En un peu plus d'un siècle (1361-1477), quatre princes – Philippe le Hardi, Jean sans Peur, Philippe le Bon et Charles le Téméraire – font de la Bourgogne une puissance politique de premier plan. L'État bourguignon joue un rôle éclatant et terrible et qui aurait pu se révéler fatal au royaume de France.

« Fier d'être bourguignon ! »

En 1361, en pleine guerre de Cent Ans, Jean II le Bon s'efforce de stabiliser le pays par la politique des apanages. Le dauphin, le futur Charles V, héritera bien de la couronne de France, mais le roi Jean décide de confier à ses trois autres fils : Jean, Louis et Philippe la gestion de grandes provinces. Ils reçoivent respectivement le Berry, l'Anjou et la Bourgogne, qui resteront toutefois rattachés au domaine royal. Mais, jaloux de leur autonomie, les Bourguignons refusent de devenir pleinement français. « Fier d'être bourguignon ! » dit un proverbe local. Les notables se révoltent et viennent trouver le roi, l'assemblée des états de Bourgogne fait entendre ses

À gauche : Anonyme, Portrait de Philippe II, dit « le Hardi » (1342-1404), *École flamande précoce, vers 1500.*
À droite : Anonyme, Portrait de Marguerite III de Flandre, *fille et unique héritière du comte Louis de Flandre, École flamande, XVI*e *siècle.*

Anecdote

« Père, gardez-vous à droite ! Père, gardez-vous à gauche ! »

Le nouveau duc Philippe le Hardi possède une personnalité hors du commun. Âgé de 14 ans à peine, à la bataille de Poitiers en 1356, il gagne son surnom de Hardi en se couvrant de gloire. Trop jeune pour porter une épée, il surveille l'approche des ennemis qui ont encerclé son père, le roi Jean, et le met en garde contre les coups en s'écriant : « Père, gardez-vous à droite ! Père, gardez-vous à gauche ! » Sa réputation de courage et de vaillance est bientôt répandue dans tout le pays.

La bataille de Poitiers, en 1356, miniature des Chroniques de Froissart, *XV*e *siècle.*

aspirations : « Le duché ne doit devenir une province tombée dans le domaine royal. Le duché doit rester duché. La Bourgogne ne doit pas se confondre avec le royaume. » Jean II le Bon cède et, pour satisfaire ses vassaux, attribue à son fils Philippe le titre de duc de Bourgogne en lui concédant d'immenses privilèges avec autorité entière pour administrer ses affaires. À la mort de leur père, en 1364, tandis que le roi Charles V monte sur le trône, Philippe garde le contrôle de sa province.

Le plus grand duché d'Occident

Lorsqu'il devient duc de Bourgogne, Philippe le Hardi n'a pas 20 ans. Il fait une entrée triomphale à Dijon et déchaîne l'enthousiasme des Bourguignons.

Immédiatement, il pose les bases d'un véritable État. Il ambitionne de réunir la Bourgogne, alors divisée en deux avec, d'un côté, le duché et, de l'autre, le comté (l'actuelle Franche-Comté), qui dépend du Saint-Empire romain germanique. Pour réaliser cette réunification, il décide d'épouser la plus riche héritière d'Europe : Marguerite de Flandre, qui lui apporte en dot le comté de Bourgogne, mais également la Flandre et le comté de Nevers. Le duc de Bourgogne est désormais maître d'une immense principauté particulièrement prospère, qu'il agrandit encore, par achats, héritages ou annexions, du Luxembourg, du Hainaut, du Brabant, de la Hollande, de la Zélande, du comté de Namur…

UNE PUISSANCE POLITIQUE RAYONNANTE

La guerre des Bourguignons et des Armagnacs

Au commencement, les rapports entre Charles V et son frère Philippe le Hardi sont excellents. Mais avec la folie de son successeur Charles VI, la monarchie s'affaiblit. Même si sa démence est ponctuée de moments de grande lucidité, le roi n'est pas en état de régner. Son cousin germain, le duc Jean sans Peur, fils et successeur de Philippe le Hardi, cherche à devenir le véritable maître du royaume.

Mais le roi ne reconnaissant bientôt plus sa femme Isabeau de Bavière, celle-ci se console dans les bras du propre frère du roi, le séduisant duc Louis d'Orléans. Si leur liaison, connue de tous, fait scandale, Louis devient pour le duc de Bourgogne un rival capable de lui disputer le gouvernement du royaume. Alors, Jean sans Peur n'hésite pas à le faire assassiner, en 1407, en plein Paris. Un soir, rue Vieille-du-Temple, Louis est attaqué par surprise par une quinzaine de sbires. Ce meurtre lâche déclenche la fameuse guerre civile entre le parti des Armagnacs (fidèles au roi) et les Bourguignons qui se rapprochent des Anglais.

Après le désastreux traité de 1420 signé par Charles VI, qui abandonne le royaume au roi d'Angleterre, le contexte devient très favorable pour le successeur de Jean sans Peur, Philippe le Bon, qui n'hésite pas à s'allier aux Anglais. Il s'efforce d'agrandir et d'unifier les terres placées sous sa domination. La surface du duché est multipliée par cinq : Philippe recouvre la Belgique, les Pays-Bas,

Ci-dessus : La grande salle du ***palais des ducs de Bourgogne, à Dijon (Bourgogne-Franche-Comté)****, ancienne salle d'apparat, date du XVe siècle. Elle contient deux gisants impressionnants, plus somptueux encore que ceux des rois de France à Saint-Denis : depuis 1827, les tombeaux de Philippe le Hardi et de son fils Jean sans Peur y sont exposés. Ils proviennent de* ***la chartreuse de Champmol****, près de Dijon, nécropole officielle des ducs de Bourgogne, détruite à la Révolution française.*
Ci-contre : Les pleurants du tombeau de Jean sans Peur ont été réalisés entre 1443 et 1456 par le sculpteur Jean de la Huerta et achevés en 1469 par Antoine Le Moiturier.

Le gisant de Philippe le Hardi, réalisé de 1384 à 1411, est l'œuvre des sculpteurs Jean de Marville, Claus Sluter et Claus de Werve.

le Luxembourg et une poignée de cantons suisses, et, en 1435, se fait reconnaître par Charles VII, qui a reconquis le trône de France, une quasi-indépendance. À Dijon, sa cour est l'une des plus brillantes d'Europe. Quand son fils, Charles le Téméraire, lui succède en 1467, il tente de réunir les territoires des Flandres à ceux de Bourgogne en s'emparant de l'Alsace et la Lorraine. Mais il va se heurter aux ruses du roi de France, Louis XI. À sa mort en 1477, ses États sont démembrés et Louis XI récupère la Bourgogne.

Portrait

Marguerite de Flandre : un mariage heureux

L'union de Philippe et de Marguerite est une incontestable réussite. Les deux époux se respectent sincèrement et sont heureux. Marguerite fait preuve d'une personnalité aussi étonnante que son mari. Elle n'est pas vraiment belle, mais elle est intelligente et possède beaucoup de distinction et un goût exquis en toute chose. La duchesse décore admirablement ses châteaux, plante la plus grande roseraie d'Europe et installe une immense volière avec des milliers d'oiseaux rares. Curieuse de tout, elle expérimente des croisements des races bovines flamande et bourguignonne qui sont à l'origine de la race charolaise… La cour de Bourgogne prend alors un éclat exceptionnel, bien supérieur à celui de la cour française. Marguerite fait venir de Flandre pour cela les plus grands artistes de l'époque, tels Claus Sluter et Jean de Beaumetz. On doit à Sluter le Puits de Moïse de la chartreuse de Champmol, une pièce maîtresse du patrimoine français. Quant à son époux Philippe, il fait appel au sculpteur Jean de Marville (auteur de son futur tombeau). Il se développe alors une école artistique originale qui, à son tour, exercera une grande influence sur l'école flamande.
Le duc se soucie aussi de faire paver les rues de Dijon, grande première en Europe depuis les Romains. Il fait installer l'eau courante dans sa capitale bourguignonne en captant l'eau de l'Ouche grâce à une canalisation.

DIJON, CITÉ DES DUCS DE BOURGOGNE

« Moult me tarde »

Devenu duc de Bourgogne en 1364, Philippe entreprend de transformer Dijon en résidence princière. Il rénove l'ancien palais des ducs capétiens, symbole de puissance mais aussi cadre des fêtes d'apparat qu'il faut élargir et embellir. De ce passé glorieux, Dijon a su conserver de superbes vestiges.

La devise du duc, « Moult me tarde » – « Beaucoup m'attendent ou m'espèrent » –, reflet des ambitions de Philippe, est devenue celle de la ville de Dijon. Elle serait selon certains à l'origine du mot « moutarde », nouvelle ressource des Dijonnais. Les vinaigriers de Dijon, très renommés pour la préparation de cette substance, plaçaient sur les pots les armoiries de leur duc avec sa devise.

Des Dijonnais très attachés à leur jacquemart

En 1382, Philippe le Hardi remporte la victoire de Roosebeke, non loin de Courtrai, grâce à laquelle il pacifie les Flandres. Pour témoigner sa reconnaissance à sa « bonne ville » de Dijon, il fait démonter de force l'horloge monumentale de la cité flamande et la rapporte dans sa capitale. Selon le chroniqueur Froissart : « un horoloige qui sonnoit les heures, un des plus beaux qu'on sût deçà ni delà mer ». Arrivé à Dijon dans les premiers mois de 1383, elle est surnommée par les Dijonnais « Jacquemart ». Le « maire » de la ville, Josset de Halle, la fait placer au-dessus d'une tourelle de l'église Notre-Dame de Dijon, elle y est encore...

La chartreuse, chef-d'œuvre de Champmol

Philippe le Hardi décide en 1383 la construction aux portes de la ville de la chartreuse de Champmol : il veut édifier au cœur de ce monastère une nécropole dynastique. Les ducs ont le goût du décor et le sens de la mise en scène. Ils commandent aux plus grands artistes de leur temps des retables polychromes pour orner les autels de Champmol aux pieds de leurs gisants. Il s'y déroule des cérémonies funéraires grandioses. Philippe y est enterré en 1404 dans le chœur de l'église qui vient d'être terminé puis ce sont son fils Jean sans Peur en 1440 et son petit-fils Philippe le Bon en 1474. Ces tombeaux, vite célèbres dans l'Europe entière, feront école. Malheureusement, l'ensemble médiéval a été en partie détruit pendant la Révolution.

Ci-dessus : Le célèbre « Jacquemart » de Dijon rapporté de Courtrai par Philippe le Hardi.
Ci-contre : Vue du centre-ville de Dijon du sommet de la tour de Philippe le Bon, haute de 46 mètres. À l'époque médiévale, elle servait de vigie pour prévenir non pas d'une invasion, mais des incendies.

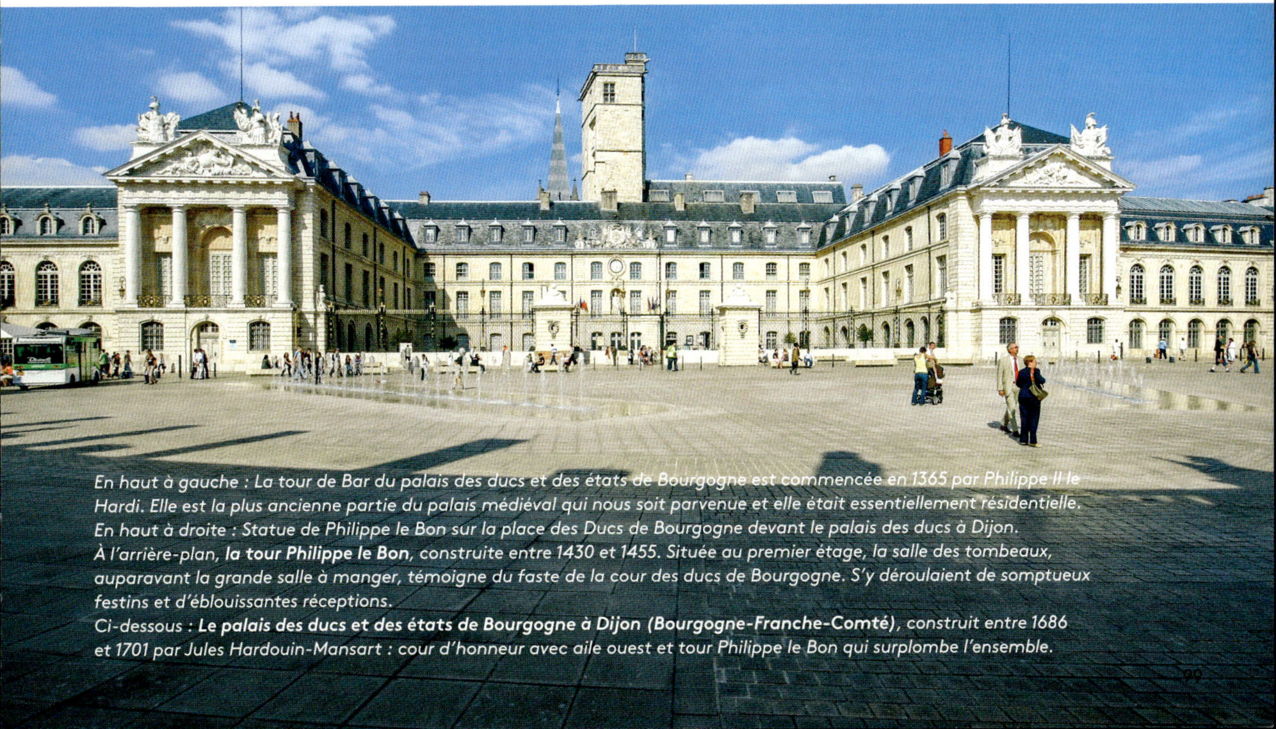

En haut à gauche : La tour de Bar du palais des ducs et des états de Bourgogne est commencée en 1365 par Philippe II le Hardi. Elle est la plus ancienne partie du palais médiéval qui nous soit parvenue et elle était essentiellement résidentielle.
En haut à droite : Statue de Philippe le Bon sur la place des Ducs de Bourgogne devant le palais des ducs à Dijon.
À l'arrière-plan, **la tour Philippe le Bon**, *construite entre 1430 et 1455. Située au premier étage, la salle des tombeaux, auparavant la grande salle à manger, témoigne du faste de la cour des ducs de Bourgogne. S'y déroulaient de somptueux festins et d'éblouissantes réceptions.*
Ci-dessous : ***Le palais des ducs et des états de Bourgogne à Dijon*** **(Bourgogne-Franche-Comté)**, *construit entre 1686 et 1701 par Jules Hardouin-Mansart : cour d'honneur avec aile ouest et tour Philippe le Bon qui surplombe l'ensemble.*

LA PREMIÈRE POLITIQUE « VITINICOLE » DE L'HISTOIRE

Bourgogne, vignoble illustre

Les ducs de Bourgogne encouragent et protègent la viticulture qui devient progressivement un atout politique et économique majeur. Ils édictent la première véritable politique vinicole et investissent une fortune dans les pressoirs. Le 6 août 1395, Philippe le Hardi prend une première ordonnance fondamentale sur les exigences d'une viticulture de qualité en Bourgogne. Son épouse et lui interdisent l'utilisation du gamay qui leur semble inadapté lorsqu'il est cultivé en sol argilo-calcaire de Bourgogne et « indigne de nos grands vins... » et préconisent le pinot noir. Rapidement, les vins de Bourgogne séduisent la cour papale d'Avignon et connaissent une vague internationale.

La création du vignoble de la côte bourguignonne (ou « côte d'Or ») remonte aux Romains mais c'est surtout à partir du XIIe siècle que l'essor des villes du Bassin parisien et du Nord a provoqué une forte demande en vins : elle a entraîné la création des vignobles de Chablis par l'abbaye de Pontigny et du clos de Vougeot par les moines de Cîteaux. Les vins de Beaune sont devenus célèbres dès le XIIIe siècle.

Bénéficiant de l'attention des riches ducs de Bourgogne, le pinot noir, le chardonnay, le chablis et le beaujolais gagnent un immense prestige. Le vignoble bourguignon n'occupe pourtant qu'un territoire restreint et sa production, en volume, se situe loin derrière celle du Bordelais ou des côtes du Rhône. Mais le vin de la Côte (côte de Nuits au nord, côte de Beaune au sud) se vend à des prix très élevés.

Malheur aux vaincus !

Après la défaite peu glorieuse du dernier duc Charles le Téméraire face au roi Louis XI à Nancy en 1477, les vins prestigieux des clos des Ducs sont rebaptisés clos du Roi. Presque tous... on en trouve un dernier sur une douzaine d'hectares, le très réputé volnay Clos des Ducs.

Les fameux Hospices de Beaune (Bourgogne-Franche-Comté).
La tradition de bâtisseur des ducs se poursuit avec Philippe le Bon qui décide, avec son chancelier Nicolas Rolin, la construction de l'hôtel-Dieu. Alternant harmonieusement différents coloris de tuiles vernissées, il est construit de 1443 à 1451 par l'architecte Jacques Wiscrère. À l'occasion de son mariage avec Isabelle de Portugal, il organise un banquet somptueux où toutes les fontaines de Beaune font jaillir du vin pour la population pendant huit jours d'affilée…

Un vignoble du Mâconnais, le village de Vergisson (Bourgogne-Franche-Comté). Vue sur le village depuis le sommet de la roche de Vergisson. Les climats du vignoble de Bourgogne ont été classés au Patrimoine de l'humanité en 2015. De Dijon à Beaune, des paysages remarquables, un patrimoine bâti exceptionnel, un savoir-faire unique fondent les éléments qui ont permis cette inscription. Soigneusement délimité depuis des siècles et quasiment inchangé depuis, le climat est le terme spécifiquement bourguignon qui désigne une parcelle de vigne au nom et à l'histoire souvent illustres : chambertin, romanée-conti, clos de Vougeot, montrachet, corton, musigny…

Chapitre 7

CHARLES VII LE VICTORIEUX

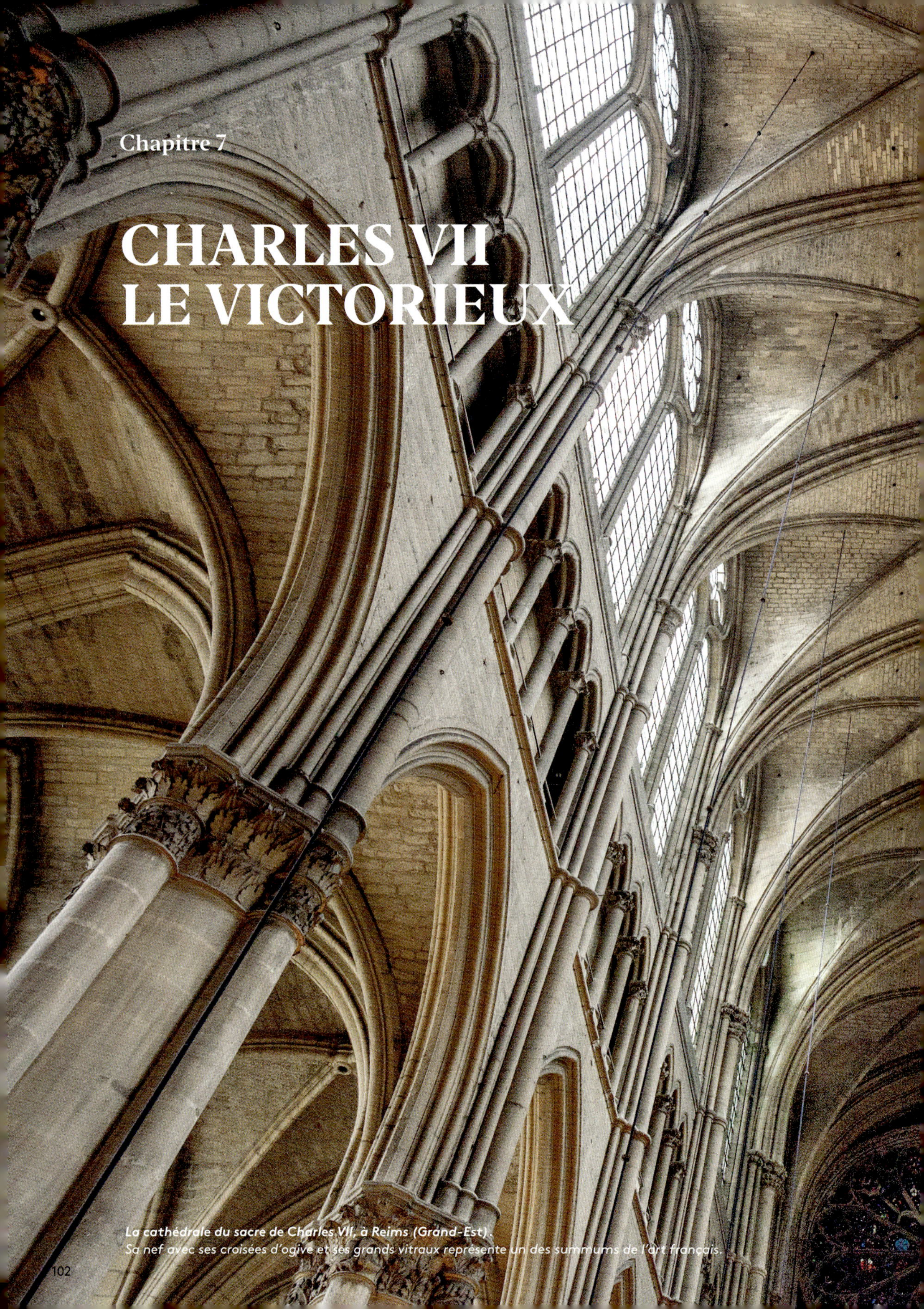

La cathédrale du sacre de Charles VII, à Reims (Grand-Est).
Sa nef avec ses croisées d'ogive et ses grands vitraux représente un des summums de l'art français.

Les jours les plus sombres de la guerre de Cent Ans

Quel incroyable destin, quel chemin parcouru ! Par quel miracle le misérable « petit roi de Bourges », moqué à travers toute l'Europe, est-il devenu Charles le Victorieux ? Cette incroyable ascension, il la doit tout entière à Jeanne d'Arc, mais aussi à une persévérance à toute épreuve.

Onzième des douze enfants du roi de France Charles VI et d'Isabeau de Bavière, le futur Charles VII naît en 1403. Une rumeur tenace au sujet des infidélités d'Isabeau fera planer durant toute sa vie le doute sur sa légitimité. À la mort successive de ses deux frères aînés, le « bâtard » devient à 14 ans le dauphin d'un royaume déchiré par la guerre civile entre les Bourguignons et les Armagnacs. Durant l'été 1415, c'est l'effroyable désastre d'Azincourt, où 4 000 chevaliers français sont tués : noblesse décimée, armée décapitée, administration désorganisée, les conséquences de cette défaite sont sans fin. Ce sont les jours les plus sombres de la guerre de Cent Ans...

Au bord de l'implosion

Les Anglais s'emparent de Paris en 1419, forçant le dauphin Charles à s'exiler à Bourges de peur d'être fait prisonnier. L'année suivante, sa mère, la reine Isabeau de Bavière, livre aux Anglais le royaume en déshéritant son propre fils – elle l'appelle « le soi-disant dauphin » – et reconnaît Henri V d'Angleterre comme héritier du roi de France. Le dauphin règne alors sur un petit territoire situé au sud de la Loire, on le nomme par dérision le « petit roi de Bourges ».

Jean Fouquet, Portrait de Charles VII, *vers 1450-1455.*

Il lui faut aussi s'opposer à son cousin le duc de Bourgogne, allié aux Anglais, qui s'empare sans cesse de nouvelles terres. À la mort presque simultanée de son père, Charles VI, et du roi d'Angleterre Henri V (1422), la guerre redouble. Le royaume est au bord de l'implosion. Charles VII, qui n'a pas pu se faire couronner à Reims, occupé par les Bourguignons, doit faire face à une nouvelle trahison de sa mère : elle jure allégeance au nouveau roi anglais, Henri VI, un bébé d'un an...

Un éclair dans la nuit

Autour de lui, trahisons et complots armés s'enchaînent pour contester son autorité, le poussant à faire preuve d'une méfiance maladive. Contre vents et marées, Charles VII tient bon. Survient alors la rencontre avec Jeanne d'Arc qui va bouleverser le cours de la guerre de Cent Ans. Grâce à l'intervention providentielle de la Pucelle d'Orléans, « le soi-disant dauphin » reconquiert son royaume en moins de vingt ans et gagne enfin le statut d'un monarque à l'autorité incontestée. C'est l'un des moments les plus extraordinaires de l'Histoire de France !

« L'an mil quatre cent vingt-neuf, reprit à luire le soleil. »

Christine de Pisan

Carte Carte de la France en 1420

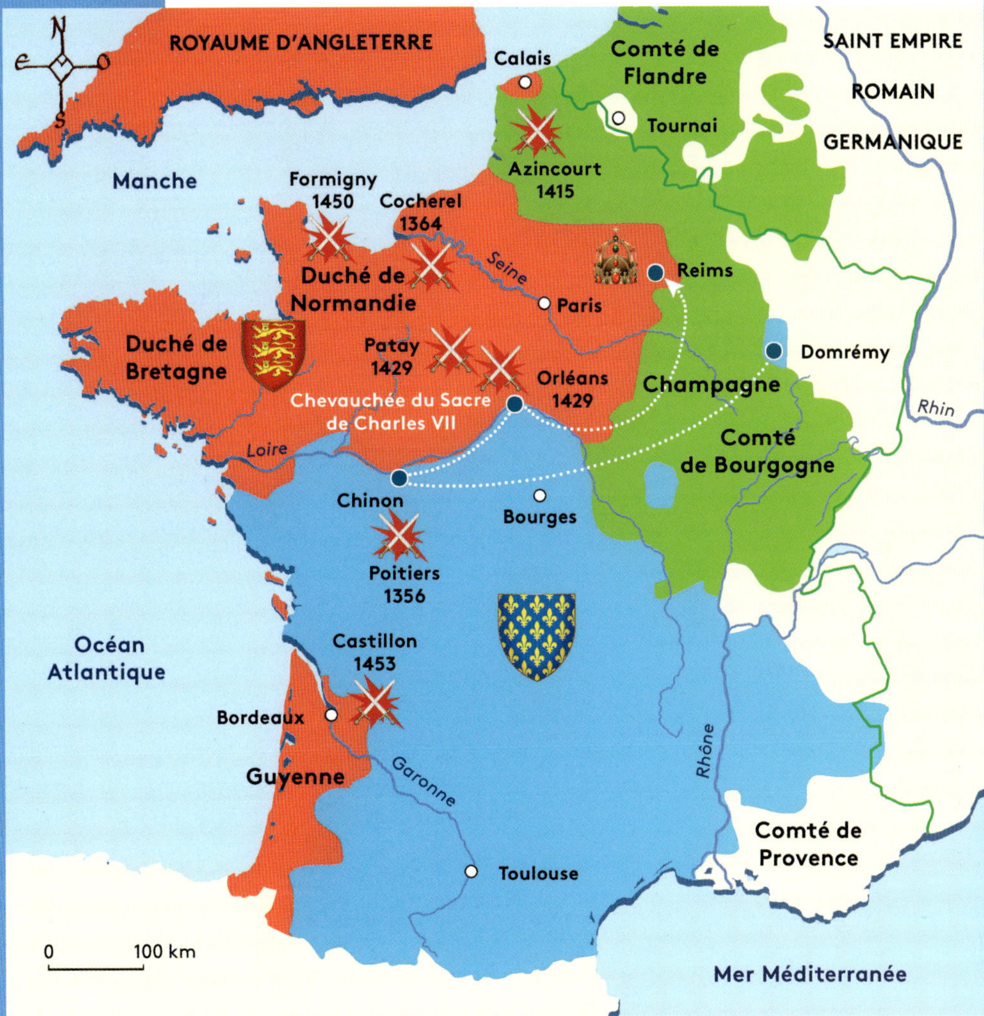

Territoires sous l'autorité de Charles VII (domaine royal et fiefs)

Territoires sous domination bourguignonne

Territoires sous domination anglaise

Frontière actuelle

Charles VII ne règne que sur la moitié sud de la France. Les Anglais tiennent la Normandie et la Guyenne. Quant aux Bourguignons, alliés de l'Angleterre, ils contrôlent la Champagne avec la ville du sacre : Reims.

LE PETIT ROI DE BOURGES

Bourges, capitale du royaume

L'arrivée de Charles VII dans la capitale du Berry marque le début du séjour des rois de France en val de Loire : il est le premier à inaugurer ce qui deviendra une tradition jusqu'à Louis XIV. S'il est un roi de France qui s'identifie avec Bourges, c'est bien lui, qui a aussi hérité du titre de duc de Berry.

Après les émeutes parisiennes de 1418, le dauphin Charles fuit Paris précipitamment pour éviter d'être fait prisonnier par les Bourguignons. Il se réfugie à Bourges, dans son duché. Lorsque, à la mort de son père Charles VI, il se proclame roi de France sous le nom de Charles VII, le 30 octobre 1422, il y installe sa chambre des comptes, tandis que son parlement siège à Poitiers. De 1418 à 1437, il fait de Bourges sa capitale, La ville rayonne, et les historiens affirment que la cité compte alors plus de 15 000 habitants, chiffre important pour l'époque. Pourtant, la cour, installée au palais ducal, sans finances, vit chichement ; c'est le chapitre de la cathédrale de Bourges qui règle les factures de bouche de la cour royale.

Portrait de Jeanne d'Arc en armure tenant une bannière représentant Dieu le Père et deux anges, *École franco-flamande, v. 1430. Avant même sa mort sur le bûcher, Jeanne d'Arc est un mythe vivant. Sa vie est ponctuée de faits mystérieux : des voix venues de Dieu lui dictent sa mission : délivrer Orléans, mener le roi Charles VII se faire sacrer à Reims, libérer Paris et chasser les Anglais du royaume de France.*

Une vie itinérante

À son arrivée à Bourges, le dauphin n'a que 15 ans. On dit de lui qu'il est de santé fragile, qu'il n'a pas de caractère et qu'il a horreur de la violence. En ces temps troublés, c'est considéré comme un aveu de faiblesse. Par contre, le jeune prince, qualifié de gentil et de modeste, a reçu les leçons des meilleurs éducateurs de son temps, il étudie beaucoup et deviendra aussi cultivé que son grand-père, le roi Charles V. Il se marie en 1422 avec Marie d'Anjou qui lui donnera quatorze enfants, dont le futur Louis XI.

Devenu roi, le dauphin continue à mener une vie itinérante entre ses différents châteaux de Tours, Loches et Amboise, même s'il préfère celui de Chinon où il s'installe avec sa cour en 1427 ou bien celui de Mehun-sur-Yèvre, qui lui sert de résidence d'été.

Une date — 25 février 1429 : Une rencontre décisive, Jeanne d'Arc

Pendant ce temps, les Anglais poursuivent la guerre et sont partout victorieux. Ils atteignent la Loire et, le 12 octobre 1428, commencent le siège d'Orléans.

Mais, le 25 février 1429, une jeune bergère de 17 ans se présente au château de Chinon pour rencontrer le roi. Elle est menée jusqu'aux appartements du roi où celui-ci la reçoit en petit comité. Elle prétend avoir entendu des voix divines lui commandant de bouter les Anglais hors de France ! Devant Charles, elle déclare : « Gentil Dauphin, je te le dis de la part de Messire Dieu que tu es vrai héritier du trône de France ! » Cette première entrevue est décisive. Charles VII déshérité, et peut-être illégitime, en ressort convaincu qu'il est le véritable roi et que la mission de Jeanne est surnaturelle.

Logée non loin, au château du Coudray, la Pucelle revient à Chinon du 27 mars au 5 avril 1429, pour être présentée officiellement au roi. Elle lui apporte une couronne en or en « signe » de sa promesse de mener le roi dans la cathédrale du sacre à Reims.

La forteresse royale de Chinon (Centre-Val de Loire) est construite sur un éperon rocheux dominant la Vienne et la ville. Elle comprend trois parties dont la plus ancienne date du XIIe. Au centre, la résidence de Charles VII où Charles VII et sa cour s'installent en 1427. C'est là qu'il reçoit Jeanne d'Arc venue le convaincre de se faire sacrer à Reims.

Les logis royaux du château de Chinon (après restauration) où Jeanne d'Arc rencontra le dauphin pour le convaincre de lever une armée et lui promettre de le faire couronner à Reims. La grande salle du château est d'ailleurs appelée « salle de la Reconnaissance » en référence. Le reste de l'aile sud était occupé par les appartements de Charles VII et son épouse Marie d'Anjou, logés au premier étage. La reine y vécut jusqu'à sa mort en 1461.

MEHUN-SUR-YÈVRE, CENTRE DE POUVOIR

Une conception moderne du pouvoir

Charles VII s'installe dans la « cité royale » de Mehun-sur-Yèvre et fait du château de son oncle Jean du Berry sa principale résidence. Dans ce lieu privilégié, à une quinzaine de kilomètres de Bourges, sur la rivière l'Yèvre, il développe ses conceptions du pouvoir. C'est là qu'il aime se retirer pour préparer ses plans de reconquête du royaume, là qu'il entreprend de rétablir l'économie grâce à l'aide de son grand argentier Jacques Cœur, là où il instaure le paiement d'impôts permanents comme la taille qui lui permettront d'organiser une armée régulière et permanente. Pour la première fois, les soldats sont payés même en temps de paix. Et le roi équipe ses troupes d'une nouvelle arme apparue en Europe un siècle plus tôt : la poudre à canon. C'est là encore qu'il mourra, triste et seul, à l'âge de 58 ans, le 22 juillet 1461, après un règne de quarante-trois ans.

Jeanne d'Arc à Mehun

Après ses victoires à Orléans et à Patay, Jeanne d'Arc est à Bourges et passe le reste de l'hiver dans cette cité. Le roi, un peu gêné semble-t-il, veut la consoler et, plutôt que de lui fournir une armée, lui donne des lettres de noblesse, que la jeune femme reçoit à Mehun-sur-Yèvre de ses mains, à la fin du mois de décembre 1429, juste à la veille de Noël.

Une luxueuse demeure princière

À la fin du XIVe siècle, le château médiéval défensif a été transformé en une luxueuse résidence princière par le duc de Berry, troisième frère de Charles V. Pendant cinquante ans, sur un chantier gigantesque, des travaux ont été entrepris qui ne se sont achevés qu'à sa mort en 1416. Devenue fameuse, la riche demeure est représentée à plusieurs reprises, notamment par les frères Limbourg puis par l'atelier de Jean Colombe. Malheureusement, le château sera endommagé pendant les guerres de Religion par un premier incendie, qui en détruira une grande partie avant qu'il ne finisse par être démantelé par la Révolution de 1789.
Aujourd'hui, il subsiste une grande tour, haute de 40 mètres, aménagée en musée Charles VII. À l'intérieur, quatre salles conservent une remarquable collection d'objets de la vie quotidienne médiévale et de reproductions de miniatures. Cent soixante-huit marches permettent d'accéder au sommet, à une vue magnifique s'étendant des vignobles de Quincy jusqu'à la flèche de la cathédrale Saint-Étienne de Bourges, récemment inscrite au Patrimoine mondial de l'Unesco (2020).

À gauche : ***Le luxueux château fort de Mehun-sur-Yèvre (Centre-Val de Loire),*** *réaménagé au XIVe siècle en une élégante résidence par le duc Jean de Berry, n'est plus qu'une ruine.*
Ci-contre : Autrefois, il présentait un aspect majestueux : il fait l'objet d'une des miniatures des Très Riches Heures *du duc de Berry.*
Page de droite :
Les Très Riches Heures du duc de Berry. *Ce manuscrit enluminé commandé par le duc Jean de Berry est sans doute un des plus beaux ouvrages du Moyen Âge. Il a été conçu et réalisé à Bourges par des génies de la plume et du pinceau, les frères Limbourg, entre 1410 et 1414, et terminé entre 1485 et 1489 par Jean Colombe. Il est aujourd'hui conservé au château de Chantilly.*

aproche aproche

Portrait — Agnès Sorel, première favorite royale officielle

Vers 1443, Charles VII remarque une jeune femme d'une vingtaine d'années dont la beauté illumine la cour : Agnès Sorel. Il en tombe follement amoureux et devient vite son amant. Le roi la couvre de cadeaux et lui offre le château de Beauté-sur-Marne en 1444, d'où son surnom de « dame de Beauté » (le manoir sera détruit en 1626).

Agnès est extravagante et voluptueuse. Elle porte des tenues jugées scandaleuses qui découvrent ses épaules et sa poitrine. La maîtresse officielle du roi lance la mode du décolleté et s'attire les foudres des religieux. Elle affiche des traînes de 8 mètres de long qui allongent ses robes bordées de fourrures précieuses.

Le roi passe tout son temps auprès d'elle. Agnès Sorel s'éteindra subitement après avoir mis au monde un quatrième enfant. De nombreux historiens pensent qu'elle a été empoisonnée. Louis, le futur Louis XI, qui la détestait, est le suspect le plus sérieux. Charles VII restera comme un homme désespérément marqué par la disparition de son grand amour, inconsolable jusqu'à la fin de son règne.

Loches, château de la maîtresse du roi

Grâce à sa grande beauté et son intelligence, Agnès Sorel se fait offrir les fiefs de Beauté et le magnifique domaine de Loches. Le logis royal de Loches est un château du Moyen Âge devenu une des résidences favorites des Valois à la fin du XVe siècle. La maîtresse du roi y fait aménager un logis qui surplombe la ville et, jusqu'à sa mort, il devient sa résidence principale. Elle n'en est pas propriétaire, le château appartenant au roi, mais en possède l'usage, sur décision royale. Après son décès, en février 1450, à Anneville en Normandie, son corps est rapatrié à Loches. Son tombeau est érigé à deux pas du logis royal, dans l'église abbatiale Saint-Ours, splendeur de l'art roman. Elle est enterrée à l'entrée du chœur et son sarcophage est paré d'un gisant en albâtre magnifiquement sculpté. Un deuxième tombeau contenant une partie de ses cendres est érigé à l'abbaye de Jumièges.

Agnès Sorel *(1422-1450), tableau anonyme du XIXe siècle inspiré de la* Vierge du Diptyque de Melun *peint vers 1450 par Jean Fouquet. Sa beauté charme le roi qui fait d'elle sa favorite « officielle ».*

Jean Fouquet, « Vierge à l'Enfant », volet gauche du Diptyque de Melun, *vers 1450. Agnès Sorel est vraisemblablement le modèle de cette Vierge Marie couronnée : elle est représentée avec une petite bouche, un front haut et un sein découvert. L'original se trouve au musée d'Anvers, et une copie en est exposée à Loches.*

En haut : ***Le logis royal de Loches (Centre-Val de Loire)*** *est un château de la fin du Moyen Âge, bâti sur la pointe nord d'un éperon rocheux dominant la vallée de l'Indre, à près de 300 mètres d'un puissant donjon (XIe siècle) et de l'église abbatiale Saint-Ours (XIIe siècle) où repose Agnès Sorel.*
Ci-dessus : À gauche, la tour d'Agnès Sorel, dans laquelle Charles VII fait quelques aménagements, au milieu, le logis vieux habité par le roi et, à droite, le logis neuf que Charles VIII et Louis XII feront construire dans un style gothique flamboyant.

Deux autres femmes célèbres de l'histoire

Jeanne d'Arc et Anne de Bretagne ont laissé à Loches un souvenir que le logis royal préserve aujourd'hui avec soin. C'est à Loches que Jeanne d'Arc, le 23 mai 1429, convainc le roi de rejoindre ses troupes pour le mener à Reims se faire sacrer. Et Anne de Bretagne, qui sera deux fois reine de France, y passera de longs séjours. Entre-temps, Louis XI aura transformé la forteresse royale en prison d'État. Les cages de fer y ont renfermé des prisonniers politiques de haut rang tels Philippe de Commynes ou le cardinal Jean de La Balue.

Date

17 juillet 1429 : Le sacre à la cathédrale de Reims légitime Charles VII

Les victoires ouvrent la route de Reims

Le dauphin accepte de confier à Jeanne d'Arc une petite armée qui délivre aussitôt la ville d'Orléans… le 8 mai 1429. Puis, après une nouvelle victoire contre les Anglais à Patay, la route de Reims est ouverte. La majorité de la population, lassée de l'occupation anglaise, prend fait et cause pour lui. À mesure que Charles et Jeanne avancent vers la Champagne, les villes leur ouvrent leurs portes, presque sans résistance : Troyes le 10 juillet et Chalons le 15. Le lendemain, ils entrent enfin à Reims, la ville du sacre : Charles VII va être reconnu par tous comme le légitime roi de France.

La cérémonie codifiée

Le dimanche 17 juillet, le souverain pénètre dans le chœur de la cathédrale Notre-Dame de Reims. À ses côtés se tiennent les douze pairs de France et Jeanne d'Arc qui porte son étendard blanc orné d'un Christ bénissant une fleur de lys tenue par un ange avec l'inscription *Jhesus Maria*. La cérémonie commence. Le roi se met à genoux pour prêter serment, jurant de préserver la paix, de rendre la justice, de respecter les droits de l'Église et de défendre la foi chrétienne. Regnault de Chartres, archevêque de Reims, s'approche de lui pour lui donner l'onction. Avec une aiguille d'or trempée dans l'huile sacrée du Saint-Chrême, il trace une croix sur son front, sa poitrine et ses épaules.

Les symboles du roi

Selon le rituel, c'est maintenant à l'abbé de Saint-Denis de s'approcher du roi pour lui apporter les insignes de son pouvoir. Malheureusement, ce sont les Anglais qui, occupant Paris, possèdent les *regalia*, les objets du sacre, précieusement conservés dans la basilique Saint-Denis : l'épée et les éperons qui symbolisent le pouvoir militaire, l'anneau d'or qui marque l'union entre le roi, son peuple et Dieu, le sceptre à fleur de lys symbolisant la droiture du roi et de son gouvernement et la main de justice, signe du pouvoir judiciaire. Alors, on improvise et on en utilise d'autres.
Enfin, l'archevêque Regnault dépose la couronne sur la tête de Charles VII. À ce moment précis, retentit une immense acclamation : « *Vivat rex in aeternum !* », poussé par l'assistance au son des trompettes alors que les cloches de la ville sonnent à toute volée. Jeanne d'Arc fond en larmes et tombe aux pieds de son souverain en lui disant : « Maintenant est fait le plaisir de Dieu, qui voulait que je vous amenasse en votre cité de Reims recevoir votre saint sacre, montrant que vous êtes vrai roi, et qu'à vous doit appartenir le royaume de France. » Cet événement marque l'accomplissement de son vœu le plus cher et la fin d'une longue chevauchée commencée en Lorraine.
Le sacre de Charles VII de 1429 revêt une importance fondamentale : il inverse le cours de la guerre de Cent Ans grâce à la ténacité de Jeanne d'Arc dont une statue trône depuis 1896 sur le parvis de la cathédrale.

« Le roi te touche, Dieu te guérit »

Grâce au sacre, le roi se voit attribuer des pouvoirs miraculeux. D'un simple toucher, en prononçant la formule « *Le roi te touche, Dieu te guérit* », il est censé guérir les écrouelles, une maladie de la peau. Quatre jours plus tard, conformément à la tradition, Charles VII se rendra donc au prieuré de Corbeny, à quelques kilomètres de Reims, pour guérir les malades des écrouelles, devenant ainsi un roi au plein sens du terme.

Jules Eugène Lenepveu, Jeanne d'Arc prenant part à la cérémonie du sacre de Charles VII à Reims le 17 juillet 1429, *1858. Cet événement marque la légitimité retrouvée du « petit roi de Bourges ». Désormais, Charles VII est bel et bien roi de France et donc le fils de Charles VI, malgré toutes les rumeurs de bâtardise : Dieu, sinon, n'aurait pas permis ce sacre.*

REIMS : UNE CATHÉDRALE QUI GLORIFIE LA ROYAUTÉ

Un édifice qui résume quinze siècles d'histoire

Édifiée sur le lieu traditionnel du baptême de Clovis pour remplacer la cathédrale carolingienne du Ve siècle détruite par un incendie l'année précédente, la cathédrale de Reims voit son chantier s'ouvrir le 6 mai 1211. Le chœur est achevé en 1241 et la façade ouest vers 1255. L'édifice est impressionnant. Avec une longueur extérieure de 149,17 mètres, une largeur de 34,07 mètres, pour une surface d'environ 4 800 mètres carrés et une hauteur sous voûtes de 38 mètres, il est à l'époque le plus grand monument de la Chrétienté. La perfection de ses lignes en fait un des chefs-d'œuvre de l'architecture, classé au Patrimoine mondial de l'Unesco depuis 1991. La cathédrale glorifie la royauté : tous les rois furent sacrés à Reims sauf six, Hugues Capet, Robert II, Louis VI, Henri IV, Louis XVIII et Louis-Philippe. Une plaque avec les noms des trente et un rois sacrés a été apposée dans la cathédrale en 2016. L'incendie de 1914, provoqué par un bombardement – elle reçoit, durant la première guerre mondiale, 288 obus qui laissent ses voûtes éventrées –, en fait un symbole des horreurs de la guerre. Sa restauration est commencée en 1919, et une belle charpente en ciment armé est installée. Malgré les destructions, de nombreux vitraux du XIIIe siècle sont intacts, regroupés dans les parties hautes de la nef. Ceux qui sont endommagés sont remplacés par des créations d'artistes contemporains : les plus célèbres sont les trois vitraux de Marc Chagall réalisés en 1974 et situés dans la chapelle axiale.

> ***« Elles sont surhumaines, vraiment divines, quand on y songe, les cathédrales ! »***
>
> Joris-Karl Huysmans

Un trait d'union entre la Terre et le Ciel

Ce chef-d'œuvre de l'art gothique est orné de 2 303 statues dont 211 mesurent entre 3 et 4 mètres. Sur la façade, court la galerie des rois, composée de cinquante-six figures d'une hauteur de 4,5 mètres représentant les rois de Juda et d'Israël, avec, en leur centre, Clovis recevant la Sainte Ampoule lors de son baptême, symbole d'une monarchie universelle affirmant que le pouvoir vient de Dieu. Deux tours, construites au XVe siècle, la surmontent à une hauteur de 81 mètres. À l'intérieur, le dallage de la nef est orné d'un labyrinthe qui symbolise le difficile cheminement du chrétien en quête de son salut.

> ***Sur la façade, court la galerie des rois, composée de cinquante-six figures d'une hauteur de 4,5 mètres représentant les rois de Juda et d'Israël, avec, en leur centre, Clovis.***

La façade de la cathédrale de Reims (Grand-Est).
Elle atteint 81,5 mètres qu'on divise en quatre « étages » : ceux des portails, de la rosace, des statues des rois, et des tours.

LA CATHÉDRALE VIVANTE

La cathédrale de Reims est comme un sanctuaire national, mais n'est ni un tombeau ni un musée. Elle demeure toujours vivante. À travers les siècles, toutes les époques l'ont marquée de leur génie, sachant que c'est le lieu où se rencontrent toutes les ferveurs. Comme l'a écrit Michelet dans son *Histoire de France* en 1833 : « Le Moyen Âge, la France du Moyen Âge, ont exprimé dans l'architecture leur plus intime pensée. Les cathédrales de Paris, de Saint-Denis, de Reims, en disent plus long que de longs récits. La pierre s'anime et se spiritualise sous l'ardente et sévère main de l'artiste. »

Ci-contre : L'Ange au sourire (vers 1240), portail nord. On ne saura sans doute jamais pourquoi l'ange du portail nord de la façade a ce petit sourire si malicieux. Sans doute accueille-t-il les fidèles venus prier. Il n'a par ailleurs pas de quoi rire car il a bien failli disparaître ! Pendant la Première Guerre mondiale, il est décapité lors d'un incendie. Depuis, son destin passionne la France.
Ci-dessous : La rosace de la cathédrale de Reims, dédiée à la Vierge Marie. La cathédrale, comme celle de Paris, est dédiée à Notre-Dame, en raison du grand essor du culte rendu à Marie.

Les voûtes de la cathédrale élèvent l'édifice vers sa vocation spirituelle et nous rappellent son appartenance à l'art sacré. L'intérieur, qui frappe par son unité, est constitué d'une nef centrale de dix travées, bordée de part et d'autre de collatéraux, d'un déambulatoire sur lequel s'ouvrent cinq chapelles rayonnantes.

LE PALAIS DE JACQUES CŒUR LE MAGNIFIQUE

Portrait

Un simple marchand de Bourges devenu grand argentier du roi

Jacques Cœur est l'un des artisans du redressement de la France. Brillant négociant, intrépide armateur et personnage controversé, il contribue à replacer le royaume dans le grand commerce international. Grâce à son gigantesque empire commercial entre Occident et Orient, cet homme étonnant amasse une fortune prodigieuse qui permet de financer les armées de son roi.

Fils d'un fourreur installé à Bourges, il est né vers 1395. Son mariage l'introduit à la cour du futur Charles VII, où il devient rapidement un très important négociant. Il noue des relations commerciales avec les pays du Levant, s'approvisionne de l'Angleterre aux Flandres, de l'Espagne à la Syrie, grâce à un réseau d'agents commerciaux, les « facteurs ». Avec l'aide de ses comptoirs, il rivalise avec les marchands génois et vénitiens. Véritable touche-à-tout, il s'associe avec un armurier milanais et investit dans le commerce de la soie.

Pour mener à bien ses affaires, il a fait construire une flotte et armer six navires, faisant d'abord de Montpellier la tête de pont de ses opérations maritimes avant de s'établir à Marseille.

Ses activités sont multiples (banque, change, mines, etc.) et ses bateaux sillonnent la Méditerranée, chargés des étoffes d'Alexandrie, des tapis de Perse et des parfums d'Arabie ou des soieries de Florence. Jacques Cœur se livre aussi au transport de passagers, trafic de grains, de cuirs, d'armes, de draps, d'étoffes de soie, d'aromates et même d'esclaves. Il achète des mines de plomb argentifère dans le Lyonnais et commence la construction de son superbe palais à Bourges.

Devenu le fournisseur officiel de la cour de France en tissus, meubles et bijoux les plus raffinés et les plus exotiques, il est fait, en 1439, grand argentier par Charles VII qui l'anoblit en 1441. Il devient membre du Conseil du roi, puis commissaire des États de Languedoc et, en 1445, visiteur général des gabelles pour le Languedoc, ce qui lui permet de contrôler le commerce du sel dans le Midi de la France. En 1447, il fait frapper des pièces d'argent connues comme « gros de Jacques Cœur ». Bénéficiant de l'amitié et du soutien de la belle Agnès Sorel, la maîtresse du roi, il réorganise les finances du royaume.

Mais sa richesse et son luxe suscitent rapidement les jalousies. En 1451, il est accusé à tort d'avoir empoisonné Agnès Sorel. Charles VII, désabusé et peu reconnaissant, autorise son arrestation et son jugement pour malversations et détournement de fonds selon une procédure extraordinaire.

Date

25 novembre 1456 : Jacques Cœur meurt en croisé

Le 25 novembre 1456, Cœur s'éteint à Chios, petite île de la Méditerranée orientale, appartenant alors à la république de Gênes. Il n'a pu se remettre des blessures qui lui ont été infligées, quelques semaines plus tôt, lors d'un combat naval contre les Turcs. Le jour même, il est inhumé par les Génois, avec tous les honneurs dus à un croisé, dans le chœur de l'église des Cordeliers de Chios.

Ainsi s'achève l'existence du grand argentier du roi qui a déjà connu bien des mésaventures. Il a été condamné puis gracié en 1429 pour fabrication de fausse monnaie. En 1451, de nouveau accusé d'avoir commis des malversations, il a échappé à la mort grâce à l'intervention de son ami, le pape Nicolas V.

Jeté en prison, il a réussi à s'échapper et à gagner Rome où le nouveau pape, Calixte III, lui a conféré le commandement militaire d'une croisade contre les Turcs au Levant. C'est ainsi que sa dernière aventure s'achève dans une petite île de la Méditerranée...

La cour d'honneur du palais Jacques-Cœur à Bourges (Centre-Val de Loire).
Ce palais « double face », construit de 1443 à 1451, mêle une décoration gothique flamboyante à une architecture annonciatrice de la Renaissance française.

LE MONT-SAINT-MICHEL, L'ABBAYE LA PLUS CONNUE AU MONDE

« La Merveille de l'Occident »

Le Mont-Saint-Michel tient son nom du saint patron de la France dont la statue, placée au sommet de l'église abbatiale, culmine à 157,10 mètres au-dessus du rivage. Témoin de la maîtrise architecturale des bâtisseurs du XIIIe siècle, il offre une grande diversité de formes architecturales puisque sa construction a commencé au Xe siècle et s'est poursuivie jusqu'au XVIIe.

Très tôt, dès 709, une première église consacre la vocation religieuse du lieu. Quand Philippe Auguste s'empare de la Normandie, en 1204, il fait une donation qui permit d'entreprendre de construire l'ensemble gothique de la Merveille : deux bâtiments de trois étages couronnés par le cloître et le réfectoire. Au tournant du XVe siècle, le roi Charles VI voue un culte particulier à saint Michel après avoir retrouvé la santé lors d'un pèlerinage au Mont en 1393. Il offre 100 livres annuelles à l'abbaye pour une messe perpétuelle en sa faveur. Plus tard, il dédie une porte de Paris à saint Michel. Cette ferveur n'est cependant pas dénuée d'arrière-pensées politiques : elle vise aussi à affirmer la mainmise royale sur la Normandie convoitée par les Anglais. Quoi qu'il en soit, le Mont-Saint-Michel en retire un prestige nouveau et devient l'un des plus importants sanctuaires du royaume.

Le Mont-Saint-Michel (Normandie). *Ce merveilleux îlot de piété entre ciel et mer, grand foyer spirituel et intellectuel, fut avec Rome et Saint-Jacques de Compostelle l'un des plus importants pèlerinages de l'Occident médiéval. Inscrit au Patrimoine mondial de l'humanité par l'Unesco depuis 1979, il reçoit aujourd'hui plus de 2,5 millions de visiteurs par an.*

Un symbole national de résistance contre les Anglais

Après le désastre d'Azincourt, en 1415, le Mont-Saint-Michel, resté fidèle au roi de France, s'empresse d'élever de nouvelles puissantes fortifications. Grâce à une levée d'impôts exceptionnels, la cité est entourée de remparts avec plusieurs tours de défense, et l'abbaye est dotée d'une citerne d'eau pour pouvoir tenir en cas de siège… Ainsi, en 1419, toute la Normandie est soumise aux Anglais, sauf le Mont-Saint-Michel. Devenu le symbole de la résistance à l'envahisseur, il va parvenir à résister aux assauts de l'armée anglaise pendant près de trente ans. Bloqué par terre et par mer, il subit pourtant une situation intenable et des dégâts considérables. À chaque ravitaillement, la plage est le théâtre d'escarmouches sanglantes. Les capitaines de la garnison : Jean d'Harcourt, Jean de Dunois puis Louis d'Estouteville, nommés par Charles VII (comme l'avait été auparavant Bertrand Du Guesclin, par Charles V), résistent héroïquement. Ils remporteront plusieurs victoires qui permettront d'écarter la menace anglaise pendant quelques années. En 1424, les forces anglaises tentent trois terribles assauts avant de subir une cuisante défaite et de se replier un an plus tard. Charles VII encourage les défenseurs et, puisqu'ils sont isolés, les autorise à frapper monnaie en 1426. En 1434, nouvelle offensive : par grande marée basse, deux mille Anglais attaquent le Mont avec artillerie et machines de guerre. Mais ils sont repoussés une fois encore et abandonnent deux bombardes, les célèbres « michelettes », toujours visibles aujourd'hui à l'entrée du Mont-Saint-Michel. Après cette victoire, malgré les menaces qui pèsent toujours sur la région, les pèlerins affluent au Mont pour rendre hommage à l'ultime défenseur du royaume, l'archange saint Michel. Charles VII reconquiert la Normandie en 1449 et reprend la majorité des territoires du Nord contrôlés par les Anglais, à l'exception de Calais. La guerre de Cent Ans est définitivement terminée en 1453.

L'ARCHANGE SAINT-MICHEL ENTRE CIEL ET MER

L'ordre de chevalerie de Saint-Michel

Louis XI crée à Amboise, le 1er août 1469, un nouvel ordre de chevalerie sous le nom d'« Ordre et aimable compagnie de monsieur saint Michel ». Les trente-six membres de l'ordre de Saint-Michel se disent « chevaliers de l'ordre du Roi ». Son siège est établi à l'abbaye du Mont-Saint-Michel où sont conservés tous les blasons de ses chevaliers. Ce choix s'explique par la résistance héroïque du Mont face aux Anglais et par l'adoration particulière de Louis XI pour l'archange. L'ordre fut supprimé par la Révolution puis restauré par Louis XVIII pour disparaître définitivement en 1830.

Anecdote

Saint Michel, saint protecteur de la France

L'écho de la résistance du Mont-Saint-Michel est énorme dans tout le royaume… et habilement amplifié par la propagande de Charles VII. La dévotion au saint est de plus en plus grande. Dans ce contexte de guerre, il est le saint de la résistance, fortement anti-anglais. Pourtant comme saint Georges, patron de l'Angleterre, il est celui qui a combattu le dragon. Et, en France, Georges est presque aussi populaire qu'outre-Manche. On adoube sous son patronage, on jure par lui. Les croisades ont contribué à renforcer le succès de son culte. En 1344, Jean II le Bon a même envisagé de lui dédier un ordre, ainsi qu'à Notre-Dame, mais Édouard III l'a pris de vitesse en fondant en 1348 l'ordre de la Jarretière. Après cette date, tout change !

Pour contrer l'influence de saint Georges, on développe le culte de saint Michel. Progressivement, l'archange du Mont se substitue à son rival jugé trop anglais et adopte tous ses attributs. D'archange en dalmatique terrassant le dragon avec une croix de procession, sans réellement combattre, il devient un saint cavalier qui porte armure, lance et écu. Le futur Charles VII contribue à faire définitivement de lui un saint national. En 1418, alors qu'il a tout juste 15 ans, il se place officiellement sous sa protection et fait représenter sur ses étendards un saint Michel armé triomphant du dragon. À partir de cette date, les comptes de la couronne témoignent de la présence obsédante du saint sur les drapeaux et uniformes royaux. Les étendards à son effigie viennent remplacer l'oriflamme de saint Denis, déshonoré et abandonné aux Anglais depuis les désastres de Poitiers et d'Azincourt et que Charles devenu roi ne voudra jamais utiliser.

Pendant mille ans, les pèlerins ont afflué de tout l'Occident pour trouver, auprès de l'archange du jugement, peseur des âmes, l'assurance de l'éternité. Depuis 1897, sa statue est érigée au sommet de l'église abbatiale. En plaques de cuivre laminé, repoussé et doré, elle a été réalisée par le sculpteur Emmanuel Frémiet dans les ateliers Monduit qui avaient travaillé pour Viollet-le-Duc.

Pour contrer l'influence de saint Georges, on développe le culte de saint Michel. Progressivement, l'archange du Mont se substitue à son rival jugé trop anglais.

Chapitre 8

LOUIS XI, CHARLES VIII, LOUIS XII : TEMPS DE L'OPULENCE

La France plus vaste, plus peuplé et plus riche État d'Europe

Avec la fin de la guerre, voici revenir le temps de l'opulence et de la joie de vivre. Autant l'architecture du XIVe et de la première moitié du XVe siècle exprimait la psychologie tourmentée des temps troublés, autant s'ouvre alors une période de paix intérieure propice à un essor nouveau de constructions et qui durera jusqu'à la mort tragique d'Henri II en 1559. À la fin du XVe siècle, la France est l'un des États les plus vastes d'Europe. D'une superficie de 450 000 kilomètres carrés, elle s'étend de la frontière flamande au nord du Roussillon, et des marges bretonnes à la Provence, intégrée en 1481. Elle n'est pas seulement le plus vaste, elle est aussi le pays le plus peuplé d'Occident, avec près de 18 millions d'habitants, soit presque le tiers de la population européenne. Enfin, elle est l'un des plus riches États d'Occident, et certaines activités sont particulièrement florissantes, comme la céréaliculture dans le Bassin parisien (Beauce et Brie), la viticulture dans le Bordelais, en Saintonge, sur les bords de la Loire et en Bourgogne, la séricicuIture dans les Cévennes, la culture du pastel dans le Lauragais.

***Le château d'Amboise (Centre-Val de Loire)** depuis l'île d'Or en surplomb de la Loire. La vallée de la Loire est classée Patrimoine mondial de l'Unesco.*

Influences italiennes et génie national

La présence des rois Charles VII et Louis XI dans le Val de Loire dynamise l'économie de la région. Les châteaux de Chaumont, Plessis-Bourré, Blois illustrent parfaitement l'évolution de l'art français. En effet, avec les progrès de l'artillerie, les hautes murailles de pierre sans ouverture ne répondent plus aux exigences de vie. Les bais à meneaux sculptées apparaissent, des rampes courent le long des toits. Les influences italiennes sont donc antérieures à Charles VIII dont le règne sert généralement de marqueur des débuts de la Renaissance en France. Bientôt Azay-le-Rideau, Chenonceau et Chambord offriront un nouvel apogée de l'art français. Tout en acceptant l'influence du génie italien, celui-ci n'en oublie pas moins les traditions nationales. Les principaux foyers d'épanouissement sont désormais les pays de Loire, la Provence, la Bourgogne. Amboise et Nantes sont transformés par Charles VIII et son épouse Anne de Bretagne. Les loggias du château de Nantes ou la chapelle Saint-Hubert à Amboise sont considérées comme les premières ébauches de la Renaissance.

Ce rayonnement est possible grâce à l'épanouissement d'un réel sentiment national. C'est lui qui a suscité Jeanne d'Arc et permis la victoire sur les Anglais. Ce patriotisme naissant explique que l'aspiration à l'unité l'emportera sur les forces centrifuges des guerres de Religion.

Histoire d'un mot

Traité contre les Anglais

Depuis le tournant du XVe siècle et la guerre de Cent Ans, la France voit s'affirmer l'idée d'identité nationale. Elle naît d'un rejet de l'ennemi anglais, qui a culminé avec Jeanne d'Arc, accompagné d'une prise de conscience de sa propre spécificité. Le *Journal d'un bourgeois de Paris* est rempli de remarques peu amènes sur ces mangeurs de viande bouillie qui parlent une langue incompréhensible et habitent un triste pays dans le brouillard et dans la pluie. Plus encore, l'humaniste Jean de Montreuil n'hésite pas à rédiger, au début du XVe siècle, un *Traité contre les Anglais*. Même le *Songe du Vergier*, ouvrage commandé par Charles V, ne peut résister au plaisir d'égratigner au passage l'adversaire, l'accusant de mener une guerre inhumaine dans un royaume de France plus saint que la ville de Rome.

Le château de Chaumont-sur-Loire (Centre-Val de Loire).

LOUIS XI, L'UNIVERSELLE ARAIGNÉE

Entre cruauté ou modernité

Après les ravages de la guerre de Cent Ans, Louis XI redonne au royaume son prestige et sa prospérité. Par son habileté, mais au prix d'une réputation de cruauté, il affermit considérablement l'autorité royale et transforme une France moyenâgeuse en un État moderne. Homme tout en contraste, avare, méfiant et calculateur, mais aussi fin lettré, simple, affectueux, fidèle, pieux, très travailleur et passionné de politique, Louis XI n'est déjà plus un prince du Moyen Âge : son règne préfigure ceux des grands monarques du XVIIe siècle.

En dépit de son « modernisme », le roi de France reste une personnalité terrible, surnommée « l'Universelle Aragne » (araignée). Cette expression renvoie à l'inextricable réseau d'alliances patiemment tissé par le souverain pour prendre au piège ses adversaires. Il s'entoure des plus habiles et des plus rusés conseillers, tous issus de la bourgeoisie, et tisse aussi un véritable réseau de renseignement en truffant Paris d'espions et de sbires à sa solde.

Louis XI enfant possède un profond dédain pour son père qu'il a vu humilié devant l'ennemi anglais et le rival bourguignon : il ne sera pas comme lui. L'ambitieux dauphin Louis se révolte contre lui et est exilé en Dauphiné comme gouverneur où il attendra la mort de son père, le 22 juillet 1461, pour monter à son tour sur le trône de France.

Un royaume agrandi et mieux gouverné

Ce roi qui n'aime pas la guerre réussit à rabaisser la puissance des grands seigneurs en utilisant la diplomatie et la ruse. Louis XI réussit le tour de force de rattacher au royaume le puissant duché de Bourgogne. Le duc Charles le Téméraire subit une série de défaites et meurt devant Nancy le 5 janvier 1477. Son immense duché revient en partie au roi de France qui récupère la Bourgogne, l'Artois et la Picardie. Par ailleurs, la Provence est rattachée au royaume.

Dans le domaine économique, le souverain introduit l'industrie de la soie à Lyon et crée de nouvelles foires. Il pressent l'importance de l'imprimerie. Par l'ordonnance de Luxies en 1464, il crée la poste royale. Une poste mobile est équipée de chevaucheurs, et la poste assise est constituée de relais de poste avec des préposés qui prennent le nom de maître de poste. Les relais sont séparés par quatre lieues, soit près de 30 kilomètres. Le développement de la poste et la mise en place de nouveaux parlements en province permettent au souverain de mieux encadrer le royaume.

Anecdote — **Les « fillettes » de Louis XI...**

Dans les oubliettes de ses châteaux de Loches ou de Plessis-lès-Tours, Louis aurait enfermé ses opposants dans des cages en bois de petite dimension (environ 3 mètres de long sur 2,65 mètres de large et 2,30 mètres de haut), dites « fillettes », recouvertes d'un treillage en fer : les prisonniers ne peuvent s'y tenir ni debout ni couchés. La nuit, elles sont suspendues en l'air à plusieurs mètres en hauteur, ce qui rend encore plus désagréables les conditions de détention. L'imagination populaire a en fait déformé la réalité : d'après Philippe de Commynes, biographe du roi, « fillettes » est en fait le nom donné aux chaînes dont le roi fait charger ses prisonniers politiques. Si les cages existent bien, elles sont beaucoup moins exiguës et sont rarement utilisées : soupçonné d'avoir comploté avec le duc de Bourgogne, le cardinal La Balue, par exemple, y passe onze ans, mais il n'y est enfermé que la nuit. En revanche, dans les prisons royales, les hommes sont régulièrement livrés à la question, leurs jambes entravées par de lourdes chaînes.

Jean Léonard Lugardon, Louis XI, *1836*.
Louis XI s'habille de manière simple et se coiffe d'un chapeau de feutre. Il est par ailleurs très laid et perpétuellement malade : il souffre de brûlures d'estomac, de crises de foie et de goutte. On le dit violent, perfide, cruel. Toutefois, il entretient une réelle proximité avec le peuple.

« l'Universelle Aragne » : cette expression renvoie à l'inextricable réseau d'alliances patiemment tissé par le souverain pour prendre au piège ses adversaires.

Jean Fouquet, « Louis XI au chapitre de l'ordre de Saint-Michel », enluminure, XVe siècle.

> *« Qui ne sait dissimuler, ne sait régner. »*
>
> Devise de Louis XI

Carte — **Carte des acquisitions de Louis XI**

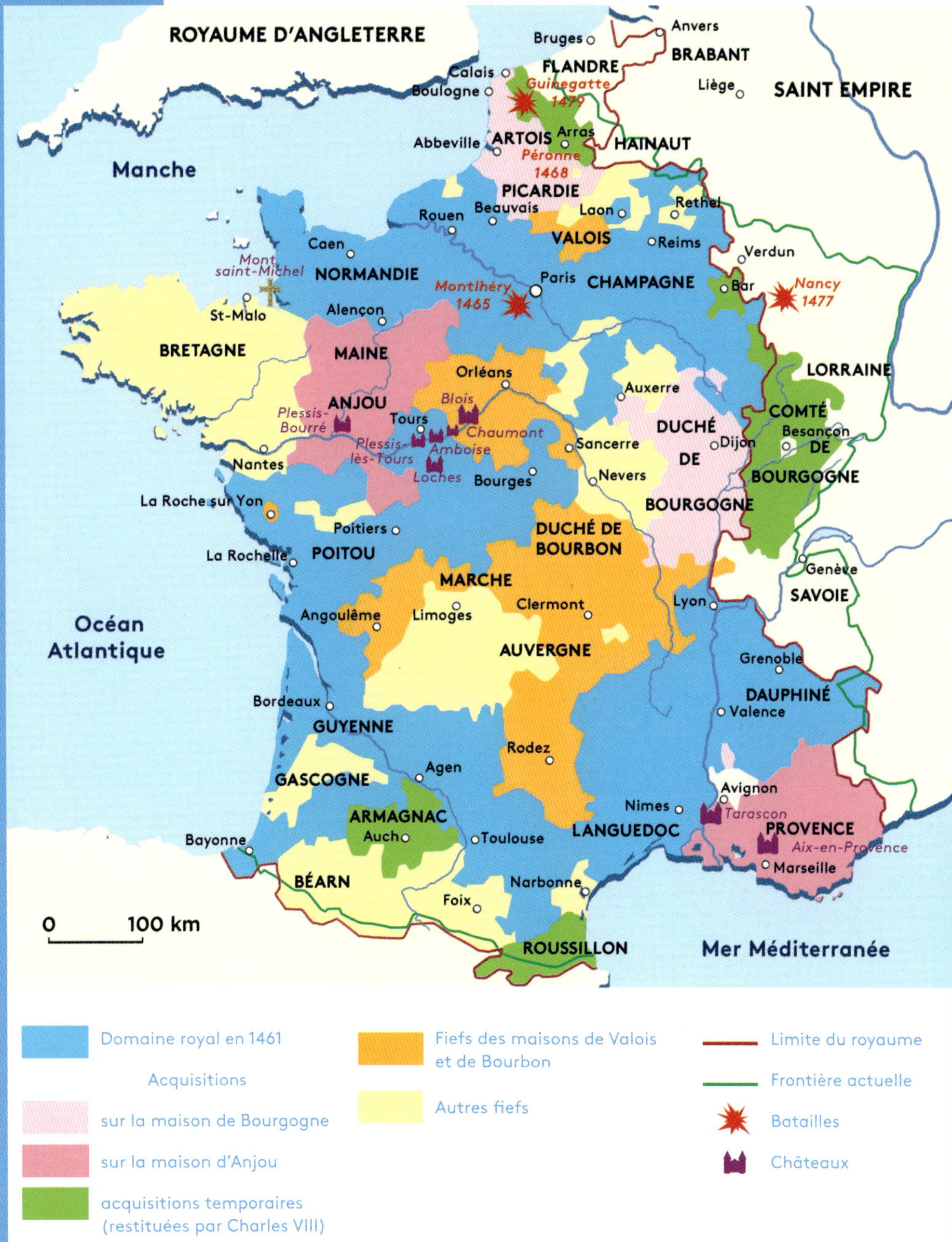

LOUIS XI : BÂTISSEUR ET INITIATEUR

Prélude aux « châteaux de la Loire »

Le règne de Louis XI est une période clef dans l'histoire du Val de Loire et de son patrimoine architectural. L'aristocratie s'installe ou revient avec suites et bagages dans la région. Elle aménage les forteresses médiévales ou élève de nouvelles bâtisses.

Louis XI réside au château de Plessis-lès-Tours (près de Tours), qu'il fait entièrement reconstruire sur l'emplacement d'un ancien manoir : il y mourra le 30 août 1483. À Chaumont-sur-Loire, il a ordonné en 1465, après avoir maté une révolte, la démolition de la forteresse : il autorise en 1469 sa reconstruction avec Pierre d'Amboise. Enfin, il initie la construction du château de Langeais près de Tours.

Cette installation du pouvoir royal en Val de Loire se retrouve également dans la construction de nombreux édifices religieux. Louis XI s'engage à participer à la construction de la basilique de Notre-Dame de Cléry-Saint-André, dont il devient le propriétaire en 1473. Louis XI et son épouse Charlotte de Savoie y sont inhumés : malheureusement, le tombeau a été détruit pendant la Révolution.

Lieu de mémoire — **Le château de Langeais**

En 1465, Louis XI charge son grand trésorier et ami, Jean Bourré, d'édifier le château de Langeais à l'extrémité d'un promontoire, à une centaine de mètres en avant d'un donjon du Xe siècle. C'est moins par souci défensif que pour asseoir son autorité sur l'Anjou qui n'est pas encore définitivement rattaché à la couronne. Louis veut mieux surveiller les turbulents barons locaux. Pour finir, il cède le château à son cousin Dunois, fils d'un compagnon d'armes de Jeanne d'Arc.

Pour mieux marquer son autorité, Jean Bourré abandonne à la ruine la vieille forteresse et construit d'un seul élan tours et loggias, chemin de ronde et pont-levis (toujours en état de marche). L'austérité impressionnante côté ville est compensée côté cour par les grandes fenêtres et les lucarnes à gable. L'intérieur, beaucoup plus accueillant avec ses meubles et superbes tapisseries d'époque, garde le souvenir du mariage en catimini célébré en 1491 entre Charles VIII et Anne de Bretagne (voir p. 135).

***Le château de Langeais (Centre-Val de Loire)** est reconstruit sur l'ordre de Louis XI. Les travaux sont menés sous la direction de Jean Bourré, trésorier de France et Jean Briçonnet, maire de Tours, et il est achevé en 1469.*

Lieu

Le château du Plessis-Bourré annonce la Renaissance

Entre 1466 et 1473, Jean Bourré reconstruit ce château rebaptisé de son nom qui préfigure les plus élégants châteaux de la Loire. Personne n'y a touché depuis, aucune modification depuis plus de cinq siècles, ce qui donne à ce quadrilatère fermé d'une rigueur toute militaire et bordé de douves exceptionnellement larges - 44 mètres du pont-levis à l'avant-poste fortifié — un charme unique. Château de transition entre deux époques architecturales, le Plessis-Bourré inaugure déjà les grandes fenêtres à meneaux, appréciées, ainsi que le promenoir à arcades et le confort des intérieurs avec leurs plafonds à caissons peints de toute beauté, par Louis XI : sa première réaction, lorsqu'il le découvre le 17 avril 1473, juste après son achèvement, est de nommer Jean Bourré directeur des constructions royales.

Son site extraordinaire vaudra au château de servir aux tournages de plusieurs films : *Peau d'Âne* de Jacques Demy, *Le Bossu* de Philippe de Broca, *Fanfan la Tulipe* de Gérard Krawczyk ou encore *La Princesse de Montpensier* de Bertrand Tavernier.

Jean Bourré passe aussi pour avoir été un alchimiste réputé. Les motifs du plafond à caissons de la salle des gardes évoqueraient les préoccupations occultes du grand trésorier de France et seraient des conseils secrets destinés à ses confrères.

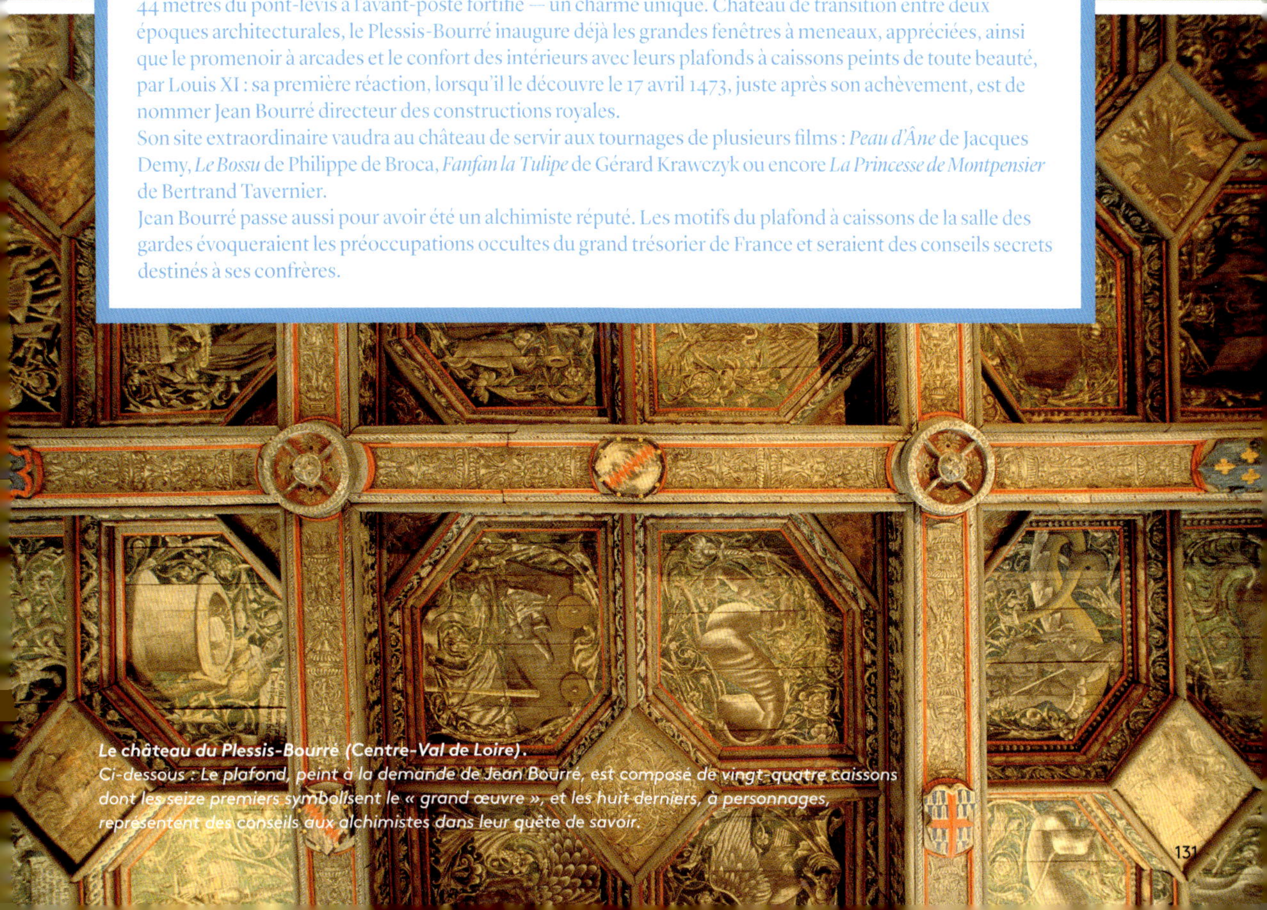

Le château du Plessis-Bourré (Centre-Val de Loire).
Ci-dessous : Le plafond, peint à la demande de Jean Bourré, est composé de vingt-quatre caissons dont les seize premiers symbolisent le « grand œuvre », et les huit derniers, à personnages, représentent des conseils aux alchimistes dans leur quête de savoir.

Date

1481 : une intégration réussie

La Provence, par sa géographie, offre une voie d'accès vers l'Italie et le commerce de la Méditerranée, et revêt donc depuis longtemps pour le royaume de France un intérêt à la fois politique et économique. Dès 1481, Louis XI nomme pour gouverneur, véritable lieutenant du roi, Palamède de Forbin : celui-ci convoque les états de Provence, où le changement de souverain est accueilli sans hostilité puisque le souverain français devient comte de Provence et le comté reste comté. Louis XI accorde au pays le maintien des usages et des lois qui lui sont traditionnellement propres, et les Provençaux ne seront pas tenus d'obéir à des lettres ne spécifiant pas que le roi est également comte de Provence. Forbin réussit à mettre en place ce régime d'union entre deux royaumes, appelé aussi « Constitution provençale ». Cinq ans plus tard, Charles VIII s'engage à nouveau à maintenir les privilèges de la Provence et à proclamer définitive et éternelle son union à la Couronne. Ce type d'union est unique dans tout le royaume de France et ne sera jamais remis en question. En 1501, le roi modifie le système judiciaire et crée le puissant parlement de Provence. La monarchie joue habilement des rivalités entre les communes et la noblesse. Peu à peu, les grands seigneurs sont mis au pas et les pouvoirs des communes, qui étaient réels, se trouvent réduits.
Après cette réunion en douceur de la Provence au domaine royal, les Provençaux prennent fait et cause pour François Ier. À cette occasion on peut même parler d'éveil d'un sentiment national. Pourtant, avec les guerres de Religion et les massacres de Mérindol et de Cabrières, la région va beaucoup souffrir. Les insurrections populaires se multiplieront sur fond d'épidémies de peste et de hausse des impôts, comme la révolte populaire des Cascaveous, en 1631, près d'Aix-en-Provence.

Le roi René, dernier comte de Provence, mène grand train de vie dans son ***château de Tarascon (Provence-Alpes-Côte d'Azur)*** *sur les bords du Rhône.*

L'héritage de la Provence

Au début de la seconde moitié du XVe siècle, la Provence est gouvernée depuis plus de deux cents ans par la dynastie des Anjou. La tranquillité y règne, sauf sur les côtes, exposées aux raids des pirates barbaresques. Sa prospérité est assurée par les progrès de l'élevage des moutons, sous l'effet d'une demande accrue de laines et de peaux, et par le port de Marseille qui est redevenu à la fin du XVe siècle une grande place commerciale, dynamisée par l'activité de Jacques Cœur.

Le sort de la Provence est scellé par le testament du roi René d'Anjou. Cousin du roi, c'est un personnage influent de la cour de France. Il a, pendant la guerre de Cent Ans, servi fidèlement Charles VII qui a épousé sa sœur Marie d'Anjou. Après avoir perdu son fils Jean, duc de Calabre, il lègue, à sa mort en 1480, la Provence à son neveu Charles du Maine. Celui-ci, sans enfant, meurt l'année suivante en désignant à son tour Louis XI pour héritier.

La capitale : Aix-en-Provence

À l'origine simple camp de légionnaires romains, Aix « aux cent fontaines » devient en 1501 le siège du puissant parlement de Provence. Imposé par le pouvoir central, celui-ci va être un foyer identitaire provençal, souvent contestataire. Le frère de Mazarin, archevêque de la ville, l'embellira en supprimant une partie des remparts. Aix la lettrée, déjà célèbre pour son université, regorge alors d'hôtels particuliers. Une vie intellectuelle intense et brillante, déjà marquée par des poètes comme Malherbe ou des hommes de science comme Nostradamus, imprègne la société aixoise.

La fontaine du roi René au bout du cours Mirabeau, à Aix-en-Provence (Provence-Alpes-Côte d'Azur).

Portrait — Le bon roi René (1409-1480)

Deuxième fils de Louis II d'Anjou, roi de Sicile, et de Yolande d'Aragon, René est duc d'Anjou, comte de Provence et duc de Lorraine. Ce seigneur prestigieux s'est épuisé pendant quatre ans à tenter de s'imposer comme roi de Naples (de 1438 à 1442). Malgré la perte de son trône italien, il est toujours appelé le « roi René ». Fin lettré, parlant plusieurs langues, dont le latin et le grec, il est passionné par l'Orient et par l'alphabet arabe. Son surnom de « bon roi René » ne lui est pas attribué de son vivant mais beaucoup plus tard, en 1529, sous la plume d'un prêtre angevin qui énumère ses nombreuses vertus et qualités, sans tenir compte des lourds impôts qu'il a levés pour satisfaire son goût des arts et entretenir le grand train de sa brillante cour. Mais il a effectivement réussi à étendre l'irrigation dans le Lubéron, développer le commerce avec le Piémont à travers les Alpes, et le négoce méditerranéen à partir de Marseille. Amateur d'art, il a financé aussi de nombreux artistes et rédigé lui-même quelques ouvrages littéraires. On raconte même que le « bon roi René » n'hésitait pas à faire des remises des taxes quand le mistral avait trop soufflé ! Il ne s'installe en fait définitivement en Provence qu'en 1471, à l'âge de 62 ans. Comme ses prédécesseurs, qui préféraient résider à Angers ou à Naples, il n'y a fait jusque-là que de brefs séjours et son intérêt pour la région était limité – ce qui n'empêchait pas qu'elle était bien tenue en main par une administration efficace. Aussi, quand René meurt à Aix-en-Provence le 10 juillet 1480, alors que les Provençaux veulent garder la dépouille de leur « bon roi », les Angevins leur contestent ce droit. Une nuit, la dépouille du dernier comte de Provence est subtilisée, cachée dans un tonneau, puis discrètement chargée sur un navire qui s'éloigne par le Rhône et rejoint Angers. Aujourd'hui encore, il repose dans la cathédrale de la capitale angevine.

CHARLES VIII LE RÊVE ITALIEN

Le successeur magnifique

Unique survivant des cinq fils de Louis XI, Charles VIII est considéré comme un enfant du miracle, envoyé à la France pour lui permettre de vivre enfin en paix après d'innombrables années de crise et de guerre. Il n'a que 13 ans à la mort de son père le 30 août 1483 et doit tout apprendre de son métier de roi. Mais il grandit surprotégé.

Anonyme, Charles VIII l'Affable (1470-1498), *école française du XVIe siècle.*

Car Charles est de constitution fragile, « petit comme un pygmée » selon un chroniqueur de l'époque, sans grâce et sans manière, plutôt laid – sa tête semble énorme par rapport à son corps malingre. Peu instruit, il est pourtant féru de romans de chevalerie qu'il dévore passionnément. Heureusement pour lui, sa sœur aînée, Anne de Beaujeu, âgée de 23 ans, est une maîtresse femme au caractère bien trempé. Elle gouverne d'une main ferme et sait aussi user de diplomatie. Elle mate d'abord la révolte de quelques grands seigneurs menée par le duc d'Orléans, le futur Louis XII, qui est finalement battu et emprisonné. Ensuite, afin de rattacher au royaume le grand-duché de l'Ouest, elle organise le mariage de son frère avec Anne de Bretagne le 6 décembre 1491.

Le début des guerres d'Italie

À 24 ans, Charles VIII se sent désormais assez fort pour décider seul de l'orientation politique de son règne. Il fait alors sien un projet inabouti de son père et se lance corps et biens dans la conquête du royaume de Naples. Il espère ainsi rendre au royaume une nouvelle dimension européenne. Il peut se prévaloir de droits sur la couronne de Naples : il est en effet le petit-fils de Marie d'Anjou, elle-même fille d'un ancien roi de Naples. Charles pénètre avec son armée en Italie et est émerveillé par les richesses artistiques de Florence, de Rome et de Naples. Mais une coalition, conduite par le pape Alexandre VI, contraint les Français à quitter l'Italie. De retour en France, Charles VIII est hanté par l'Italie au point que cela tourne à l'obsession. Il paie bien cher ce rêve italien pour lequel il n'hésite pas à renoncer à plusieurs acquisitions territoriales réalisées par son père.

> *« Sans vouloir contrôler aucun de ses sujets. Il était plein de libéralité et zélateur de justice, humble, craignant Dieu et amateur de religion. »*
>
> Éloge funèbre de Charles VIII

La salle du mariage au château de Langeais (Centre-Val de Loire), dans laquelle Anne de Bretagne devint l'épouse de Charles VIII le 6 décembre 1491.

Date

6 décembre 1491 : Un mariage historique

Ce mariage historique marque le début du rattachement de la Bretagne à la royauté française. À l'aube du 6 décembre 1491 au château de Langeais, le roi Charles VIII épouse l'héritière du duché de Bretagne, lors d'une cérémonie hâtive et sans faste. L'important est que l'union soit consommée sur-le-champ…
Le contrat de mariage, signé la veille, est humiliant pour la Bretagne : Anne cède au roi tous ses droits sur le duché. Au cas où il mourrait sans héritier mâle, elle s'engage à épouser le nouveau souverain. Pas une ligne sur les libertés et privilèges de la Bretagne : justice indépendante, impôts consentis par la population, maintien des états… Pourtant le mariage royal est plutôt bien accueilli dans le duché.
Malgré des caractères assez éloignés, le couple royal sera uni par un amour fidèle et sincère. Anne n'est âgée que de 14 ans ; son mari en a 21. La duchesse est peu gracieuse, elle est maigre et est atteinte d'une infirmité qui la fait boiter, mais elle est intelligente et d'une extraordinaire volonté. Elle fera tout pour préserver une certaine indépendance à son duché natal.

Depuis la cour intérieure du château d'Amboise (Centre-Val de Loire), campé sur son rocher sur les bords de Loire, la vue sur la vallée est des plus belles.

Lieu de mémoire — Le château d'Amboise : l'esprit de la Renaissance

Amboise, première ébauche de la Renaissance

Le château royal d'Amboise reste le meilleur témoignage des profonds changements qui se sont opérés en Europe au XVe et au début du XVIe siècle. Pendant deux siècles, le destin d'Amboise se confond intimement avec la grande Histoire. Palais grandiose de la Renaissance française, expression absolue du luxe et de l'art de vivre à la française, le château a été inscrit en 2000 au Patrimoine mondial de l'Humanité au sein du paysage culturel exceptionnel du Val de Loire dont le tracé s'étend sur 280 kilomètres.

À son retour d'Italie en 1495, Charles VIII ramène de nombreuses œuvres d'art ainsi que vingt-deux artistes et artisans italiens « pour édifier et faire ouvrage à la mode d'Italie ». Il les installe à Amboise et les fait travailler en collaboration avec des maîtres maçons français. Parmi eux, des maçons, menuisiers, jardiniers importent de nouvelles techniques : Alphonse Damasso, tourneur d'albâtre, Bernardin de Brescia, ouvrier du bois, ou encore Jérôme Pacherot, qualifié de « tailleur de maçonnerie antique », et les architectes Fra Giocondo et le Boccador, qui collaboreront aux chantiers de Blois. Tous participent à ce nouveau mouvement artistique que l'on nomme la « première Renaissance française ».

Charles VIII architecte

C'est Louis XI qui a choisi Amboise comme résidence de la reine Charlotte de Savoie. Le futur Charles VIII y est né en 1470 et il restera sa vie durant attaché au château de son enfance. Dès le lendemain de son mariage, il a l'idée de transformer l'ancienne place forte médiévale en un palais somptueux. Quand il n'est pas occupé à ses préparatifs militaires, il supervise lui-même le chantier, d'une ampleur exceptionnelle, afin de donner au château un air italien. Épaulé par le bailli Raymond de Dezest, il ordonne l'édification de deux logis d'apparat et de deux tours cavalières aux vastes dimensions. Plus de 250 maçons y travaillent en permanence. Un balcon unique et monumental est ouvert à 360 ° sur la vallée. Une partie des richesses que Charles VIII rapporte d'Italie permet d'aménager l'intérieur de façon somptueuse. Il fait aussi dessiner, sur la terrasse qui domine la Loire, de magnifiques jardins à l'italienne par le jardinier Dom Pacello da Mercogliano. Celui-ci innove en ouvrant le jardin sur le paysage, dérogeant ainsi à la tradition médiévale du jardin clos. Le château compte alors 220 pièces, dont il ne subsiste malheureusement aujourd'hui que le cinquième. Peu à peu abandonné, il sera en partie détruit en 1805-1810.

Ci-dessus : L'aile Charles VIII et l'aile Renaissance vues depuis le sud-ouest. Le château d'Amboise, richement décoré d'objets et d'œuvres d'art provenant d'Italie, devient la principale demeure royale sous Charles VIII.
Ci-dessous : La chapelle Saint-Hubert (patron des chasseurs) bâtie en 1493 sur les fondations de l'oratoire édifié par Louis XI, appuyée contre le mur d'enceinte au sud, est un pur chef-d'œuvre d'art gothique flamboyant. Elle faisait partie jadis du logis de la reine. Elle abrite les restes de Léonard de Vinci.

Portrait

Anne, l'irréductible duchesse de Bretagne

Bien que « petite, maigre de sa personne, boiteuse d'un pied et d'une façon sensible, brunette et jolie de visage », comme la décrit un ambassadeur vénitien qui ajoute tout de même : « et fort rusée pour son âge », Anne possède le caractère têtu et obstiné des Bretons : « Je ne changerai pas », telle est sa devise... Pour les Bretons, Anne de Bretagne incarne tout à la fois un vieux fonds d'insoumission et une grande capacité d'adaptation à l'adversité.

Née en 1477 à Nantes, Anne est la fille aînée du duc François II de Montfort. À la mort de son père en 1488, elle devient l'héritière du duché de Bretagne, en guerre contre le roi de France. Deux ans plus tard, pour tenter d'échapper à la menace française, elle épouse par procuration le futur empereur germanique Maximilien. Aussitôt Charles VIII envoie 50 000 soldats en Bretagne... Conduites par le connétable de La Trémoille, les troupes françaises envahissent le duché au printemps 1491 et en font la conquête. Le roi en personne vient mettre le siège devant Rennes où Anne s'est enfermée avec ses dernières forces. Elle n'a plus le choix : elle doit se soumettre ou se démettre. Une solution est finalement trouvée : Anne se sépare de Maximilien et épouse Charles VIII. Quant au roi de France, il est prêt à tout pour enfin mettre la main sur le florissant duché. Déjà fiancé, il renvoie sans hésitation Marguerite, la propre fille de Maximilien d'Autriche...

Le 6 décembre 1491, à 14 ans, Anne est contrainte d'épouser Charles VIII. De cette union naîtront six enfants, tous morts en bas âge. Écartée des affaires de Bretagne, la reine réside principalement dans les châteaux d'Amboise, de Loches et du Plessis. À la mort de Charles VIII, en 1498, elle redevient pleinement duchesse de Bretagne. À 22 ans elle prend conscience d'être la dernière descendante d'une dynastie prestigieuse : les Montfort, et va tout faire pour redorer le blason du duché. L'année suivante, elle épouse le nouveau roi de France, Louis XII, mais s'oppose jusqu'à sa mort au mariage entre sa fille Claude de France avec le futur François Ier, union qui condamne le duché à se fondre dans le royaume. En 1514, celle qui fut deux fois sacrée reine de France, cas unique, décède à Blois, usée par de multiples grossesses, à l'âge de 36 ans.

Ultime symbole : Anne sera solennellement inhumée dans la nécropole royale de la basilique de Saint-Denis, mais son cœur sera conservé dans un reliquaire à Nantes.

Anne de Bretagne (1477-1514) deux fois reine de France.
Grandes Heures d'Anne de Bretagne, *commandé à l'enlumineur Jean Bourdichon, vers 1503.*

Profitant des divisions des nobles bretons, le roi de France Charles VIII parvient en 1488 à conquérir une partie de la Bretagne.Bezzuoli (Détail).

Anecdote — La mort stupide de Charles VIII

Le 7 avril 1498, Charles VIII est à Amboise avec la reine Anne. Vers 15 heures, il se rend auprès de son épouse pour la distraire de sa peine : elle vient en effet de perdre un fils pour la troisième fois. Il a l'idée de l'inviter à assister à une partie de jeu de paume. Un terrain a été aménagé dans les fossés du vieux donjon et une estrade de trois étages a été construite pour accueillir les spectateurs. On y accède par une galerie basse peu reluisante qui a l'habitude de servir de pissotière aux gardes du château. Le couple traverse la cour du château, passe par les appartements du roi avant de descendre un petit escalier au bas duquel une porte basse mène à la fameuse galerie. Occupé à distraire sa femme, Charles VIII oublie de se baisser pour la passer et heurte violemment le chambranle. Le coup est rude, mais le roi se remet aussitôt et ne semble avoir été que légèrement étourdi. Il poursuit son chemin et rejoint sa loge pour assister à la partie qui commence bientôt. Il discute normalement avec son entourage. L'incident de la porte est oublié… quand soudain Charles tombe brutalement à la renverse. Ses proches sont immédiatement à ses côtés et le questionnent sur son malaise. Il balbutie des paroles inaudibles. La panique s'empare de la cour. Le roi inconscient est en proie au délire. À onze heures du soir, Charles VIII s'éteint sans avoir repris connaissance et sans héritier pour lui succéder. Il aurait succombé à une hémorragie cérébrale provoquée par le choc reçu en se cognant la tête.
Le 30 avril la dépouille du roi est transportée à l'abbaye Saint-Denis. Et la couronne revient à son cousin Louis d'Orléans qui régnera sous le nom de Louis XII.

Anecdote — Le jeu de paume… un jeu royal

Fondé au XIIe siècle par des moines, le jeu consistait à renvoyer avec la paume de la main une boule de chiffon sur le sol, les murs et les poutres du cloître. Très vite adapté par les seigneurs, il devient « le jeu des rois et le roi des jeux ». Louis X le Hutin meurt à Vincennes d'avoir bu trop froid après une partie de paume. François Ier et Henri II seront des joueurs passionnés.

LE RATTACHEMENT DE LA BRETAGNE : UNE AFFAIRE MATRIMONIALE (1491-1532)

Un duché indépendant mais divisé

Au cours du Moyen Âge, le duché de Bretagne échappe à l'autorité des rois de France. Il compte 1 million d'habitants, dispose de sa propre armée, de sa monnaie et de son administration. Sa marine – deux mille navires battant pavillon à croix noire sur fond blanc – est la première flotte occidentale de l'époque. Ses bateaux transportent du vin de Bordeaux et du sel de Guérande vers le nord de l'Europe – l'Angleterre, la Flandre, la Hollande, jusqu'aux ports allemands. Bien que les tout-puissants ducs ne parlent pas breton et ne comprennent pas la moitié de leurs sujets, ils utilisent des fonctionnaires bilingues pour administrer les zones bretonnantes. Mais ils vont s'efforcer d'uniformiser leur territoire, de mettre au pas les aristocrates récalcitrants. Car les nobles bretons sont très divisés. Depuis la fin de la guerre de Cent Ans, certains servent le roi de France et veulent maintenir de bons rapports avec lui. D'autres se montrent beaucoup plus anti-français. Quand Louis XI arrive au pouvoir, il veut absolument reprendre le contrôle direct des grands fiefs du royaume. La Bretagne lui apparaît comme une des « cornes raides pointées sur la France ». Ces cornes raides, il faut les désarmer. Le dernier duc, François II, intriguant avec l'Angleterre, le roi en profite pour développer en sous-main l'influence française. Après sa mort, son fils Charles VIII reprend la lutte.

En 1488, le duc de Bretagne François II entre en guerre contre la France, mais il est vaincu à la bataille de Saint-Aubin-du-Cormier et doit se soumettre. Profitant de cette situation, le roi de France Charles VIII parvient à conquérir une partie de la Bretagne. Par le traité du Verger en 1488, le duc de Bretagne François II doit se soumettre et consentir à ne marier aucun de ses enfants sans le consentement du roi de France.

Médaille d'Anne de Bretagne réalisée pour son passage à Lyon en 1499. La reine est un important mécène dans de nombreux domaines : arts graphiques, architecture, musique, art des jardins, arts décoratifs.

Le tombeau à double étage de Louis XII et d'Anne de Bretagne à la basilique de Saint-Denis. Commandé par François Ier dès 1516 à Guido Mazzoni, concepteur de l'ensemble, il est sculpté en marbre de Carrare. Les statues des quatre vertus, Prudence, Force, Justice et Tempérance, et des douze apôtres sont l'œuvre des frères Giovanni et Antoine di Giusto, Florentins installés à Tours. D'un réalisme extrême, il est considéré comme un chef-d'œuvre. Il a été sauvé de la destruction de tous les tombeaux, ordonnée par la Convention en août 1793, par le médiéviste Alexandre Lenoir.

Reliquaire du cœur d'Anne de Bretagne conservé au musée de Bretagne ; volé le samedi 14 avril 2018, il a été retrouvé une semaine plus tard.

Anne défend l'indépendance

Charles VIII mort sans héritier mâle, la Bretagne n'échappe pas pour autant à la Couronne. Selon l'accord passé lors de leurs noces, Anne est dans ce cas obligée d'épouser son successeur : le beau et séduisant Louis d'Orléans, qui devient Louis XII. Celui-ci fait aussitôt annuler son mariage avec Jeanne de France et la nouvelle union est célébrée le 8 janvier 1499. Louis est ravi puisqu'il est depuis longtemps follement amoureux de la duchesse Anne.

Toutefois, âgée maintenant de 22 ans, Anne négocie un nouveau contrat beaucoup plus avantageux. Le roi promet de « respecter les droits, les libertés et les privilèges » de la Bretagne. La reine tente d'administrer elle-même son duché et émet une monnaie à son nom. Le roi de France n'est qu'un duc consort et c'est leur fille Claude qui recevra la Bretagne dans sa dot, en tant qu'héritière légitime. Pour éviter le rattachement de son duché au royaume, Anne essaie donc de marier sa fille à un Habsbourg, le prince d'Orange, en 1504, une union du plus haut intérêt stratégique : il faut, pour mieux garantir l'autonomie du duché, que Claude s'unisse à un prince étranger, puissant et dont les territoires soient éloignés de la Bretagne...

« Monsieur François qui est tout françois »

Dans un premier temps Louis XII laisse faire. Mais, s'apercevant de son erreur, il prend la décision, le 31 mai 1505, d'imposer le mariage de Claude avec... François d'Angoulême, qui héritera du trône de France si à son tour Louis n'a pas d'héritier mâle. Un an plus tard, une assemblée de notables convoquée à Tours appelle le souverain à donner sa fille à « Monsieur François qui est tout françois ». Mais, jusqu'au bout, Anne refuse cette union et la célébration du mariage n'a lieu qu'après sa mort, le 18 mai 1514. François Ier parvient alors à convaincre son épouse de lui donner en cadeau... la Bretagne et administre dans un premier temps la principauté au nom de sa femme.

L'union de la France et de la Bretagne

Avec l'accord des états de Bretagne, l'édit d'union perpétuelle à la France est finalement signé le 13 août 1532 à Vannes et complété le 3 septembre par la charte du Plessis-Macé. La Bretagne partage désormais le destin de la France. Mais François Ier s'engage à « respecter les droits, les libertés et les privilèges » de cette nouvelle province qui conserve toutefois de nombreux avantages, comme l'autonomie judiciaire et fiscale. Elle maintient ainsi une forte identité régionale grâce aux fameux « états de Bretagne », qui votent l'impôt chaque année. Les Bretons sont tellement attachés à cette institution que les rois de France n'oseront jamais la supprimer : les « états » vont durer jusqu'à la Révolution.

Unis dans la mort, à l'intérieur du mausolée, Louis XII et Anne de Bretagne sont représentés en « transis » et figés dans la mort. On a fait figurer sur leurs corps, par souci de réalisme, jusqu'à l'ouverture recousue nécessaire à leur éviscération.

LE CHÂTEAU DE LA DUCHESSE ANNE À NANTES

Place forte de l'indépendance bretonne, rénovée par François II et sa fille Anne de Bretagne, la rude forteresse du XIIIe siècle abrite le superbe palais ducal, d'inspiration Renaissance. Anne fait notamment ajouter des loggias, inspirées par l'architecture italienne de l'époque, le premier signe de la Renaissance à Nantes, une flèche audessus de la principale tour d'escalier et les lucarnes du grand logis, édifiées dans un style flamboyant, ornées du chiffre d'Anne et de Louis XII.

L'imposant ***château résidence des ducs de Bretagne à Nantes (Pays de la Loire)*** *depuis le début du XIIIe siècle. La forteresse avec ses douves et son pont-levis conserve à l'extérieur une allure toute médiévale.*

Le grand logis, avec sur sa droite la tour de la Couronne d'or. Entièrement restauré et aménagé, le château est de nouveau ouvert au public depuis 2007.

Les deux loggias des niveaux supérieurs du grand logis sont inspirées par la Renaissance italienne, mais ne suivent pas les canons de l'architecture antique et restent au contraire purement gothiques dans leur décoration.

LOUIS XII, LE PÈRE DU PEUPLE

Le roi baisse les impôts

Louis XII est un roi populaire qui bénéficie d'une période florissante marquée par les progrès techniques et le développement des échanges. Le souverain entend personnifier une monarchie modérée, qui laisse beaucoup d'autonomie à la noblesse et ne lève pas excessivement d'impôts. En 1506, il est officiellement surnommé « le Père du peuple » par les états généraux réunis à Tours parce qu'il consent à diminuer la taille, impôt payé par les roturiers. Même si c'est une image très idéalisée, il est vrai que, depuis 1439, les impôts avaient fortement augmenté pour mener la guerre contre les Anglais. Charles VII avait obtenu le droit de renouveler l'impôt de la taille d'une année sur l'autre, de façon automatique : ainsi s'était trouvé réalisé le principe d'un impôt direct permanent, une nouveauté en France. Car, depuis le Moyen Âge, le roi devait en effet vivre « du sien », c'est-à-dire de l'exploitation de son domaine, sous la forme de taxes diverses comme le cens sur les récoltes, les péages et les tonlieux. Mais ces ressources financières étaient insuffisantes. C'est pourquoi, avec la guerre de Cent Ans, les rois avaient progressivement instauré un premier système fiscal à la fois direct – taille –, et indirect sur la vente des marchandises ou sur le sel – gabelle. Avant d'être levés, ils devaient être approuvés par les états généraux.

Jean Perréal, Louis XII, *vers 1514. La branche d'Orléans a pour emblème le porc-épic et pour devise : « Qui s'y frotte, s'y pique ! » que le roi reprend officiellement.*

Michel Martin Drolling, Louis XII proclamé « Père du peuple » par les états généraux en 1506, *1833.*

Le palais de justice de Rouen, ancien échiquier de Normandie, est l'un des plus beaux monuments de la capitale normande, emblématique du style architectural sous Louis XII : son architecte est Roulland Leroux.

Une obsession : l'Italie

Dès 1499, Louis XII se lance, lui aussi, dans la conquête de l'Italie. Il s'empare du Milanais et contrôle une grande partie de la péninsule vers 1500. Mais il doit bientôt affronter les Espagnols de Ferdinand d'Aragon qui convoite également les richesses italiennes. Après plusieurs combats, dont celui du pont de Garigliano où le chevalier Bayard s'illustre en 1503, les Français sont peu à peu vaincus et se retirent. Ferdinand d'Aragon organise une vaste coalition contre la France qui est alors menacée de toutes parts. Les Anglais débarquent une nouvelle fois. Devenu veuf en janvier 1514, Louis XII obtient une paix inespérée en épousant, le 9 octobre 1514, la belle Marie d'Angleterre, la jeune sœur du roi Henri VIII, âgé de 16 ans – lui en a 52... Celle-ci l'entraîne dans les fêtes et les banquets si bien que, quelques mois plus tard, le 1er janvier 1515, le roi meurt, épuisé et toujours sans descendants mâles.

Histoire d'un mot

Le français s'impose lentement

La France du début du XVIe siècle est une mosaïque linguistique. Après deux siècles de diffusion, le français s'impose en Normandie, en Saintonge, en Auvergne et dans le Berry, d'abord dans les villes puis très progressivement dans les campagnes. Mais Charles VIII a dû autoriser le bilinguisme dans les administrations provinciales : dans la sénéchaussée de Toulouse, les juges interrogent en français des accusés qui répondent en occitan, et utilisent des expressions juridiques en latin ! Il faut attendre la fin du XVIe siècle pour que le français remplace les langues et patois régionaux en Aquitaine, en Artois et dans le Languedoc.

BLOIS, PANORAMA DU PATRIMOINE FRANÇAIS

Le style Louis XII

Le mouvement artistique né à la fin du règne de Charles VIII en 1495 s'épanouit avec celui de Louis XII jusqu'à sa mort en 1515. Il correspond à un style de transition entre l'art gothique flamboyant et la première Renaissance française qui commence en 1515 et s'achève en 1530 avec l'essor de ce que l'on appelle « l'école de Fontainebleau », véritable tournant dans l'art renaissant. Nourrie des contacts directs avec les artistes et artisans transalpins, la structure du mouvement reste pourtant française, seule la décoration est italienne : pilastres, frises, corniches, médaillons, couronnes sont les nouveaux modèles auxquels on se réfère désormais, formant un véritable répertoire de formes décoratives nouvelles qui viennent s'incorporer dans des structures encore très médiévales. L'heure est aux fantaisies, on veut étonner. L'influence flamande dans les arts décoratifs et surtout dans la peinture, bien que de moindre importance, n'est pas à négliger.

Dans la cour intérieure, l'escalier à vis, commandé à l'architecte Jacques Sourdeau par François Ier, se déploie à l'intérieur dans une tour octogonale en saillie s'ouvrant sur l'extérieur, ce qui n'avait encore jamais été fait en France...

Le château royal de Blois

Situé au cœur de la ville de Blois, le château est un exemple unique de l'évolution de l'architecture française du XIIIIe au XVIIe siècle. Il évoque, par sa diversité de styles, le destin de sept rois et de dix reines de France, ce qui en fait un édifice clef. Louis XII, né à Blois, et très attaché au château, décide de le reconstruire dans un style alliant le gothique flamboyant et les éléments de la Renaissance italienne. La direction des travaux est confiée à l'architecte italien Dominique de Cortone et au Français Colin Biart. L'aile dite Louis XII, commencée en 1498, tend à généraliser la combinaison de la brique et de la pierre ; achevée en 1503, elle se révèle remarquable par ses fines sculptures, ses tourelles ingénieusement variées, son grand escalier monumental qui est une merveille d'appareillage, ses appartements en enfilade desservis par une galerie.

François Ier délaisse le château de Blois au profit de celui de Fontainebleau mais Blois reste une résidence royale pour Henri II, François II et Charles IX. François II notamment y séjourne souvent avec sa femme Marie Stuart qui y a été élevée. Henri III y fait tuer, le 23 décembre 1588, son pire ennemi, le duc de Guise.

Aujourd'hui, Blois est un monument incontournable de la Renaissance française, qui reçoit plus de 332 480 visiteurs par an.

Page de droite, en bas : Les bâtiments qui entourent la cour d'honneur juxtaposent trois styles successifs : gothique flamboyant pour l'aile de Louis XII ; Renaissance pour celle de François Ier agrémentée du célèbre escalier à vis à demi engagé dans la façade ; et enfin (ci-dessous, à droite), au sud-ouest, classique pour celle due à Gaston d'Orléans, frère du roi Louis XIII, qui ambitionne de faire construire par l'architecte François Mansart un nouveau bâtiment resté inachevé.

Ci-dessus : La statue équestre de Louis XII placée au-dessus de la porte d'entrée, dans une large niche gothique au décor flamboyant se détachant sur un semis de fleur de lys d'or. Due au sculpteur Émile Seurre en 1857, elle est venue remplacer l'œuvre sculptée en 1502 par Guido Mazzoni dit Paganino, détruite à la Révolution.

Chapitre 9

FRANÇOIS IER, PREMIER ROI ABSOLU

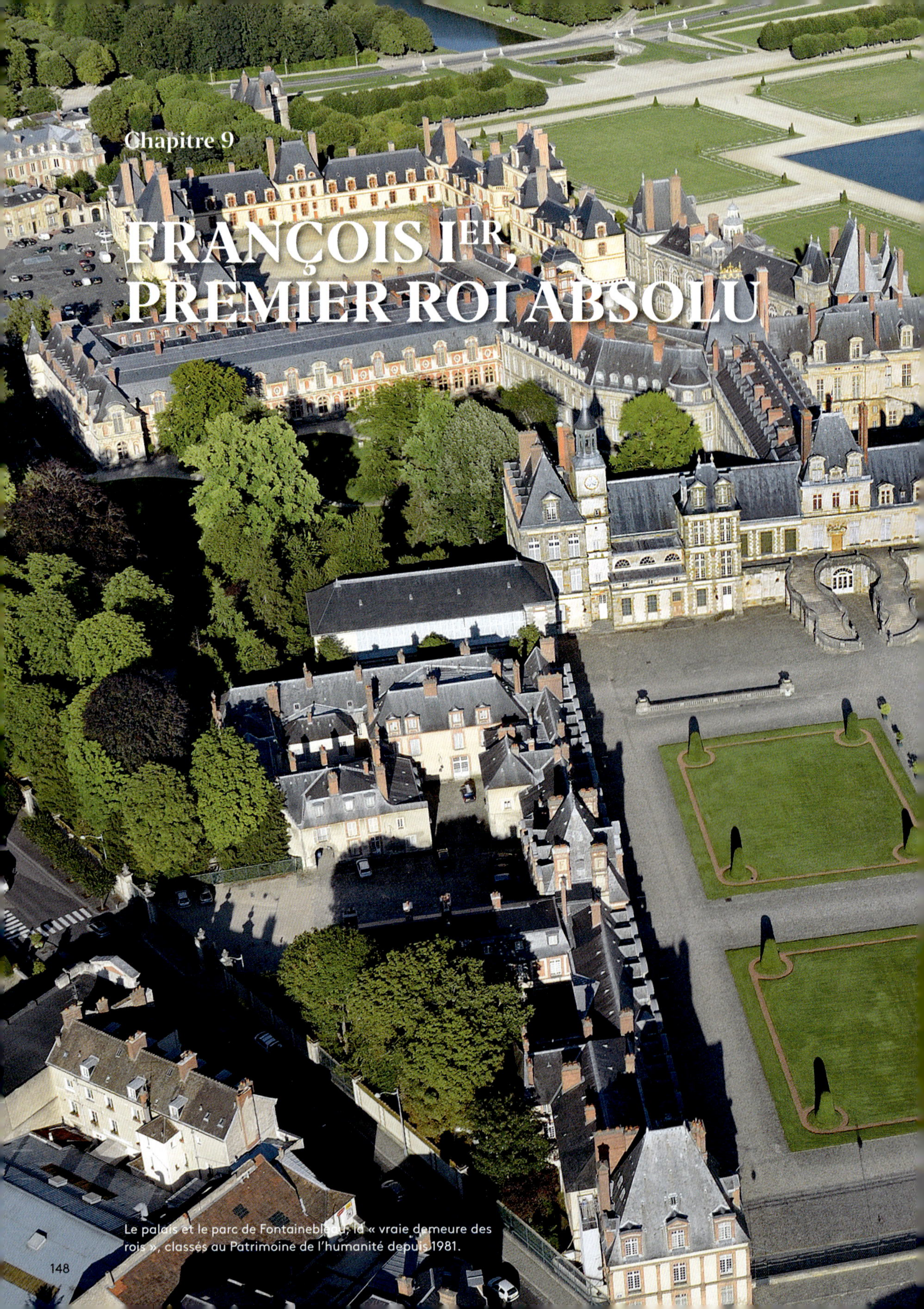

Le palais et le parc de Fontainebleau, là « vraie demeure des rois », classés au Patrimoine de l'humanité depuis 1981.

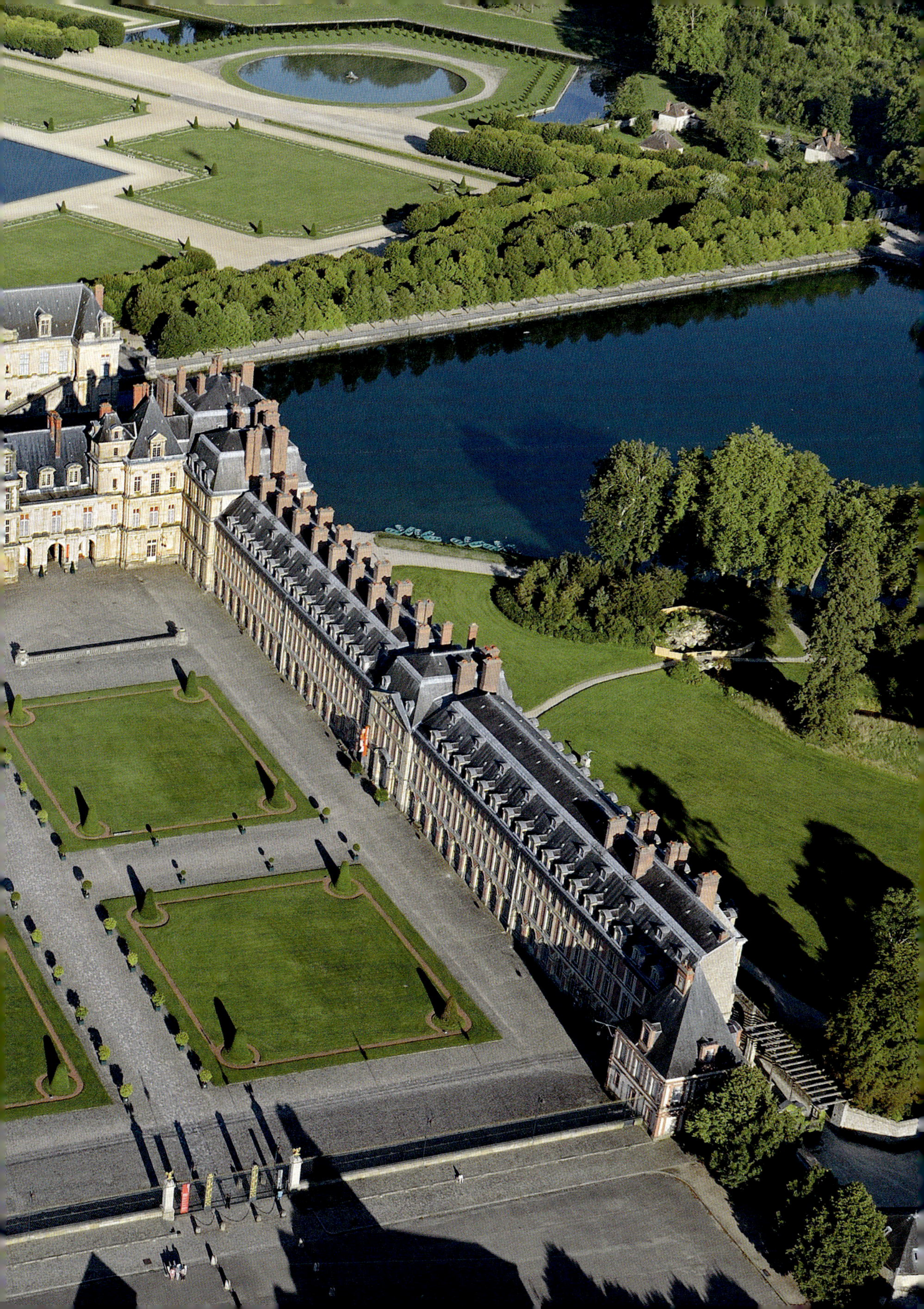

Le prince de la Renaissance

Plus que tout autre souverain de son temps, François Ier incarne la période de la Renaissance, mais il est aussi le premier des monarques absolus. Roi fastueux, il promeut une politique de magnificence et cherche à s'entourer des plus grands artistes de son temps. Mécène généreux, grand bâtisseur, passionné par la Renaissance italienne, il fait de Fontainebleau, Chambord, Azay-le-Rideau, Chenonceau, les vitrines ostentatoires d'un pouvoir de plus en plus absolu. La Renaissance triomphe et la France devient un nouveau centre culturel dynamique de l'Europe. Que ce soit dans le domaine militaire, diplomatique ou artistique, la France moderne doit une grande partie de son identité au « roi-chevalier », dont le moindre des mérites est d'avoir imposé le français comme langue administrative et importé sous nos cieux la Renaissance italienne.

Élevé par sa mère

Le futur roi naît à Cognac, le 12 septembre 1494. François d'Angoulême est le dernier rejeton de la branche cadette de la famille royale des Valois. Arrière-arrière-petit-fils de Charles V, il n'est pas destiné à régner – l'absence de descendance mâle de Louis XII le portera sur le trône. Son père, Charles d'Angoulême, meurt dès 1496 et laisse son fils et sa fille, Marguerite, aux bons soins de son épouse, Louise de Savoie. Mère aimante et dévouée, elle leur assure une éducation princière. François est confié à des gouverneurs qui le forment d'abord comme un chevalier. La chasse, les joutes et les exercices guerriers sont son quotidien. Sans être un intellectuel, il se montre curieux et ouvert. Louise de Savoie lui enseigne elle-même l'italien et l'espagnol. Même s'il sera toujours un médiocre latiniste, François est donc préparé correctement à ses futures fonctions. Le jeune prince accomplit ses humanités au château d'Amboise, auprès d'autres fils de la noblesse française qui deviendront ses futurs compagnons d'armes et de gouvernement. Très vite, il se distingue par ses capacités physiques. Grand, 1,90 mètre – à une époque où la taille moyenne est de 1,68 mètre –, et athlétique, le prince est doté d'un solide appétit, doublé d'une grande résistance physique qui lui permet de rester à cheval des heures entières. Mais ce rude guerrier ne sera jamais un grand général. Organisateur avisé, réformateur audacieux, il manque du coup d'œil et surtout du froid réalisme des bons capitaines. En 1514, il épouse la fille de Louis XII et d'Anne de Bretagne, Claude, et s'installe au château de Blois. Le 1er janvier 1515, Louis XII rend son dernier soupir, et François d'Angoulême monte sur le trône sous le nom de François Ier. Le 25 janvier de cette même année, il est sacré à Reims, et fait son entrée triomphale quelques jours plus tard dans Paris, où d'interminables joutes et d'opulentes fêtes saluent le nouveau règne.

Le roi-chevalier

Lorsque François Ier accède au trône, le pays est prospère, pacifié et unifié par ses prédécesseurs. À peine intronisé, le jeune souverain se lance à la conquête du Milanais, dont il revendique, par héritage, la souveraineté pour, par la même occasion, venger les défaites subies par ses prédécesseurs. À la tête de son armée, il franchit les Alpes et livre sa première bataille contre les soldats milanais et leurs alliés suisses, près du village de Marignan. Si la bataille reste longtemps incertaine, la *furia francese* et les soixante canons de l'artillerie royale lui apportent une brillante victoire au soir du 14 septembre de l'année 1515. Sur le champ de bataille le roi demande alors au fameux Bayard de le faire chevalier. Le lieutenant lui répond : « Sire, celui qui est couronné…, oint de l'huile, premier fils de l'Église, est chevalier sur tous les chevaliers. » Au lendemain de cette bataille, le prestige du jeune roi est considérable. Milan est occupée et une paix perpétuelle – toujours en vigueur – est signée entre la France et les cantons suisses. Mais le succès va se révéler sans lendemain.

Jean Clouet (attribué à), Le roi François Ier à cheval, *vers 1540.*

« Car tel est notre bon plaisir ! »

François Ier

LE PROTECTEUR DES ARTS ET DES LETTRES

Les plus grands génies de son temps

Dès le début de son règne, François Ier va lancer une ambitieuse politique culturelle. Ouvert d'esprit, s'intéressant à tout, le souverain est l'ami des artistes et des humanistes. Fasciné par l'art de la Renaissance qui se développe en Italie, il ambitionne de surpasser les fastes des principautés italiennes. Pour y parvenir, il attire en France de nombreux artistes de la péninsule. Parmi eux, le plus grand génie de son temps, Léonard de Vinci, qu'il installe dès 1516 au Clos-Lucé, à Amboise, avec dans ses malles rien de moins que *La Joconde*, *La Vierge, l'Enfant Jésus et sainte Anne*, ainsi que le *Saint Jean Baptiste*, qui ornent aujourd'hui encore les cimaises du Louvre. L'ayant nommé « premier peintre, ingénieur, architecte et mécanicien », le roi le comble de faveurs. D'autres artistes suivront, comme Benvenuto Cellini et Primatice, qui travailleront pour la gloire du nouveau règne. François Ier acquiert également de nombreux tableaux de Raphaël et du Titien. Mais son ambition ne s'arrête pas là. Des architectes italiens rénovent les vieux châteaux médiévaux. Les douves des forteresses sont comblées, les hauts donjons démolis, les murs percés de larges fenêtres. La lumière entre dans les grandes pièces des nouvelles demeures royales. Le mobilier se transforme en profondeur et atteint un raffinement jamais atteint. Les « arts de la table » font leur apparition. La mode connaît un bouleversement sans pareil par sa sophistication et la qualité des matériaux usités.

« Restaurateur des lettres »

François Ier se veut aussi le « restaurateur des lettres » : il est le mécène de poètes comme Clément Marot et protège les humanistes, ces hommes de lettres qui s'inspirent des auteurs de l'Antiquité, comme l'helléniste Guillaume Budé qu'il nomme grand maître de la Librairie, et qui s'efforce de retrouver les manuscrits antiques, grecs ou latins. Il ouvre la voie à la génération des poètes de la Pléiade, Ronsard, Du Bellay, qui auront pour ambition de hisser les lettres françaises au niveau de celles de l'Antiquité.
Le souverain fait agrandir la bibliothèque royale, installée à Amboise puis à Blois, avant d'être transférée à Fontainebleau puis à Paris. Il crée aussi le dépôt légal, imposant qu'un exemplaire de toute œuvre publiée en France y soit envoyé, principe à l'origine de la Bibliothèque nationale de France. Il fonde, à la demande de Guillaume Budé, le Collège des lecteurs royaux, « séminaire des savants », chargé notamment d'enseigner les trois langues de l'humanisme, le grec, le latin et l'hébreu, et qui est l'ancêtre du Collège de France. Deux ans après la mort du roi, Joachim du Bellay, dans sa *Défense et illustration de la langue française*, pourra à juste titre remercier « notre feu bon roi et père » pour avoir promu en son temps les arts, les lettres et la langue française.

Isidore Patrois, François Ier confère à Rosso les bénéfices de Saint-Martin, *1865. Tous les artistes que fait venir François Ier sont généreusement récompensés pour leur travail : mais c'est Primatice, et non pas Rosso comme le dépeint faussement Isidore Patrois, qui est fait bénéficiaire de l'abbaye de Saint-Martin de Troyes.*

Histoire d'un mot

L'Homme au centre de l'univers

La langue française est célébrée par les humanistes comme une langue de culture. Lefèvre d'Étaples propose ainsi une traduction en français de la Bible, afin qu'elle soit accessible à la population. En 1549, le poète Joachim du Bellay publie sa *Défense et illustration de la langue française*. Au nom de leur foi dans l'homme, les humanistes interviennent dans la société. Ils prônent l'épanouissement de l'individu par une nouvelle éducation à la fois de l'esprit et du corps, avec une conception plus personnelle et plus épurée du catholicisme, en critiquant parfois ouvertement les défauts de l'Église.

LA VALLÉE DU ROI : LE VAL DE LOIRE

Le bâtisseur

Pendant le règne de François Ier, la vallée de la Loire va se couvrir de châteaux tous plus magnifiques les uns que les autres. Le château d'Amboise est agrandi et modernisé, ainsi que le château de Blois, qui est doté d'un monumental escalier. La construction du château de Chambord est lancée dès le début du règne. Bâti à la lisière d'une forêt giboyeuse, il est, de loin, le plus extraordinaire bâtiment de son époque, et préfigure, par son faste et sa grandeur, celui de Versailles. Paris et sa région ne sont pas oubliés. La vieille forteresse médiévale du Louvre est partiellement démolie, et sa rénovation est lancée, avec Pierre Lescot choisi en 1546 pour en être l'architecte. Le château de Madrid, dans le bois de Boulogne, et celui de Saint-Germain-en-Laye sont construits, toujours près de forêts giboyeuses : François Ier n'est-il pas le « roi des veneurs » ? Le vieux château de Fontainebleau a droit à un traitement de faveur. Demeure préférée du roi, il est partiellement démoli, puis reconstruit et agrandi, avec de nombreuses galeries richement décorées dans l'esprit de la Renaissance. La province n'est pas oubliée non plus, avec la construction des châteaux de Villers-Cotterêts, de Folembray, et de Challuau.

Chenonceau (Centre-Val de Loire)*, construit de 1513 à 1521, deviendra propriété de la Couronne, puis résidence royale en 1546. La galerie sur la rivière date de Catherine de Médicis.*

Azay-le-Rideau (Centre-Val de Loire), un des plus gracieux et parfaits exemples de demeure Renaissance, se reflète dans le miroir des eaux de l'Indre. « Un diamant taillé à facettes », disait Balzac. Le château a accueilli 307 200 visites en 2018.

Le val de Loire

Mais c'est surtout la vallée de la Loire qui, grâce à François Ier, connaît un véritable apogée. Les grands officiers des finances dont le roi s'entoure sont pour la plupart originaires de la ville de Tours, comme Guillaume Briçonnet ou Jacques de Beaune, baron de Semblançay. Le Val de Loire se peuple ainsi de serviteurs de l'État. Les plus puissants se font édifier de superbes palais pour être au plus près de François Ier, tels que Chenonceau construit pour le général des finances de Normandie, Thomas Bohier, ou Azay-le-Rideau pour le financier tourangeau Gilles Berthelot. L'architecte de Chenonceau n'est autre que Catherine Briçonnet, l'épouse de Thomas Bohier (Philibert Delorme poursuivra son œuvre). Les ouvriers affluent à Tours pour participer aux nombreux chantiers de construction, à tel point que la population de la ville est multipliée par deux en un peu plus d'un siècle ! Les matériaux de construction, comme le tuffeau, une roche poreuse, et les ardoises, sont extraits des carrières de la région. Le séjour des courtisans et des officiers suscite un réseau serré d'ateliers et de manufactures de produits de luxe (orfèvrerie, broderie, armurerie, soierie...) qui permettent de satisfaire la demande.

Ci-contre : ***Fontainebleau (Centre-Val de Loire)*** *est, avec ses mille cinq cents pièces, l'un des plus grands châteaux de France, et le plus meublé d'Europe. Sa construction débute en 1528 et se poursuivra au fil du siècle sous la direction d'architectes tels que Gilles Le Breton, Philibert Delorme ou Jean Bullant.*
Ci-dessous : L'escalier de la cour du Cheval blanc est composé de deux monumentales volées chantournées parallèles de quarante-six marches. Icône de Fontainebleau, il est construit entre 1632 et 1634 par l'architecte Jean Androuet du Cerceau.

Lieu de mémoire

Fontainebleau symbole de la grandeur royale

La « vraie demeure des rois »

François Ier souhaite établir aux yeux de tous son prestige et sa gloire. Le vieux château de Fontainebleau date du du XIIe siècle : son existence est mentionnée dès 1137, dans une charte royale datée de Louis VII, et Philippe IV y est né en 1268. Il entreprend, en 1528, sa transformation en un somptueux palais de la Renaissance. Seul château habité par tous les souverains français du XIIe au XIXe siècle – trente-quatre souverains et deux empereurs –, il incarne bien, comme disait de lui Napoléon, la « vraie demeure des rois ».

Berceau de la Renaissance

En dix ans, le premier projet de réaménagement des bâtiments, tombés en ruine, évolue en chantier ambitieux et monumental, imposant Fontainebleau en « maison » favorite du roi. Sur les fondations, conservant le plan primitif, les maîtres d'œuvre élèvent un nouveau logis plus largement ouvert à la lumière avant de l'étendre vers l'ouest en l'enrichissant des plus beaux atours de la Renaissance.
Fasciné depuis son enfance par l'art italien, François Ier fait appel aux plus grands artistes pour réaliser ses décors : Giovanni Battista di Jacopo dit Rosso – à cause de ses cheveux roux – (Florence 1495-Fontainebleau 1540) et Francesco Primaticcio, dit Primatice (Bologne 1504-Paris 1570), qui n'a que 28 ans à son arrivée. Tous deux vont accomplir des prouesses artistiques, en particulier dans la galerie dite de François Ier et devenir les initiateurs de la Renaissance française à travers ce que l'on nommera « l'École de Fontainebleau ». Le roi fait aussi venir des tapisseries dessinées par Raphaël, des statues de Michel-Ange. Fontainebleau devient l'écrin de ses trésors les plus précieux, la vitrine ostentatoire des goûts et de la volonté royale. Tout y est conçu pour exalter l'autorité et la puissance du roi très chrétien.

SOUS LES AUSPICES DE LA MAGNIFICENCE : LA GALERIE FRANÇOIS IER

Une grande galerie construite entre 1534 et 1537 relie l'ancien et le nouveau château de Fontainebleau. Bousculant les genres établis de l'art d'ornementation, elle mesure 64 mètres de long et 6 mètres de large. Pendant dix années, Rosso y crée un décor original et spectaculaire de fresques, de stucs, de cuirs enroulés de frises et de lambris qui va devenir son chef-d'œuvre : François Ier le nommera premier peintre du roi. À partir de 1532, il est secondé par Primatice dont le style proche du maniérisme italien met en valeur le registre de l'allégorie.

En réalité, cet art flamboyant est destiné à établir la doctrine politique d'un souverain de plus en plus absolu. Chaque bâtiment, chaque décor, chaque scène sont conçus pour exalter l'autorité de François Ier. C'est à partir de cette époque que tous les actes administratifs du roi sont suivis de la mention : « Parce que tel est notre bon plaisir... »

La chambre de la duchesse d'Étampes, favorite royale, transformée en escalier sous Louis XV, est magnifiquement ornée en 1541-1544 de stucs par Primatice, encadrant l'histoire peinte à fresque d'Alexandre.

La construction de la galerie François Ier est entreprise en 1528 ; elle est confiée pour sa décoration à Rosso et Fiorentino au début des années 1530.

Histoire d'un mot

Stuc et fresques

Les fresques, les stucs, lambris et autres plafonds à caissons de ce décor minutieux sont un chef-d'œuvre de l'art de l'ornementation. C'est grâce à François Ier, et aux artistes italiens, que la technique du stuc a été réintroduite en France, et pour la première fois à Fontainebleau. Le stuc est un enduit de chaux qui permet une certaine souplesse d'exécution des hauts-reliefs (contrairement à la pierre et au marbre). Il vient encadrer les fresques, réalisées selon une technique de peinture venue elle aussi d'Italie, *a fresco*, c'est-à-dire sur un enduit frais.

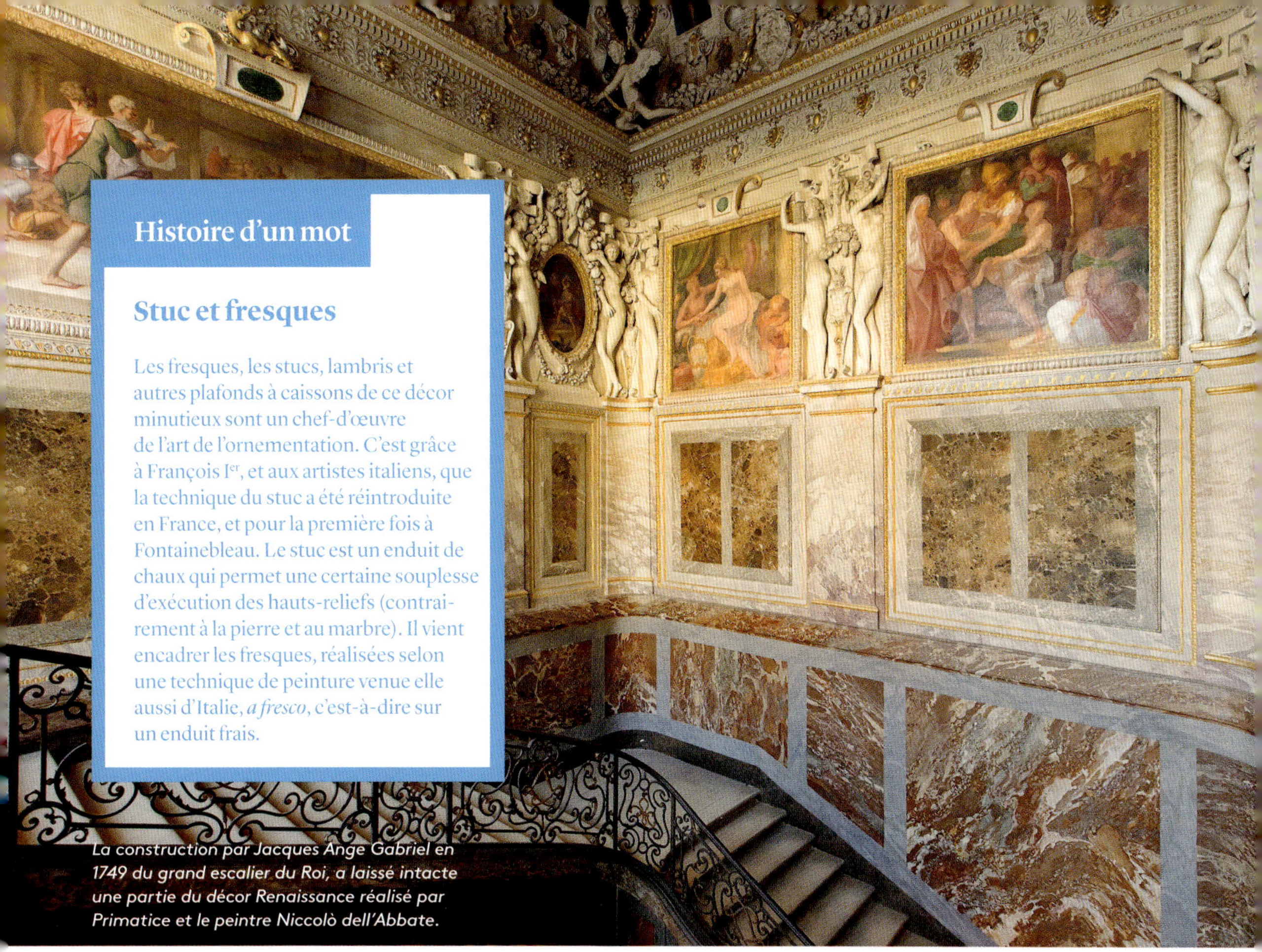

La construction par Jacques Ange Gabriel en 1749 du grand escalier du Roi, a laissé intacte une partie du décor Renaissance réalisé par Primatice et le peintre Niccolò dell'Abbate.

La loggia ouverte créée sous François Ier est transformée en salle de bal par Philibert Delorme sous Henri II : on y retrouve les fresques de Primatice et de Niccolò dell'Abbate.

Lieu de mémoire

Chambord le plus extraordinaire bâtiment de son époque

Un château français

C'est en septembre 1519 que les travaux commencent sur l'immense chantier de Chambord, près de Blois (Loir-et-Cher). Le maître maçon Jacques Sourdeau va diriger pendant quatre ans mille huit cents ouvriers de toutes spécialités (tailleurs, sculpteurs, maçons, charpentiers...) et coordonner l'acheminement d'innombrables matériaux : ardoises de Trélazé, pièces de bois de la forêt du Tronçais (dans le Bourbonnais), plomb d'Angleterre, tuffeau du Cher... S'inspirant du gothique flamboyant, les toits sont formés d'un enchevêtrement de clochetons, de cheminées, de tourelles, de lucarnes à chapiteau qui se mêlent avec fantaisie. Mais les lignes géométriques, la symétrie des bâtiments, le quadrillage des formes, et la décoration avec ses motifs en forme de losanges et de disques, résolument modernes, sont inspirés par la Renaissance italienne. Néanmoins Chambord est avant tout un château français. Flanqué de quatre puissantes tours d'angle, le donjon, colossal, occupe une place considérable et le plan évoque directement les châteaux du Moyen Âge, le tout entouré de douves.

***Chambord (Centre-Val de Loire)**, construit à partir de 1523 par les architectes Pierre Trinqueau, Jacques et Denis Sourdeau, entre autres, tient à la fois du château médiéval, avec ses tours massives, et du palais de la Renaissance par sa décoration d'inspiration italienne. Les parties hautes du château sont spectaculaires, les terrasses hérissées de cheminées, de lanternes et de tourelles.*

> ***« Je vois un abrégé de ce que peut effectuer l'industrie humaine. »***
>
> Charles Quint lors de sa visite en 1539

Chambord est élevé sur un site marécageux qui a nécessité la construction de pilotis pour établir les fondations.

Montrer sa puissance à Dieu

En son centre, se trouve le fameux escalier central à double volée emboîtée, probablement inspiré par Léonard de Vinci. Autre particularité : les marches larges et très basses permettent aux cavaliers d'accéder aux étages sans mettre pied à terre. Au sommet, la lanterne, joyau de l'édifice, surmonte de son élégant belvédère les toits du château où se concentrent les parties les plus luxueuses et les plus richement décorées en opposition à la sobriété relative de la façade. Longue de 157 mètres, élevée sur trois niveaux, auxquels s'ajoutent les combles aménagés, celle-ci permet d'imaginer l'importance des espaces habitables. Les gros travaux, achevés en 1523, dévoilent un immense palais de 32 appartements et de 440 pièces chauffées par 365 cheminées et desservi par plus de 80 escaliers, sur près de 4 700 mètres carrés. François Ier n'a pas manqué d'imprimer sa marque à l'ouvrage. Les voûtes à caissons du deuxième étage exposent les symboles royaux : le « F » couronné et la salamandre sont ses emblèmes, la cordelette nouée à l'initiale rappelle sa mère, Louise de Savoie. François Ier et sa famille commencent à y résider en 1529. Mais Chambord reste toutefois une construction qui permet au roi de montrer sa puissance à Dieu (comme l'indique la disposition des symboles royaux placés sur la terrasse) et surtout à son grand rival sur terre : Charles Quint. L'empereur y sera d'ailleurs invité en 1539.

Vue du grand escalier central du donjon, au premier étage. Probablement exécuté d'après une idée de Léonard de Vinci, il fait aujourd'hui encore l'admiration des visiteurs.

LA PREMIÈRE VÉRITABLE COUR ROYALE

François Ier et sa cour

François Ier affiche sa volonté de renforcer les institutions du royaume, en premier lieu celles du roi. Il se dote d'une Maison royale réunissant différents services, pour lui-même et sa famille : l'hôtel (ravitaillement et alimentation), la chambre, la chapelle, l'argenterie... et il s'entoure d'une cour, nombreuse et somptueuse, qui supplante définitivement celles de ses vassaux. Réunissant la famille royale, les princes du sang, les grands ecclésiastiques, les serviteurs du roi et ses gardes, elle compte près de dix mille personnes, soit dix fois plus que sous Charles VIII !

La cour encore vagabonde

À cela s'ajoutent les maisons des membres de la famille royale, notamment celle de Louise de Savoie qui regroupe deux cent quarante personnes ! Le fonctionnement de la Maison du roi coûte à lui seul près de 1,5 million d'écus par an, somme à laquelle il faut ajouter 500 000 écus de frais de voyages. Car la cour est toujours itinérante, nomadisant entre le Louvre, Fontainebleau, le Val de Loire, sans compter les nombreux déplacements pour rencontrer les souverains étrangers ou pour se faire voir de la population. À chaque déplacement, ce sont près de huit mille personnes qui s'ébranlent, le plus souvent par bateaux sur la Loire, pendant que les valets à pied se chargent de l'acheminement à dos de mulets des coffres de vivres et de vêtements, des tentes, des lits et des tréteaux, nécessaires au gîte et au couvert de cette cour en mouvement. Ce n'est qu'avec l'achèvement du château de Chambord, à partir de 1529, que le roi, sa famille et ses serviteurs disposeront d'une vaste résidence propice à un séjour prolongé.

Taddeo Zuccari, François Ier reçoit Charles Quint et le cardinal Alexandre Farnèse à Paris en 1540, *fresque, 1559.*

Zoom

La cour de François Ier

La Maison du roi (543 officiers et serviteurs), entièrement au service de la personne royale, comprend :
- la chapelle, dirigée par le grand aumônier, et qui regroupe de multiples services (ou « offices ») : aumôniers, chapelains, confesseurs et chantres ;
- l'hôtel qui comporte aussi plusieurs services chargés du ravitaillement et de l'alimentation de la cour : panetiers, échansons, fruitiers, cuisine de bouche et du commun… ;
- la chambre dirigée par le grand chambellan, dont les services sont responsables de la chambre à coucher du roi : valets, apothicaires, barbiers, chausseurs… ;
- l'argenterie, dirigée par le grand argentier, qui pourvoit aux dépenses liées au matériel et aux vêtements ;
- l'écurie, sous la direction du grand écuyer ;
- les chasses royales : grand veneur, grand fauconnier, grand louvetier, capitaine des toiles (chasse au sanglier).

Enfin, la maison militaire est chargée de la protection du souverain et de la famille royale : garde écossaise, Cent-Suisses, et deux compagnies de cent gentilshommes de l'hôtel.

Portrait Léonard de Vinci, « le père rêvé » du roi

François Ier veut s'entourer des plus brillants artistes et artisans de la Renaissance italienne. Il n'hésitera pas à inviter Titien, Raphaël ou Michel-Ange qui tous déclineront l'offre. Cependant, Léonard de Vinci, qui passe pour le plus grand esprit de son temps, est présenté au roi de France en décembre 1515 par le pape Léon X à Bologne. Subjugué par ses multiples talents, François Ier l'invite à venir séjourner en France à un moment où, âgé de 65 ans, Léonard aspire à une vie plus sereine, consacrée à la recherche et au récolement de ses milliers de notes manuscrites. Le roi lui offre pour cela le manoir du Cloux – le Clos-Lucé –, où il pourra s'installer avec son disciple Francesco Melzi, ainsi qu'une pension – colossale – de 2 000 livres par an.
C'est au manoir du Cloux qu'il va poursuivre ses multiples travaux, notamment la rédaction d'un « traité d'anatomie donnant non seulement le dessin des membres, mais des muscles, des nerfs, des veines, des jointures ». Il met son génie au service du roi de France, inventant toutes sortes de machines et d'attractions pour animer les fêtes organisées par le souverain, comme cet automate en forme de lion dont la poitrine s'ouvre pour laisser apparaître une fleur de lys. Il réalise aussi de nombreux plans de bâtiments, notamment ceux d'un palais à Romorantin, remarquable par ses jardins et ses canaux, et peut-être participe à l'élaboration du château de Chambord dont l'escalier central à double révolution s'inspire probablement de ses dessins d'escaliers emboîtés à quatre volées.
Le 23 avril 1519, Léonard, très malade, fait rédiger son testament devant notaire, et choisit Francesco Melzi pour être son exécuteur testamentaire. Lorsque François Ier, alors à Saint-Germain-en-Laye, apprend le 2 mai 1519 la mort de celui qu'il considérait comme son père, il en éprouve une immense tristesse. Vingt ans après, il confiera au sculpteur Benvenuto Cellini : « Il n'y a jamais eu un autre homme né au monde qui en savait autant que Léonard, pas autant en peinture, sculpture et architecture, comme il était un grand philosophe. »

Ci-dessus : Jean-Dominique Ingres, François Ier reçoit les derniers soupirs de Léonard de Vinci, 2 mai 1519, *1818. La mort de l'artiste dans les bras du roi au château du Clos-Lucé est un épisode fictif destiné à illustrer l'union de deux symboles représentatifs de l'art et du pouvoir. Le roi se trouvait ce jour-là à Saint Germain.*
Ci-contre : La salamandre, emblème de François Ier, bas-relief du château de Blois.

Symbole

« Je m'en nourris [des flammes] et je les éteins »

La salamandre de François Ier, l'emblème animal du roi, est partout représentée : on en retrouve sur les murs des châteaux du Val de Loire ou à Fontainebleau, sur les lambris de la galerie où elles sont réalisées par Scibec de Capri en 1539. Elle est accompagnée de sa devise, *Nutrisco et extinguo*, « Je m'en nourris [des flammes] et je les éteins », par extension : « Je me nourris du bon feu » – celui de l'amour de Dieu – « et j'éteins le mauvais » – celui des enfers. C'est en raison de ces références à la fois chrétiennes et humanistes que François Ier a choisi cet animal pour emblème. Elle orne aussi les blasons des villes fondées par le roi, comme Le Havre.

Léonard est doté d'une demeure de prestige, le manoir du Cloux, aujourd'hui le ***Clos-Lucé (Centre-Val de Loire)****, près du château d'Amboise.*

Date — 10 août 1539 : l'ordonnance de Villers-Cotterêts

Une étape décisive vers l'unité nationale

En 1539, François Ier signe les 192 articles de l'ordonnance de Villers-Cotterêts, qui fait de la langue française la langue officielle et exclusive du royaume et de son administration, au détriment du latin et des langues régionales. Par cette ordonnance, le roi impose au clergé de tenir les registres de l'état-civil, naissances, baptêmes, décès, de tous les sujets du royaume. L'article 111 stipule précisément que tout doit être désormais rédigé en « langage maternel français et non autrement ». L'expression impérative « non autrement » est capitale : elle signifie que ceux qui ne respecteront pas cet usage se mettront hors la loi. Ce sera le grand combat politique de François Ier avec, pour but, de résoudre le problème de la cohésion sociale. Il sera le premier d'une longue liste de rois qui veilleront, au fil des siècles, à atteindre cet objectif. L'édit de Villers-Cotterêts, texte fondamental, marque ainsi une étape essentielle dans la construction de l'unité nationale sous la direction du roi de France. Il montre comment un roi a réussi à unifier une mosaïque de peuples divers sans homogénéité linguistique, véritable macédoine de cultures, comptant alors 18 millions de personnes. Un véritable exploit qui a fait la force de notre nation jusqu'à aujourd'hui. Cette ordonnance, reprise par les révolutionnaires de 1789, est toujours appliquée. Les particularités linguistiques régionales n'en resteront pas moins ancrées dans la vie quotidienne jusqu'au début du XXe siècle.

François Ier réforme la justice

L'ordonnance de Villers-Cotterêts réglemente aussi la justice, en imposant aux juges d'informer d'un crime dès qu'ils en ont connaissance. Surtout, elle vise la justice ecclésiastique : « Nous défendons à tous les juges ecclésiastiques de convoquer en justice aucun de nos sujets sur des matières purement personnelles, et ce sous peine d'amende » (article 2). L'objectif est clair : réduire les compétences judiciaires de l'Église au profit de la justice royale.

L'affirmation de l'État

Dans son royaume, le souverain poursuit la politique d'affirmation royale menée par ses prédécesseurs, mais avec une énergie et des moyens nettement bien supérieurs. Environ huit mille agents royaux sont chargés d'administrer le royaume. Cette modernisation s'étend à la fiscalité, simplifiée et réorganisée : le roi s'efforce de contrôler la levée des impôts. Des contrôleurs généraux surveillent les finances et la création des généralités (circonscription administrative) avec l'édit de Cognac en 1542 améliore la perception des taxes.

Anecdote

Un roi mieux obéi que partout ailleurs

Le royaume de France est de nouveau le royaume le plus solide d'Occident. Dans sa relation de 1546, l'ambassadeur vénitien Marino Cavalli écrit : « Il y a des pays plus fertiles et plus riches que la France. Nul n'est aussi uni, aussi facile à manier que la France. Aussi les Français qui se sentent peu faits pour se gouverner eux-mêmes ont-ils entièrement remis leur liberté aux mains de leur roi. » L'analyse des observateurs de l'époque est claire : tous vantent l'unité de l'État où le roi est mieux obéi que partout ailleurs.

Des fragilités persistantes

Maître du royaume, détenteur des nominations ecclésiastiques, à la tête d'une administration qui s'étend et se simplifie, François Ier jette les bases de la monarchie absolue. Mais si les progrès sont réels, les fragilités demeurent. Le développement de l'hérédité et de la vénalité des offices menace le contrôle de l'État sur son administration et sa justice. Les besoins de la guerre et les dépenses somptuaires pèsent lourdement sur les finances royales. La montée du calvinisme pose le problème de l'unité religieuse. Le « roi-chevalier » meurt à Rambouillet, le 31 mars 1547, après un règne de trente-deux ans d'une richesse inégalée. Avec sa mort, s'ouvre une des périodes les sombres de l'histoire de France, celle des guerres de Religion, mais les solides fondations posées par François Ier et ses prédécesseurs permettront au royaume de survivre.

> ***François Ier jette les bases de la monarchie absolue.***

Jean Clouet, François Ier, vers 1535.

Histoire d'un mot Une coupure linguistique

La France du XVIe siècle reste une mosaïque linguistique : chaque province ou presque a sa langue ou son dialecte, le plus souvent d'origine romane, à l'exception du breton, du flamand ou du basque. Depuis le Moyen Âge, le français se diffuse dans une grande partie du royaume. Cependant, la quasi-totalité des documents officiels sont rédigés en latin, langue incompréhensible pour la plupart des Français. Seule une minorité de la population, essentiellement urbaine, peut la lire : juges, notaires, professeurs, clercs, bourgeois éclairés… Contrairement à une idée reçue, l'ordonnance de Villers-Cotterêts n'est pas dirigée contre les langues provinciales ou locales mais contre le latin, afin de rendre accessibles l'administration et la justice.

Avec l'ordonnance de Villers-Cotterêts, le roi François Ier impose à tout le pays le français comme langue administrative.

LE BOURBONNAIS : UN ÉTAT AU CŒUR DE LA FRANCE

Un mariage prestigieux

Au fil des siècles, la maison de Bourbon est parvenue à se bâtir, par le jeu des alliances, un solide ensemble territorial au cœur du royaume de France. En 1272, la famille a réalisé un mariage qui assure à cette petite principauté un prestige extraordinaire : l'union entre l'héritière Béatrix de Bourbon et le sixième fils de Saint Louis, le comte de Clermont, Robert de France. La famille de Bourbon est désormais indéfectiblement liée aux Capétiens qui considèrent ce territoire comme un atout de poids dans leur politique d'expansion. Au début du XVIe siècle, elle possède, outre les duchés de Bourbon et d'Auvergne, le comté de Forez, la seigneurie de Thiers et le comté d'Auvergne, la seigneurie de Beaujolais, les comtés de Haute et Basse-Marche, mais aussi plusieurs territoires éloignés comme le duché de Châtellerault, le comté de Gien, le comté de Clermont et la principauté des Dombes, alors terre d'Empire.

Une très riche principauté

Longtemps divisée en deux branches, la Maison de Bourbon se réunifie en 1515, avec le mariage de Suzanne de Bourbon-Beaujeu, fille du duc Pierre et d'Anne de Beaujeu (tous deux célèbres pour avoir dirigé la France pendant la minorité du roi Charles VIII), avec Charles de Bourbon-Montpensier, qui devient Charles III de Bourbon. À la tête de cette vaste principauté, le nouveau duc s'appuie sur une puissante administration, sa propre cour des comptes et sa Cour de justice. De son domaine, il tire des revenus impressionnants, presque 300 000 livres ! Moulins, dans l'Allier, est la capitale du duché de Bourbon. La cité a été aménagée et embellie par Pierre II de Bourbon et Anne de Beaujeu qui ont notamment fait construire l'aile nord du palais ducal (aujourd'hui le pavillon Anne de Beaujeu), premier bâtiment français d'architecture Renaissance, par l'architecte Marceau Rodier.

***Le pavillon d'Anne de Beaujeu à Moulins (Auvergne-Rhône-Alpes)**, premier bâtiment de style Renaissance construit de 1488 à 1503 pour agrandir la résidence des ducs de Bourbon, aujourd'hui musée d'art et d'archéologie.*

Portrait

Charles III de Bourbon, le dernier des grands féodaux

Charles est issu d'une des branches les plus pauvres de la famille des Bourbons : les Montpensier, possessionnés en Auvergne. Mais il épouse, en 1505, Suzanne, héritière de la principauté des Bourbons. À 15 ans, Charles III de Bourbon devient ainsi l'un des seigneurs les plus puissants d'Occident, fougueux et prodigue, digne héritier des chevaliers médiévaux. Il fait preuve d'une grande bravoure lors du siège de Gênes en 1507 et pendant la bataille d'Agnadel en 1509, à tel point qu'en 1515, il est nommé connétable – le plus haut titre militaire – par François Ier, dont il n'hésite pas à financer les campagnes militaires en Italie. Charles III cumule les charges et les honneurs, notamment gouverneur du Milanais. Cependant, la puissance du Bourbon ne manque pas de faire de l'ombre au roi. Charles est un personnage indépendant, orgueilleux, fier de ses richesses. Les deux hommes, au fort caractère, ne vont pas tarder à s'opposer. Pour imposer son autorité à ce prince trop indépendant, François Ier multiplie les provocations, en lui retirant notamment son titre de lieutenant général du roi en Milanais qu'il confie à Lautrec, puis en nommant ce dernier commandant de l'armée d'Italie. Enfin il lui intente un procès pour reprendre l'héritage de la branche aînée des Bourbons.

Bernard Gaillot, Charles III, duc de Bourbon, 1835. Héros chevaleresque, le connétable s'oppose à François Ier qui poursuit une politique de lutte contre les derniers des grands féodaux.

Bras de fer avec le roi

Dépossédé de son héritage, Charles signe un pacte avec l'ennemi de François Ier, Charles Quint, en 1523. Le roi de France réagit avec la plus grande fermeté et s'empare de tous ses biens. Le choc est inéluctable. Les deux hommes s'affrontent à Pavie en 1525, bataille qui se solde par la défaite et la capture de François Ier. Ce dernier promet, au traité de Madrid (1526), que Charles sera rétabli dans ses biens et ses dignités – mais il ne tiendra pas promesse. Finalement, le duc de Bourbon est tué en 1527, alors qu'il tentait de prendre Rome. Après sa mort, il sera condamné comme « criminel de lèse-majesté, rébellion et félonie » : ses fiefs et ses biens seront annexés à la couronne royale.

Si la principauté du Bourbonnais est ainsi rattachée au domaine royal, la famille des Bourbons va connaître un destin prestigieux, puisque l'un de ses membres sera le fameux Henri de Bourbon, roi de France, sous le nom d'Henri IV...

Chapitre 10

HENRI IV, APÔTRE DE LA TOLÉRANCE

Les traits éternels de la culture française

De 1589 à 1661, la France traverse des épreuves exceptionnelles jusqu'à se retrouver au début du règne personnel de Louis XIV profondément bouleversée. Aux moments de troubles, aux frondes, aux complots politiques succède alors un ordre nouveau, celui de l'absolutisme. Mais paradoxalement, pendant cette même période, sont semées les graines de ce qui va devenir le concept de laïcité à la française. Les valeurs de tolérance et de liberté qu'Henri IV promeut, sont indissociables d'une leçon d'espérance, d'énergie et de solidarité humaine. L'édit de Nantes symbolise cette étape fondamentale dans la distinction entre le serviteur de l'État, qui doit obéir aux lois du souverain, et le croyant libre de sa religion qui fait partie de la sphère privée – même si le catholicisme reste « la plus légitime des religions ». Le roi parvient a imposer la paix après quarante années d'atroce guerre civile. Son succès final, il le doit à des qualités humaines et à un tempérament exceptionnel. Son règne correspond à une des rares périodes heureuses de notre pays sur le plan économique et social, un moment d'apaisement et un exemple d'esprit de conciliation et de concorde.

L'initiateur de l'idée de laïcité « à la française »

Théorisée par son ami Michel de Montaigne, Henri IV a la prescience de cette idée géniale d'imposer la neutralité en matière religieuse, principe même de notre vivre ensemble. Tous deux avaient compris que la France est un creuset composé des différentes populations qui la peuplent. Comment faire d'une France divisée religieusement une nation formée d'un corps social solide et cohérent ? Selon Henri IV, s'inspirant entre autres de Montaigne, la fidélité au service de la patrie doit l'emporter sur l'adhésion à une religion : lui-même n'hésite pas à changer six fois de religion pour le bien de l'État. Ainsi, alors que toute action est soumise à la loi, le culte est laissé libre. En laissant à chaque individu le choix de sa religion, sous réserve d'un devoir de discrétion et de respect des autres, la politique suivie par le nouveau roi pose le principe de la liberté de conviction dans le respect de l'ordre public et sans déroger à l'égalité de tous devant la loi de l'État souverain. C'est aujourd'hui l'une des caractéristiques qui nous distinguent du reste du monde.

Baroque et classicisme

La vie culturelle et artistique révèle une étonnante richesse. Tout semble se jouer en ce moment fondamental d'unité nationale et territoriale où bien des traits éternels de la culture française s'épanouissent comme le baroque et le classicisme.

Le premier baroque en France s'affirme dans la profusion du décor et de l'ornementation mais avec un mélange de retenue qui le caractérise : une originalité nationale s'affirme ici dans le maintien d'un caractère sévère et géométrique. Rien à voir avec l'art baroque originel qui se caractérise par l'exagération du mouvement, la surcharge décorative et l'exubérance. Les réalisations de Salomon de Brosse – le Luxembourg en 1615, le palais de justice de Rennes en 1618 – sont remarquables par leur équilibre des masses. La place Dauphine et la place royale des Vosges d'Henri IV n'ont rien des fastes romains : elles n'alignent que des maisons uniformes et bourgeoises, aucun palais, ni église.

Vue du Pont-Neuf, le plus vieux pont de Paris, avec les maisons de la place Dauphine construites sous Henri IV.

Théorisée par son ami Michel de Montaigne, Henri IV a la prescience de cette idée géniale d'imposer la neutralité en matière religieuse.

LE PREMIER ROI BOURBON

Une naissance gage d'avenir

Par son père Antoine de Bourbon, Henri est un descendant en ligne directe masculine de Saint Louis. C'est ce qui l'amène sur le trône. Par sa mère Jeanne d'Albret, il est le petit-fils de Marguerite d'Angoulême – la sœur de François Ier – et d'Henri d'Albret, roi de Navarre, petit royaume au nord des Pyrénées.

Certes, son père est « premier prince de sang » : c'est à lui que, selon la loi salique, reviendrait la couronne en cas de disparition du roi Henri II et de sa descendance. Mais Jeanne d'Albret, devenue reine de Navarre après la mort de son époux, élève son fils comme un enfant du pays. Jusqu'à ses sept ans, il passe ses journées dans les collines à jouer et à se battre avec les petits montagnards. C'est une éducation un peu spartiate, destinée à endurcir le garçonnet, à mille lieues de ce qui se pratique à la cour des Valois. Henri y apprend l'humilité, mais aussi l'amour de la liberté. Intelligent, brave, spontané, le prince ne manque pas d'énergie. Il est élevé dans le culte protestant et participe, entre 14 et 18 ans, de 1567 à 1571, aux guerres de Religion dans le camp protestant, sous la tutelle de l'amiral Coligny. Après la mort de l'amiral, en 1572, c'est lui qui devient le chef du parti protestant peu après avoir hérité du royaume de Navarre. Avec l'assassinat d'Henri III en 1589, mort sans enfant, il est le successeur légitime du roi de France.

Le « saut périlleux »

Pour reconquérir son royaume, Henri IV combat les ultra-catholiques de la Ligue. Arques, Dreux, Ivry... les victoires se succèdent, qui le rapprochent un peu plus de Paris, toujours aux mains des Ligueurs. La guerre ne fait pas tout car Henri IV reste un roi protestant dans une France très majoritairement catholique, « fille aînée de l'Église ». Il lui faut aussi reconquérir les cœurs et les âmes. Ses compagnons le poussent à se convertir : « Sire, il ne faut plus tortignonner ! » Il se décide enfin à faire le « saut périlleux ». Le 25 juillet 1593, il abjure officiellement le protestantisme, dans l'église de Saint-Denis. Pour renforcer sa légitimité, il se fait sacrer le 27 février 1594 à Chartres, car Reims est occupée par la Ligue.

Henri IV gagnait les cœurs par sa simplicité, son esprit, sa verve, par la sympathie qu'il manifestait pour les misères du peuple et par le sentiment très élevé qu'il avait de la grandeur de la France. Peintre anonyme du XVIIIe siècle.

> ***« Le naturel des Français est de n'aimer point ce qu'ils voient : ne me voyant plus, vous m'aimerez et quand vous m'aurez perdu, vous me regretterez. »***
>
> Henri IV

Ci-dessus : ***Le château de Pau (Nouvelle-Aquitaine)****, résidence royale des rois de Navarre puis de France et qui a vu naître le roi Henri IV.*
Ci-contre : Au château de Pau, le berceau d'Henri IV, dans une carapace de tortue.

Anecdote

« Une gousse d'ail et une gorgée de jurançon »

Le 13 décembre 1553 comble de joie le roi de Navarre. Le joyeux et bon vivant grand-père présente aussitôt l'enfant au peuple assemblé, avec ces mots : « Voyez, ma brebis vient d'enfanter d'un lion. » Peu après, il s'empare du nouveau-né, lui frotte les lèvres avec une gousse d'ail et lui donne une gorgée de vin de jurançon pour le « protéger du mal », comme le veut la coutume du pays. Face à la grimace du nourrisson, le grand-père s'écrie : « Tu seras un vrai chef… »

Date

30 avril 1598 : l'édit de Nantes change tout

Liberté de conscience, liberté de culte et égalité civile

Pendant cinq ans, Henri IV négocie avec catholiques et protestants. Le 30 avril 1598, un texte de loi, l'édit de « tolérance civile », est enfin signé. Le roi et son secrétaire Pierre Forget de Fresnes paraphent avec les émissaires protestants un ensemble de textes connus sous le nom d'édit de Nantes (car signé au château des ducs de Bretagne). Il est scellé avec le « sceau de majesté » en cire verte caractéristique des actes « perpétuels et irrévocables ». L'édit compte 92 articles généraux et 5 articles particuliers. L'article 6 accorde aux protestants la liberté de conscience : « Avons permis et permettons à ceux de ladite religion prétendue réformée de vivre et demeurer par toutes les villes et lieux de notre royaume et pays de notre obéissance sans être [poursuivis], vexés, molestés, ni astreints à faire chose pour le fait de la religion contre leur conscience. » Les protestants seront, avec les catholiques, égaux devant la loi. Leur est aussi accordé le droit d'avoir des temples, des cimetières, et de disposer de places de sûreté. L'édit vise à « l'établissement d'une bonne paix et tranquille repos », selon les propres mots du roi Henri IV.

Un édit de paix sous conditions

Cependant, cette tolérance est très restreinte et la liberté religieuse n'est pas totale. Les limitations sont en effet fort nombreuses. Les huguenots ne peuvent célébrer publiquement leur culte que sur certains territoires : uniquement les lieux où leur religion était déjà pratiquée avant 1597, dans deux localités par bailliage – certains seigneurs, dits « hauts justiciers », ont le droit de pratiquer dans leur famille. Les protestants devront par ailleurs payer la dîme, et respecter les jours chômés lors des fêtes catholiques. Le roi de France s'engage à leur verser 45 000 écus par an pour payer les pasteurs, et leur accorde, pour une période de huit ans, cent quarante places comme celles de La Rochelle ou Montauban, créant ainsi ce qui pourrait ressembler à un État dans l'État. Mais l'interdiction aux armées d'assister au culte, la limitation du droit de réunion à trente personnes, la dissolution des ligues et des groupes armés… tout est fait pour empêcher qu'une nouvelle guerre de religion n'éclate. Après quarante ans de guerre civile, la France connaît enfin la paix.

« Paris vaut bien une messe »

Trois semaines après son sacre, le 22 mars1594, le roi Henri IV, acceptant de se convertir au catholicisme, est entré sans combat dans sa capitale. « Paris vaut bien une messe », se serait-il alors exclamé… L'affirmation, quoique certainement apocryphe, est passée dans le langage courant. Mais la Ligue ultra-catholique restait ouvertement soutenue par les Espagnols. Henri a remporté sur elle une belle victoire à Fontaine-Française en Bourgogne, le 5 juin 1595. L'absolution accordée par le pape Clément VIII, le 17 septembre 1595, a assuré au nouveau souverain le ralliement progressif de toute la noblesse et du reste de la population du royaume. Si les ligueurs ne désarment pas, ils ont perdu toute considération aux yeux du peuple qui ne voit plus en eux que de sombres agitateurs. La France réconciliée fait désormais bloc derrière son roi.

François Gérard, L'Entrée de Henri IV à Paris, *1816. Après avoir été sacré à Chartres en grand, le 27 février 1594, le roi fait son entrée dans la capitale le 22 mars 1594.*

Histoire d'un mot — Huguenot

Ce terme provient probablement de l'allemand *eidgenossen* qui signifie « conjurés » ou « confédérés » : ainsi étaient désignés les habitants de Genève qui s'étaient battus pour libérer leur ville de l'autorité du duc de Savoie. À partir de 1560, il est attribué de façon péjorative aux protestants français, en raison de leur tendance à la révolte. C'est peut-être à cette époque qu'a été forgée une autre étymologie, qui renvoie au roi Huguet, un souverain légendaire de la région de Tours, dont les disciples se réunissaient la nuit, tout comme les protestants.

RECONSTRUIRE LA FRANCE

Maximilien de Béthune, duc de Sully

La statue de Maximilien de Béthune, duc de Sully, due en 1810 au ciseau de Pierre-Nicolas Beauvallet, devant le Palais-Bourbon, à Paris.

Pour imposer la paix, Henri IV emploie les grands moyens. « Vous me devez obéir ! » assène-t-il aux membres du parlement de Paris qui refusent d'enregistrer l'édit de Nantes. Après un demi-siècle de guerres, les campagnes sont plongées dans le désordre et la misère. Le roi s'appuie sur un homme tout aussi pragmatique : le fameux Sully, son plus fidèle conseiller depuis de longues années. Il le charge de redresser l'économie du royaume et de favoriser l'agriculture. Usant habilement de la rudesse de Sully, Henri IV sait faire porter sur son ministre les mécontentements, et parvient ainsi à se faire peu à peu accepter de tous les Français.

Pour éponger les dettes de l'État, le financier Sully marchande les intérêts à la baisse, retarde le paiement des créances et propose même au roi de se marier avec la nièce de son plus gros créancier, union qui rapportera une dot de 1 800 000 livres ! C'est ainsi que, le 17 décembre 1600, Henri IV épouse en secondes noces Marie de Médicis qui lui donnera six enfants dont en 1601 le futur Louis XIII – ainsi baptisé en hommage à Saint Louis, dernier ancêtre commun des Bourbons et des Valois.

Le roi encourage la création de manufactures royales qui fabriquent des tapisseries ou de la soie. Pour faciliter le commerce et accélérer les échanges, de nouveaux canaux entre la Seine et la Loire sont creusés, notamment le canal de Briare qui relie la Loire et le Loing, un affluent de la Seine.

« Labourage et pâturage… »

Pour soulager les conditions de vie et de travail des paysans, le ministre Sully fait réduire la taille (de 18 à 13 millions de livres par an entre 1598 et 1602) et interdit aux seigneurs et aux soldats de s'emparer, pour quelque raison que ce soit, des outils et du bétail des agriculteurs, et de chasser dans leurs champs. Conformément à l'édit de Fontainebleau, signé le 8 avril 1599, il lance aussi de grands travaux d'assèchement des marais, notamment dans la région de Bordeaux, en Auvergne, en Poitou, dans la Brie et dans l'estuaire de la Seine (marais Vernier), afin que ces terres soient transformées en champs ou en prairies. Pour mener à bien ces opérations de drainage et de canalisation, Sully fait appel aux spécialistes de l'époque, les Hollandais, notamment Humphrey Bradley nommé par le roi « maître des digues et canaux du royaume ». Le ministre s'attache aussi à développer le réseau de voies de communication pour faciliter la circulation des marchandises. Les routes dévastées sont réparées, on en construit de nouvelles : elles sont plantées d'ormes sur les deux côtés de la route (les ormes de Sully), afin que les champs des paysans n'empiètent pas sur leur tracé. Le bois est destiné à la marine. Enfin, Henri IV supprime de nombreux péages.

Ci-contre : En 1218, à ***Sully-sur-Loire (Centre-Val de Loire)****, aux confins de l'Orléanais, du Berry, du Gâtinais et de la Puisaye, Philippe Auguste fait bâtir une tour maîtresse, modestement agrandie au XIVe siècle en un petit château. Racheté en 1602 par Sully, qui l'agrandit, il devient le siège du duché-pairie qu'Henri IV érige en février 1606 en faveur de son ministre.*

Ci-dessus : ***Le canal de Briare (Centre-Val de Loire)*** *est le plus ancien des canaux de France. Décidée par Sully, sa construction commence en juin 1605 et ne sera achevée qu'en 1642. Il relie les bassins de la Loire et de la Seine entre Briare et Montargis. Le canal est ponctué d'ouvrages d'art exceptionnels pour l'époque dont sept écluses qui rattrapent un dénivelé atteignant 24 mètres. Entre six mille et douze mille ouvriers travaillent sur ce chantier.*

Anecdote

La poule au pot pour tous les Français

Le roi Henri est proche des paysans, il a passé toute son enfance à la campagne. Il entend bien, selon ses propres mots, « remédier à l'extrême pauvreté du peuple des campagnes, lequel est celui qui nous fait vivre ». Il diminue leurs impôts et leur rend souvent visite. « Je voudrais, leur dit-il que vous deveniez tous assez riches pour mettre une bonne poule au pot au moins tous les dimanches . »
Il cherche pour cela l'aide d'Olivier de Serres, célèbre agronome qui invente des nouvelles méthodes pour augmenter les rendements agricoles. Si l'histoire de la poule au pot n'est pas authentique, elle a du moins le mérite de traduire fidèlement le désir qu'avait Henri IV de voir les paysans, ruinés par quarante années de guerre civile, recouvrer leur prospérité et jouir d'un certain bien-être.

PARIS : UNE VÉRITABLE CAMPAGNE DE COMMUNICATION

« Vive Henri IV, Vive le roi Vaillant ! »

La politique d'affirmation royale est relayée par l'habile propagande de Philippe de Duplessis-Mornay, véritable « chargé de communication » d'Henri IV. Des livres, des chansons (« Vive Henri IV, Vive le roi Vaillant ! »), des gravures célèbrent « Henricus Magnus », associé à l'empereur Auguste ou à la divinité féminine de la mythologie grecque Astrée, fille de Zeus et Thémis, dernière immortelle à vivre parmi les humains pendant « l'âge d'or ». En confiant aussi la surintendance des bâtiments à Sully, Henri IV entend restaurer la splendeur de Paris pour célébrer sa propre gloire. Dès 1601, le souverain a fait part de sa volonté de « passer les années en cette ville » qu'il avait eu tant de mal à conquérir. Ses grands travaux sont multiples.

Son « Grand Dessein »

Dès cette époque, une belle idée germe dans l'esprit du roi Henri IV, connue sous le nom de « Grand Dessein ». Elle consiste à relier les deux palais : Louvre et Tuileries par deux galeries, l'une au nord, l'autre au sud, qui, après aplanissement du quartier circonscrit, formeraient une immense cour entourée par le plus grand palais du monde. L'histoire des Tuileries devient ainsi inséparable de celle du Louvre. La reine Catherine de Médicis ne se plaisant pas dans le vieux palais des rois de France, avait voulu, en 1564, faire construire un palais à l'italienne qui lui rappelât sa jeunesse : les architectes Philibert Delorme puis Jean Bullant ont édifié, beaucoup plus à l'ouest, le palais des Tuileries, du nom d'une fabrique de tuiles qui se trouvait là au XVe siècle. De 1595 à 1610, Henri IV réalise la première jonction entre les deux. Il fait construire l'aile sud du Louvre, la magnifique Galerie du bord de l'eau sur près de 600 mètres. Les Tuileries sont dotées au sud du pavillon de Flore, permettant au roi de contempler la Seine.

La Galerie du bord de l'eau, construite par les architectes Métezeau et Androuet du Cerceau, et reconstruite en 1854 par Hector-Martin Lefuel, le long des quais des Tuileries et du Louvre.

La place des Vosges, ancienne place Royale, est conçue par Louis Métezeau de 1605 à 1612. Aujourd'hui la plus ancienne place de Paris, strictement régulière, presque sans ornementation, elle est bordée de grands immeubles de briques rouges et de toits d'ardoise bleue. Elle fut inaugurée à l'occasion du mariage de Louis XIII avec Anne d'Autriche par un ballet équestre intitulé « Le Roman des chevaliers de la gloire ».

*Vue partielle du **Pont-Neuf** avec les maisons de **la place Dauphine**. Le roi Henri IV décide en 1607 de créer une place à la pointe ouest de l'île de la Cité, et confie à son fidèle Achille Ier de Harlay le soin de construire les bâtiments dans l'esprit de la place Royale.*

Place des Vosges, place Dauphine

Le souverain se fait surtout remarquer par sa passion des places géométriques, symétriques et entourées de bâtiments homogènes d'un point de vue architectural, souvent dotées d'arcades. Il en fait dessiner trois à Paris. La première est la place Royale (aujourd'hui place des Vosges), en 1605. Puis, en 1607, il décide d'en créer une à la pointe ouest de l'île de la Cité, et délègue à son ami, le fidèle Achille Ier de Harlay, à qui il cède ce terrain, le soin de construire les bâtiments dans le même esprit que sur la place Royale. La troisième, la place de France, ne verra jamais le jour, le projet abandonné après la mort du roi.

Henri IV fait aussi reprendre les travaux du Pont-Neuf commencé en 1578 : c'est le tout premier pont de pierre de Paris à traverser entièrement la Seine.

VICTIME DU FANATISME RELIGIEUX

L'assassinat par Ravaillac

Henri IV devient bientôt la cible de toutes les attaques. Les catholiques lui reprochent l'édit de Nantes, ses alliances politiques avec les puissances protestantes, sa volonté de faire la guerre à l'empereur germanique, et doutent même de sa conversion. L'homme est habitué : il a déjà réchappé à près d'une quinzaine d'attentats tout au long de sa vie ! Mais c'est dans cette ambiance surchauffée que survient le célèbre assassinat du 14 mai 1610, alors qu'il prépare une nouvelle guerre contre l'Espagne. Son assassin Ravaillac est un catholique illuminé qui n'accepte pas l'édit de Nantes.
À l'annonce de la nouvelle, c'est le choc ! Pendant un mois, la France est au bord d'une nouvelle guerre de Religion. Le calme ne revient que lorsque le nouveau roi, le jeune Louis XIII, confirme officiellement l'édit de Nantes. Après ce drame, l'image d'Henri IV, pleuré par des milliers de sujets, se transforme : il devient enfin ce « bon roi Henri » qui a mis fin à la guerre et ramené la prospérité.

Anecdote

La statue équestre d'Henri IV et le ciseleur bonapartiste

En 1818 une nouvelle statue équestre en bronze de François Lemot est destinée à remplacer celle de Tacca, Francavilla et Jean de Bologne (1614) détruite par les révolutionnaires en 1792. L'inauguration solennelle a lieu le 25 août 1818 par Louis XVIII. Ironie de l'Histoire : le ciseleur, un certain Mesnel, fervent bonapartiste, a dissimulé à l'intérieur des symboles bonapartistes et des libelles antiroyalistes !

Une légende est née

L'émotion suscitée par l'attentat de Ravaillac a su faire naître la légende que la propagande royale peinait à créer depuis la conversion d'Henri IV. Sa fin tragique, soulevant indignation et inquiétude, balaie d'un coup les réserves des plus sceptiques et substitue aux réalités d'un règne en demi-teinte une série d'images symboliques et flatteuses. Avant d'être l'incarnation du bon roi, Henri IV avait pourtant été l'un des plus détestés. Son effigie était brûlée et son nom associé au diable. La faute en incombait à la propagande ultra-catholique quotidienne des prêtres ligueurs qui n'en finissaient pas d'armer les bras de potentiels assassins.
Désormais, Henri IV l'hérétique et le tyran devient pour l'éternité le « bon roi Henri ». Il apparaît comme un roi providentiel envoyé par Dieu pour servir ses desseins, rétablir la paix, la liberté et la vraie foi. Un panégyrique des jésuites de La Flèche en fait même un nouveau Saint Louis !
Parmi tous les rois de France, il devient sans conteste un des plus populaires, « le seul roi dont le peuple ait gardé la mémoire ». Son règne, tant décrié, devient un véritable âge d'or et c'est dans la liesse que, le 23 août 1614, la statue équestre du bienfaiteur est installée sur le Pont-Neuf.
Henri IV laisse ainsi à son tout jeune fils Louis XIII un royaume pacifié et prospère.

Histoire d'un mot — **Roi de France et de Navarre**

Par sa mère Jeanne d'Albret, Henri est roi de Navarre. Mais, comme sa mère, il ne règne que sur une moitié de ce royaume basque qui s'étend des deux côtés des Pyrénées, entre Saint-Palais, Pampelune et Tudela. En effet, la Haute-Navarre a été rattachée en 1516 à la couronne espagnole. L'avènement d'Henri IV en 1589 marque le rattachement de la Basse-Navarre à la France.

La statue équestre d'Henri IV (1553-1610), sur le Pont-Neuf, à la pointe de l'île de la Cité, face à la place Dauphine, œuvre de Francois Lemot (1772-1827).

« Le seul roi dont le peuple ait gardé la mémoire. »

Chapitre 11

LOUIS XIII LE JUSTE

L'émergence du roi absolu

Après l'assassinat d'Henri IV en 1610, le royaume de France aurait pu sombrer une nouvelle fois dans des guerres de Religion, opposant les différents clans de l'aristocratie. Appuyé sur Richelieu, Louis XIII va poser les fondements de la monarchie louis-quatorzienne : autorité royale renforcée, administration efficace grâce à la généralisation des intendants, fin des luttes religieuses, fiscalité élevée, politique d'indépendance et d'expansion internationale… Le renforcement du pouvoir royal, fondé sur la diffusion progressive du principe de souveraineté absolue, se manifeste par la politique, à la fois autoritaire et pragmatique, de Richelieu qui réduit par la force tous les foyers de contestation et accentue le contrôle royal sur l'administration du territoire. À la fois administrateur, diplomate, bâtisseur (Palais-Royal), propagandiste (*La Gazette*), ce ministre reste l'un de nos plus grands hommes d'État.

La statue équestre de Louis XIII élevée par Jean-Pierre Cortot place des Vosges en 1829, en remplacement de l'ancienne statue de bronze érigée en 1639.

Un roi dans l'ombre

Le dauphin Louis n'a que 9 ans à la mort de son père, Henri IV, assassiné par Ravaillac le 14 mai 1610. Le jour même, il lui succède sous le nom de Louis XIII, avant d'être sacré le 17 octobre à Reims. Négligé par sa mère l'autoritaire Marie de Médicis, chétif, complexé par un léger bégaiement, Louis est d'une timidité maladive. L'enfant, élevé au château de Saint-Germain-en-Laye, est tenu éloigné du gouvernement du royaume par sa mère, qui exerce la régence, mise à l'écart qui se prolongera même après la majorité de Louis XIII déclarée en 1614 !

Le jeune roi se plaint de cette situation et notamment de l'influence exercée sur sa mère par deux de ses favoris : Leonora Galigaï et son époux l'aventurier Concino Concini, qui cumulent les titres et les honneurs. Pour se débarrasser de leur tutelle, il est décidé à faire… un coup de force ! Il n'a que 16 ans mais déjà une volonté de fer et un goût affirmé pour le combat. Le 24 avril 1617, il n'hésite pas à faire assassiner Concini en plein Paris puis à exiler sa mère à Blois. Entre le fils et sa mère, c'est la guerre. Un homme va profiter de la situation pour se poser en arbitre : Armand Jean du Plessis, duc de Richelieu.

Le magnifique ***palais du Luxembourg (Île-de-France)****, édifié à la demande de la régente Marie de Médicis, aujourd'hui palais du Sénat.*

« Ma résolution est d'être obéi partout. »

Louis XIII

Date

1er avril 1615 : la construction du palais du Luxembourg

Durant la minorité de Louis XIII, Marie de Médicis décide de se faire construire une résidence digne de ses origines florentines, car elle s'estime mal logée au Louvre : ce château médiéval, maintes fois réaménagé, lui semble très inconfortable au regard des luxueux palais de son Italie natale. Aux limites de Paris, c'est sur l'emplacement de l'hôtel de Luxembourg, entouré d'un vaste parc très agréable, que se porte son choix. Architecte de la reine depuis 1608, Salomon de Brosse s'attelle à la construction du palais. La première pierre est posée le 1er avril 1615, mais l'ensemble ne sera achevé qu'en 1631. Entouré de deux doubles pavillons, le château est élégant. Il se prolonge de deux ailes plus basses qui encadrent une cour rectangulaire. Sur le fronton semi-circulaire qui surmonte le corps principal, de trois étages, deux génies supportent les armes de France. À l'entrée, le tout est fermé par un portique à dôme. La décoration est l'œuvre des plus grands peintres du temps : Rubens est chargé de la galerie du premier étage, Nicolas Poussin et Philippe de Champaigne lui succéderont.

Au XVIIe siècle, cette demeure royale est le foyer d'une vie culturelle intense. Elle reste la propriété des Bourbons jusqu'à la chute de la monarchie. Commence alors une nouvelle vie pour le palais, qui devient le siège du Sénat du Directoire puis de la République en 1879.

Portrait — Richelieu, la grandeur de la France d'abord

Destiné à la carrière des armes

Né en 1585 à Paris, Armand Jean du Plessis, le futur Richelieu, est le troisième de cinq enfants d'une famille d'ancienne noblesse poitevine mais pauvre. Son père, François du Plessis, seigneur de Richelieu, est grand prévôt de France. Il meurt en 1590 alors que le jeune Armand n'a que cinq ans. Pour tout héritage, il laisse à sa famille une montagne de dettes que la générosité royale se charge de solder. Le roi lui offre l'évêché de Luçon afin qu'elle puisse en percevoir pour son usage privé la plus grande partie des revenus. Armand est donc dès son plus jeune âge un obligé de la Couronne royale.

Destiné à la carrière militaire, il est envoyé à Paris pour étudier la philosophie et recevoir parallèlement une formation au métier des armes. Coup du destin en 1605 ! Son frère Alphonse refuse l'évêché de Luçon pour devenir moine. La famille du Plessis le propose à Armand. La perspective d'entrer dans les ordres ne lui déplaît pas totalement car il est frêle et maladif et les études l'attirent davantage. Il commence donc des études de théologie avant d'être nommé évêque de Luçon en 1606 par le roi Henri IV.

Un évêque ambitieux

Peu après son installation, il se distingue en étant le premier évêque de France à mettre en œuvre les réformes institutionnelles du concile de Trente (1545-1563). Porte-parole du clergé poitevin aux états généraux de 1614, il se fait remarquer en prononçant un vibrant éloge du gouvernement en présence de la régente Marie de Médicis dont il gagne aussitôt les faveurs. Ce poste lui permet de siéger au Conseil du Roi en 1616, pendant cinq mois, comme secrétaire d'État pour l'Intérieur et la Guerre.

Richelieu est d'abord un génial opportuniste. Dans un premier temps, il est contraint de suivre sa protectrice dans son exil à Blois et tout semble perdu pour lui… jusqu'à ce qu'il parvienne à réconcilier la mère et le fils. En remerciement, il reçoit le chapeau de cardinal et devient principal ministre au conseil royal en 1624.

> *« Faire une loi et ne pas la faire exécuter, c'est autoriser la chose que l'on veut défendre. »*
>
> Richelieu

Premier ministre

Loin de n'être qu'un opportuniste, Richelieu se révèle un excellent ministre, proposant au souverain un programme de pacification et de restauration de l'autorité royale, durement entamée lors des guerres de Religion (1562-1598). Pourtant, le roi se méfie encore de lui. Le cardinal saura lui proposer un programme politique en accord avec ses idées… et se l'attacher définitivement ! C'est sur ses conseils que Louis XIII met au pas la noblesse rebelle, conduite par son propre frère, Gaston d'Orléans, n'hésitant pas à faire exécuter plusieurs nobles frondeurs. Plus importante encore est la répression militaire du soulèvement protestant de La Rochelle entre 1620 et 1628, la paix d'Alès, signée en 1629, avec les huguenots, marquant la véritable fin des guerres de Religion.

L'œuvre du cardinal de Richelieu, travailleur acharné, homme d'Église tolérant et ouvert, adversaire des intérêts partisans, se heurte en permanence aux habitudes de son temps. « Perdre bientôt la mémoire d'un bienfait est le vice des Français », rarement maxime du cardinal n'aura été aussi juste…

Portrait de Richelieu, *par Philippe de Champaigne, v. 1639. Les rapports entre Louis XIII et Richelieu sont extraordinairement complexes, empreints de respect mais aussi d'une grande méfiance.*

ABAISSER LES ENNEMIS DE L'ÉTAT

Un mariage houleux : la belle Anne d'Autriche...

Le 21 novembre 1615, à 14 ans, Louis XIII épouse à Bordeaux Anne d'Autriche, infante d'Espagne. Cette alliance franco-espagnole est l'aboutissement de la politique de Marie de Médicis. Les relations sont tendues entre les deux époux qui ne s'aiment pas, notamment lorsque la France déclare la guerre à l'Espagne, dont le roi, Philippe IV, n'est autre que le propre frère de la reine. Anne d'Autriche est belle mais délaissée et l'héritier tant désiré tarde à venir. Il faut attendre 1619 pour que le mariage soit vraiment consommé. La santé fragile, la religiosité du roi peuvent expliquer en partie cette distance vis-à-vis d'une épouse imposée par sa mère. Sa méfiance politique joue un rôle au moins aussi important. Il se pourrait aussi que Louis ait eu des « tendances homosexuelles ». Il s'entiche de favoris venant de tous horizons qui profitent de ses moments de faiblesses, et de sa passion pour les longues parties de chasse, pour acquérir prébendes et honneurs.Pourtant contre toute attente, et après vingt-trois ans de mariage, le 5 septembre 1638, la reine donne enfin naissance à un héritier, Louis Dieudonné, futur louis XIV. Puis un second fils, Philippe, naît le 21 septembre 1640. La continuité dynastique est assurée.

Mater l'orgueil des grands

Mais le principal combat du roi et de Richelieu sera celui contre les grands seigneurs du royaume, aux rébellions incessantes. Leur principal soutien est Gaston d'Orléans, frère inconséquent du roi, qui, en l'absence de dauphin, est le successeur présomptif. Il voue une haine féroce à Richelieu, et n'hésite pas à monter intrigues et cabales à son encontre. En 1632, le duc de Montmorency, gouverneur de la province de Languedoc, se révolte, il est suivi par une partie de la petite noblesse. Gaston d'Orléans le rejoint aussitôt. Étrillé par les troupes royales devant Castelnaudary, le duc de Montmorency est reconnu coupable par le parlement de Toulouse de crime de lèse-majesté et décapité dans la cour intérieure de l'hôtel de ville.

Plus de deux mille châteaux forts, qui ne sont plus utiles à la défense du royaume, seront rasés à travers la France dont le magnifique château de Pierrefonds.

Portrait du roi Louis XIII,
par Philippe de Champaigne, v. 1635.

Le royaume le plus puissant d'Europe

À l'extérieur, l'objectif de Richelieu est de rompre à tout prix l'encerclement imposé à la France par les Habsbourg qui règnent sur l'Espagne, l'Autriche, la Bohème, Milan, Naples et les Pays-Bas, et leurs dépendances coloniales en Amérique et en Asie, sans oublier des provinces françaises comme la Franche-Comté... Soit une bonne moitié du monde connu. Habilement, le cardinal s'allie avec les puissances protestantes comme l'Angleterre ou la Suède, et exploite les faiblesses de ses adversaires, finançant les protestants hollandais en révolte contre la très catholique Couronne espagnole : « En manière d'État, il faut tirer profit de toutes choses, et ce qui peut être utile ne doit jamais être méprisé. » En 1635, Louis XIII déclare la guerre à l'Espagne, devenant ainsi ce « roi-soldat » qu'il a toujours rêvé d'être. Après des débuts calamiteux, d'éclatantes victoires, notamment grâce au Grand Condé qui écrase les Espagnols, à Rocroi le 19 mai 1643, donneront l'Artois et le Roussillon à la France. La Maison d'Autriche est défaite. Les Habsbourg perdent par ailleurs le Portugal et de nombreux territoires en Italie. Le « siècle d'or » de l'Espagne est terminé.

D'une mort à l'autre

Las ! Richelieu et Louis XIII n'ont guère le temps de savourer leurs victoires. À force de « dormir comme un lion, sans fermer les yeux », la santé du cardinal s'est considérablement affaiblie. Le 2 décembre 1642, Louis XIII se rend au chevet de Richelieu, gravement malade. C'est leur dernière rencontre. L'« homme rouge » agonise : « J'ai la consolation de laisser votre royaume dans le plus haut degré de gloire et de réputation où il n'a jamais été, et tous vos ennemis abattus et humiliés. » Le lendemain, un prêtre lui administre l'extrême-onction. Lorsque ce dernier lui demande s'il pardonne à ses ennemis, Richelieu trouve la force de répliquer : « Je n'ai jamais eu d'autres ennemis que ceux de l'État. » Ce seront ces dernières paroles. Le cardinal ministre s'éteint à 57 ans le 4 décembre 1642. Le roi ne lui survit pas longtemps. Cinq mois plus tard, souffrant d'effroyables de maux de ventre, et après 43 saignées, 1 200 lavements et 250 purges pratiquées pendant deux ans, il décède à son tour le 14 mai 1643.

Portrait d'Anne d'Autriche,
d'après Pierre Paul Rubens, v. 1625.

L'AFFIRMATION PROGRESSIVE DE L'ABSOLUTISME

Multiplier les impôts par trois !

Une théorie politique fait son chemin depuis le XVIe siècle : la souveraineté absolue, selon laquelle le roi a le pouvoir suprême de faire la loi, sans contrôle et sans partage, mais en respectant les lois divines et naturelles. L'absolutisme n'a donc rien à voir avec la tyrannie et le despotisme. Lors des états généraux de 1614, les députés du tiers état ont appelé au renforcement de l'autorité royale. Le moment semble venu...
Pour éponger les dettes laissées par la régence de Marie de Médicis, le roi n'hésite pas à augmenter les impôts qui triplent entre 1610 et 1635. Face à une série de mouvements populaires suscités par cette augmentation, il répond par la force, n'hésitant pas à envoyer trois mille fantassins pour mater les rebelles du Périgord. Dans les provinces, il généralise les intendants, ces commissaires du roi, à la fois juges et administrateurs, chargés notamment de veiller au bon recouvrement de l'impôt. L'objectif est d'en finir avec les multiples défaillances de la perception fiscale : retards de paiement, brigandages, détournements d'argent pratiqués par les officiers des finances...
Cette crue fiscale constitue une vraie révolution pour l'époque. Au XVIe siècle, la taille, impôt royal par excellence, est moins forte que la dîme, l'impôt ecclésiastique. Un siècle plus tard, le rapport s'inverse, la taille devenant plus lourde à supporter, dépassant largement le dixième du produit brut en nature. À cette date, le paysan est bien devenu, selon Richelieu lui-même, « le mulet de l'État ».
En outre la pression fiscale s'accroît aussi pour que la France dispose d'une armée et d'une marine importantes.

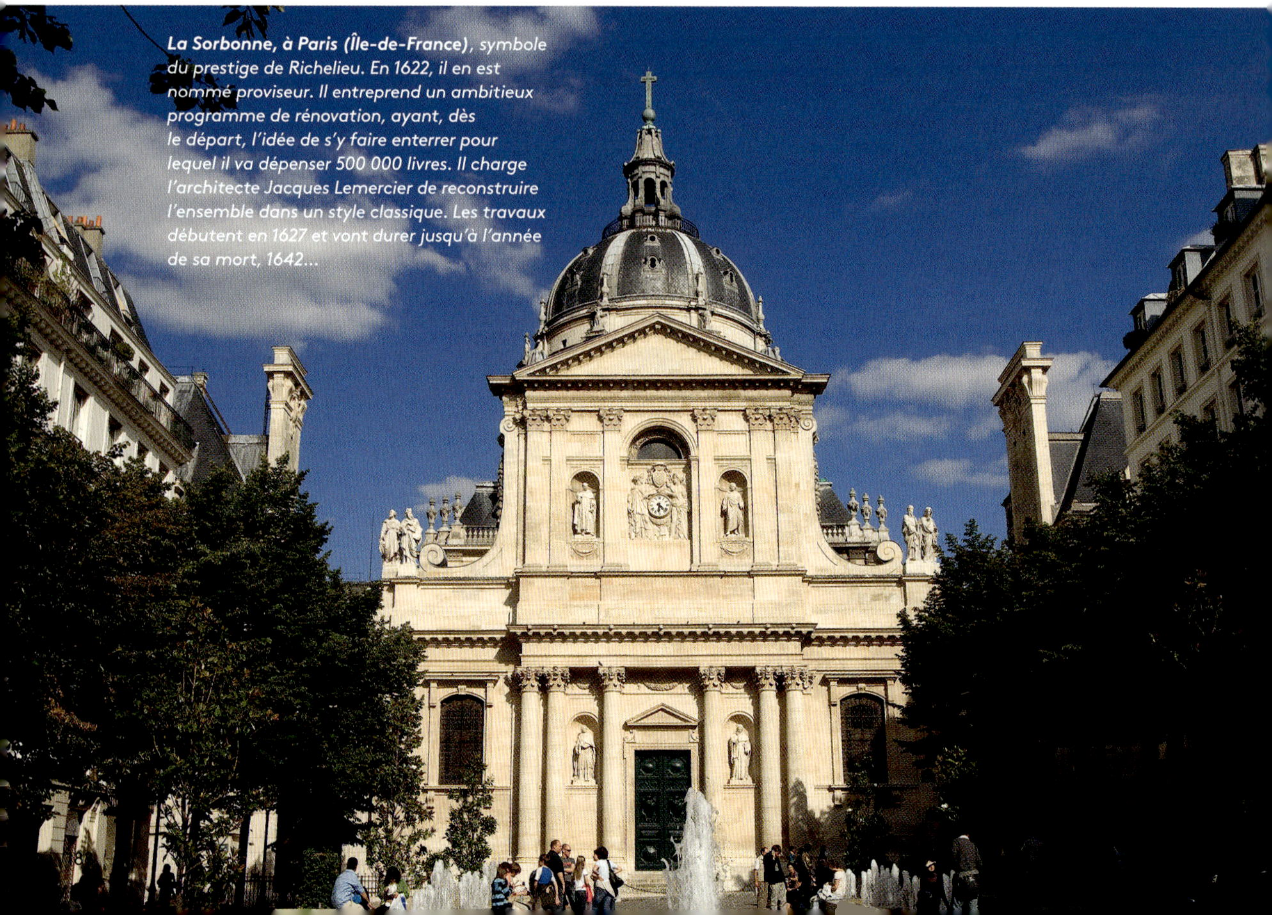

***La Sorbonne, à Paris (Île-de-France)**, symbole du prestige de Richelieu. En 1622, il en est nommé proviseur. Il entreprend un ambitieux programme de rénovation, ayant, dès le départ, l'idée de s'y faire enterrer pour lequel il va dépenser 500 000 livres. Il charge l'architecte Jacques Lemercier de reconstruire l'ensemble dans un style classique. Les travaux débutent en 1627 et vont durer jusqu'à l'année de sa mort, 1642...*

Histoire d'un mot — Absolutisme

Le mot apparaît seulement avec la Révolution française pour désigner la monarchie telle qu'elle existait en France avant 1789. Mais le concept est bien plus ancien ! Il est forgé au XIVe siècle par les hommes de loi de l'entourage royal. Après les années de troubles des guerres de Religion, la notion connaît un grand succès et Henri IV ne se lasse pas de la vanter. Elle est évoquée par les députés du tiers état en 1614. Mais c'est avec Louis XIII qu'elle s'impose. On parle alors de « pouvoir absolu » ou de « roi absolu » et non encore de monarchie absolue ou d'absolutisme. La société de l'époque est considérée comme un corps dont le roi est la tête. Cette idée trouve son apogée sous le règne du fils de Louis XIII, Louis XIV, le Roi-Soleil.

Un héritage solide

À la mort du grand cardinal, le peuple de France laisse exploser sa joie, de même que les grands du royaume, qui aspirent à retrouver leurs prérogatives. Cependant, l'œuvre de Richelieu, véritable inventeur de la « raison d'État », est solide et lui survivra. Louis XIII avait hérité d'un royaume déchiré, Richelieu laisse une grande puissance européenne. Les grands féodaux sont momentanément soumis, l'administration royale est en bon ordre, les rentrées fiscales sont excellentes.

En 1793, les révolutionnaires violeront sa sépulture et profaneront son cadavre : il sera décapité et ses restes jetés dans la Seine. Pourtant, s'il est un régime qui a profité de l'œuvre de Richelieu, c'est bien la jeune République française, qui héritera d'un pays centralisé et unifié. La « légende noire » de Richelieu sera largement propagée par les romans d'Alexandre Dumas, qui fera du cardinal un intrigant sans scrupule assoiffé d'or et de pouvoirs, au détriment d'un Louis XIII juste mais influençable. C'est la IIIe République qui réhabilitera la mémoire du grand cardinal. Jules Michelet lui-même n'hésitait pas à en faire l'un des trois personnages les plus importants de l'Histoire de France.

Le tombeau du cardinal de Richelieu, commencé en 1675 par François Girardon dans l'église de la Sorbonne, à partir de dessins de Le Brun, n'est achevé qu'en 1694. Le cardinal à demi couché, une main sur son cœur, l'autre ouverte sur un livre, s'abandonne dans les bras de l'allégorie de la Piété, la Science éplorée étendue à ses pieds.

LA ROCHELLE, UNE CITÉ AFFRANCHIE DE L'AUTORITÉ ROYALE

La « capitale » des huguenots

Dès 1199, Aliénor d'Aquitaine a affranchi la grande cité portuaire, devenue ainsi une commune libre sans suzerain direct, exemptée de droits de douane. Ses privilèges, le commerce du sel et du vin, la pêche à la morue ont fait de La Rochelle une ville florissante. Son port, doté d'importantes fortifications au XIVe siècle, accueille des navires de toute l'Europe. La Rochelle est une place financière importante où l'on arme les bateaux et où l'on organise les traversées de l'Atlantique.

La cité, fière de son dynamisme, a épousé très tôt les idées de la Réforme. Depuis l'édit de Nantes, en 1598, elle échappe au pouvoir royal et traite directement avec les puissances étrangères, un véritable « État dans l'État ». Une situation que Richelieu juge intolérable pour l'unité du pays. Pour soumettre les protestants, il doit prendre La Rochelle, leur « capitale ».

La Rochelle résiste !

Un long siège commence en 1627. Des moyens considérables sont mis en œuvre pour faire plier la citadelle. Les troupes royales assiègent la ville sur terre, et sur mer. Grâce à l'appui anglais, La Rochelle entame une résistance acharnée. Exaspéré par l'opposition rencontrée, Richelieu vient lui-même diriger les opérations. Mais, dans la cité assiégée, le maire, Jean Guiton, un armateur énergique, sait maintenir très haut le moral des habitants. Il fait le serment de tuer le premier qui parlera de se rendre. « Pourvu qu'il reste un homme pour fermer les portes, c'est assez ! » clame-t-il à qui veut l'entendre. Décidé à en finir, Richelieu fait construire une digue pour fermer le port aux Anglais. Et, du côté de la terre, il interdit l'accès des secours par une ligne de retranchements longue de 12 kilomètres. Une grande partie de la population meurt de faim.

Pour empêcher le ravitaillement de la ville par la flotte anglaise, Richelieu fait construire une immense digue : dessinée par l'architecte Métezeau, elle mesure 1,6 kilomètre de long et 8 mètres de large. Elle permet à la fois de bombarder La Rochelle et de bloquer la flotte ennemie.

Les deux tours qui gardent l'entrée du port, la tour Saint Nicolas (1317-1345), et la tour de la Chaîne (1382), témoignent encore de ces temps agités. L'ensemble des fortifications rochelaises est abattu sur ordre du roi à l'exception des tours et du mur protégeant le front de mer. À l'entrée de la baie, on distingue encore aujourd'hui, lors des marées basses de fort coefficient, les vestiges de la digue du cardinal de Richelieu constituée de maçonnerie et de navires coulés chargés de pierres.

La clémence du roi

En 1628, après un an de siège, la ville capitule. Le roi de France peut y faire son entrée le 1er novembre. Fort de sa victoire, Louis XIII offre aux révoltés l'édit de grâce d'Alès le 28 juin 1629. Dans sa grande mansuétude, il y confirme les principales dispositions de l'édit de Nantes : la liberté de culte est garantie. Mais ses annexes ne sont pas prises en considération, ce qui limite les privilèges politiques des protestants. Ainsi, toute assemblée politique est désormais interdite, les places de sûreté supprimées et les remparts des villes huguenotes abattues. L'objectif du cardinal et du roi est avant tout politique, non religieux. Richelieu est un catholique libéral. Il sait combien peut être lourd le bilan d'une guerre civile et il ne veut surtout pas de nouvelle Saint-Barthélemy.

La renaissance

La cité meurtrie ne compte plus que 5 000 âmes... contre 20 000 au début du siège. Les remparts sont rasés à l'exception de ceux de la façade maritime. La Rochelle va, une fois de plus, prouver ses capacités de résilience. Dans les années 1650, elle reconstitue sa flotte et devient le premier port d'importation de fourrures et de peaux de castors en provenance du Canada. Au début du XVIIIe siècle, elle sera redevenue l'un des premiers ports du royaume.

LE STYLE LOUIS XIII

Louis XIII fait construire relativement peu de monuments, laissant ce privilège à son cardinal ministre. En effet, conscient de la peine des Français à supporter le fardeau des innombrables guerres financées par leurs impôts, il refuse de leur imposer de nouvelles dépenses somptuaires : le souverain aime son peuple et est très affecté de ses souffrances.

Richelieu mécène

Mais le cardinal de Richelieu, homme de lettres, ne néglige pas le monde des arts et des lettres. En 1635, il fonde l'Académie française. La mission de cette institution est de fixer la langue française, de lui donner des règles, de la rendre compréhensible par tous afin d'en faire un patrimoine commun. L'Académie est composée de quarante membres, chacun est élu par les autres. Habile à s'attacher les fortes personnalités et les hommes de talent, si nombreux dans la France de cette époque, il encourage Rubens, Simon Vouet, Philippe de Champaigne et présente le peintre Nicolas Poussin à Louis XIII. Il accorde sa protection à Pierre Corneille qui, avocat à Rouen, termine *Le Cid* en 1636 et devient le plus grand tragédien français. Les héros de ses pièces, *Horace* en 1640, *Cinna* en 1641, *Polyeucte* en 1642 ou *Tite et Bérénice* en 1670, se trouvent confrontés à des dilemmes tellement déchirants que l'expression « choix cornélien » est employée encore aujourd'hui.

Histoire d'un mot

Gazette

En 1631, Richelieu aide Théophraste Renaudot à créer *La Gazette*, le premier journal périodique français. Cet hebdomadaire est constitué de quatre pages. Pie se disant *gaza* en italien, *gazeta* pourrait en être un diminutif, « petite pie ». La *gazeta* désignait aussi à Venise la pièce de deux sous qui permettait d'acheter ce feuillet d'information, le lien pouvant s'établir par la représentation sur cette pièce d'une petite pie. Le succès de *La Gazette* est en tout cas immédiat et elle devient un instrument de pouvoir entre les mains de Richelieu qui a toujours su que la maîtrise de l'opinion et le contrôle des nouvelles participaient du bon gouvernement de la France.

Palais cardinal palais royal

À la recherche d'une demeure digne de lui, Richelieu achète l'hôtel de Rambouillet en 1624, pour 90 000 francs. Il le fait démolir pour faire édifier à partir de 1633 par l'architecte du roi, Jacques Lemercier, le somptueux Palais cardinal qui deviendra le Palais Royal. À sa mort, il le cède par testament au roi.

L'hôtel de Sully à Paris (Île-de-France), propriété du duc de Sully, construit de 1625 à 1638 par l'architecte Androuet du Cerceau, constitue l'un des plus beaux édifices du ***quartier du Marais****. Il abrite aujourd'hui le Centre des monuments nationaux.*

« Plus beau village de l'univers. »

Jean de La Fontaine

Lieu de mémoire

La « Cité idéale » Richelieu

Richelieu rêve d'une ville géométrique autour d'un château princier. En 1631, Louis XIII le récompense en lui accordant l'autorisation d'ériger la cité fortifiée de Richelieu, « un bourg clos de murailles et de fossés et de bâtir une halle », au carrefour de la Touraine et de la Vendée, berceau de sa famille et où il passa son enfance (aujourd'hui département de l'Indre-et-Loire). Confiée à l'architecte Jacques Lemercier, la construction du château doit évoquer la gloire des Richelieu.

Chef-d'œuvre urbanistique du XVIIe siècle, la cité est achevée à la mort du cardinal, en 1642. Deux mille ouvriers y ont travaillé. Cernée de remparts, elle forme un vaste rectangle symétrique de 620 mètres sur 390 mètres.

Exemple unique en France d'urbanisme du XVIIe siècle, ***la ville de Richelieu (Centre-Val de Loire)****, remarquablement conservée, est aujourd'hui classée avec sa Grande Rue, bordée de vingt-huit hôtels particuliers, sa halle, son église et ses remparts.*

Le château de Maisons-Laffitte, autrefois Maisons-sur-Seine (Île-de-France), constitue le chef-d'œuvre de l'architecture de la fin du règne de Louis XIII et des débuts de Louis XIV. Dû à l'architecte François Mansart, il marque l'entrée dans l'ère du classicisme. De 1640 à 1650, le richissime président du parlement de Paris, René de Longueuil, consacre une partie de sa fortune à la construction d'une demeure fastueuse qui serait capable de recevoir le roi. Louis XIII vient souvent rendre visite à Maisons-sur-Seine à l'occasion de ses chasses, son fils continuera. Exigeant, Mansart fait détruire toute une aile qu'il juge mal exécutée, pour la faire reconstruire à grands frais.

Le château de Cheverny (Centre-Val de Loire) est le château de style Louis XIII le plus connu… sous le nom de château de Moulinsart. C'est en effet sa façade, amputée de ses tours latérales, qui a inspiré à Hergé la demeure du capitaine Haddock. Édifié par Henri Hurault, comte de Cheverny entre 1624 et 1634, il est un splendide témoignage de l'architecture du XVIIe siècle.

Chapitre 12

LOUIS XIV : ROI SOLEIL OU L'APOGÉE DE LA PUISSANCE ROYALE

La galerie des Glaces du château de Versailles (Île-de-France) se doit de refléter la puissance de Louis XIV et d'en célébrer la gloire.

LOUIS XIV ET SON SIÈCLE

Avec le règne de Louis XIV, la royauté française atteint son plus haut degré de gloire et de renommée. Plus que ses prédécesseurs, le Roi-Soleil incarne l'apogée de l'absolutisme royal de droit divin. Son œuvre est immense aussi bien sur le plan politique, économique que culturel. Grâce à lui, la France devient la première puissance militaire, le pays le plus riche et le plus peuplé d'Europe et connaît un extraordinaire épanouissement des arts et des sciences. Littérature, peinture, architecture, musique... dans tous les domaines, l'« art français » rayonne à travers l'Europe où le français devient quasiment la langue officielle. Paris est la capitale de la mode et sa suprématie semble indétrônable.

Le génie créatif du Roi-Soleil

Aux yeux de l'Histoire, Louis XIV reste avant tout dans les mémoires pour son œuvre de bâtisseur : Versailles, les Invalides, la manufacture des Gobelins, les places Vendôme et des Victoires à Paris, etc. Même si l'influence de Colbert est sur ce point considérable, le génie créatif du Roi-Soleil est incontestable. Le courage et la volonté d'un homme ont permis d'inventer une France mère des arts, des armes et des lois en dépit de toutes les tourmentes. Louis aime par-dessus tout entreprendre des projets originaux, lancer des idées en avance sur son temps et bien sûr les réaliser... Il exige de ses sujets un immense effort, qu'il s'impose aussi à lui-même. Le célèbre mot de Voltaire est largement vrai : « Non seulement il s'est fait de grandes choses sous son règne, mais c'est lui qui les faisait... »

Première puissance internationale

Les guerres qu'il mène agrandissent considérablement le territoire français. Le royaume acquiert l'Alsace, le Roussillon, l'Artois, la Flandre et la Franche-Comté. Louis XIV reste cependant prudent, ses objectifs sont limités : assurer les frontières françaises pour protéger le territoire national. Il charge donc l'ingénieur Vauban de fortifier les frontières et de bâtir une véritable « ceinture de fer ».
Son ambition, ses guerres incessantes et ses besoins d'argent finissent par affaiblir le royaume. À la fin de son règne, le roi, comme enivré par ses victoires, multiplie les erreurs. Bientôt, c'est toute l'Europe qui est en guerre contre lui. Plus tard, il reconnaîtra avoir « trop aimé la guerre... ». Certes, son règne aura été ruineux pour le pays mais c'est à ce prix que la France affirme sa suprématie intellectuelle et artistique sur l'Europe et de ce fait devient une des nations majeures de l'histoire de l'Humanité.

> ***« Non seulement il s'est fait de grandes choses sous son règne, mais c'est lui qui les faisait... »***

René Antoine Houasse, Louis XIV à cheval, roi de France et de Navarre, *v. 1679. Avec l'affirmation de son gouvernement personnel, le roi parvient à restaurer l'autorité royale. Il tient alors son royaume de 18 millions d'habitants avec moins de 50 000 fonctionnaires...*

Nec pluribus impar

(« Il l'emporte sur tous les autres » /
« Supérieur à tous »), devise de Louis XIV

LES TRAUMATISMES DE L'ENFANT-ROI

Louis Dieudonné, don du ciel

Le fils de Louis XIII naît le 5 septembre 1638 au château de Saint-Germain-en-Laye. La naissance d'un héritier au trône de France est saluée dans tout le royaume, et son père le baptise Louis Dieudonné, car l'enfant qui vient de naître est effectivement un don du ciel. Il permet d'assurer la dynastie, et consolide la victoire politique du cardinal de Richelieu, qui voit en cette naissance la consécration de son œuvre.

Henri Testelin, Louis XIV à l'âge de dix ans, *1648. Le jeune roi porte l'habit du couronnement : le manteau royal, orné de la croix de l'ordre du Saint-Esprit et le sceptre à fleur de lys.*

À la mort de son père, le 14 mai 1643, l'enfant, âgé de quatre ans et demi, devient roi sous le nom de Louis XIV. La figure paternelle restera pour lui un véritable modèle à imiter en toute chose. Avant de décéder, Louis XIII a désigné Giulio Mazarini, réputé pour son sens de la diplomatie, pour succéder à Richelieu au conseil royal. Quelques mois plus tard, Anne d'Autriche devenue régente en fait son premier ministre. C'est cet Italien d'une quarantaine d'années qui, durant la minorité royale, préside désormais à la destinée du royaume de France aux côtés de la reine.

Comme d'usage à l'époque, l'enfant-roi est confié à des précepteurs pour parfaire son éducation. Il se montre peu assidu aux leçons de ses professeurs, à l'exception de la danse, domaine dans lequel il excelle. Son éducation est placée sous l'influence de sa mère, Anne d'Autriche, qui lui inculque le goût de la grandeur royale, d'une étiquette rigide inspirée de la cour d'Espagne et l'imprègne de profonds sentiments religieux. Il reçoit également de Mazarin une éducation politique pratique, en assistant aux conseils dès 1650. Mais sa jeunesse est pour le moins agitée.

Le traumatisme de la Fronde

En 1648 éclate une terrible guerre civile qui ravage le pays pendant près de cinq ans, la Fronde. Les aristocrates veulent profiter de la minorité du roi pour reprendre les nombreux privilèges qu'ils avaient perdus sous Richelieu. Cette révolte oblige la famille royale à fuir la capitale en pleine nuit et marque pour toujours le jeune souverain. Mazarin parvient pourtant à revenir au pouvoir.

Le 7 septembre 1651, le roi est déclaré majeur par le parlement, puis il est officiellement sacré le 7 juin 1654, à Reims. Mais Louis préfère laisser les affaires politiques au cardinal pour aller parfaire son éducation militaire auprès de Turenne, le maréchal de France, chef des armées.

Page de droite, en haut : La coupole du dôme du ***Val-de-Grâce (Île-de-France)*** *peinte par Pierre Mignard.*
Page de droite, en bas : En 1645, Anne d'Autriche et Louis XIV (âgé de 7 ans) posent la première pierre de l'église de l'abbaye du Val-de-Grâce, à Paris (Île-de-France). La reine-mère tient sa promesse d'élever un « temple magnifique » à Notre-Dame si Dieu lui envoie enfin un fils. Les travaux sont confiés à François Mansart, qui réalise les plans dans un style classique baroque, avec un dôme s'élevant à 40 mètres. Jacques Lemercier et Pierre Le Muet terminent successivement les travaux en 1665. En 1796, le Directoire fera du Val-de-Grâce un hôpital militaire.

Histoire d'un mot

Fronde

C'est à l'époque de la paix de Rueil, en 1649, que le nom d'un jouet d'enfants, la fronde, est donné à la révolte des princes. Désormais, il désignera toute forme de contestation.

IESV NASCENTI VIRGINIQ MATRI

MAZARIN L'ÉTRANGER : « LA FRANCE MA PATRIE »

L'apprentissage romain

Né dans une famille modeste du sud de l'Italie, à Pescina dans les Abruzzes, son père est au service du grand connétable de Naples, Filippo Colonna. À 7 ans, le jeune Mazarin fait déjà forte impression sur Filippo Colonna, qui l'envoie étudier chez les jésuites. Élève brillant, Giulio poursuit des études de droit en Espagne. Joueur impénitent et grand séducteur, il mène une joyeuse vie de potache que Filippo Colonna interrompt brutalement en faisant entrer le tout jeune docteur en droit canon dans l'armée pontificale. Le jeune homme de 25 ans fait preuve d'autorité et d'une grande bravoure devant la forteresse de Casale. Remarqué par le pape pour sa vive intelligence, il devient son ambassadeur en France. Le premier ministre de Louis XIII, Richelieu, séduit par tant de talent, l'attache à son service et lui obtient la nationalité française en 1639.

Pierre Mignard, Le Cardinal Mazarin, *vers 1660. Premier ministre pendant près de vingt ans, Mazarin laisse un royaume pacifié, agrandi et devenu la première puissance du continent européen, mais reste très impopulaire. Ce portrait rapproché lui confère un regard intense, presque intimidant.*

Giulio Mazarini devient Jules Mazarin

Richelieu, malade, le considère comme l'un des meilleurs connaisseurs des affaires européennes et comme son successeur naturel. Il le désigne bientôt comme tel en lui obtenant le chapeau de cardinal en 1641. En 1643, au commencement d'une nouvelle ère, un cardinal italien et une reine espagnole se retrouvent donc à la tête du royaume de France... Mais Mazarin se heurte à la noblesse et au parlement qui exploitent le mécontentement populaire contre des impôts de plus en plus lourds, et la révolte de la Fronde éclate en 1648.

Histoire d'un mot — **Mazarinade : pas d'étranger au pouvoir !**

Pendant la Fronde, le prince de Condé et ses fidèles tiennent la capitale et excitent le peuple contre le premier ministre. Une multitude de poésies et petites pièces de théâtre en vers sont déclamées dans les rues.
Ces « mazarinades » se moquent de l'accent étranger du cardinal, des manières efféminées des Italiens ou de leurs habitudes de voleurs. Au total, c'est près de 12 000 textes, presque tous hostiles au ministre du roi, qui ont ainsi été rédigés pendant la Fronde !

Financés par Mazarin, les travaux du ***collège des Quatre-Nations*** *à Paris (Île-de-France), dont les plans sont dressés par Louis Le Vau, s'étalent entre 1662 et 1688. L'inscription à la mode antique sur la façade rappelle que « Jules Mazarin, cardinal de la sainte Église romaine catholique, a ordonné de construire cette église et ce collège en 1661 ». En son centre, s'élève la chapelle destinée à abriter le tombeau son tombeau. L'Institut de France y réside depuis 1805.*

De grands succès politiques

Particulièrement puissants à Paris, les Frondeurs obligent la régente et le petit roi, son fils, à fuir la capitale en 1649. À deux reprises, entre 1651 et 1653, ils obtiennent l'exil de Mazarin. Mais le cardinal sait se montrer indispensable, comme le prouvent ses succès en politique internationale avec le traité de Westphalie. Dès lors, incontesté jusqu'à sa mort en 1661, il rétablit l'autorité royale et poursuit l'apprentissage politique de Louis XIV. Mécène remarquable, Il fonde la bibliothèque Mazarine, qu'il ouvre aux savants dès 1643 : c'est la bibliothèque privée la plus riche d'Europe (40 000 volumes) qui devient ainsi la plus ancienne bibliothèque publique de France. Peu avant sa mort, il décide de la joindre à l'institution d'enseignement qu'il a fondé, le collège des Quatre-Nations, destiné à l'éducation de soixante jeunes gens originaires des quatre provinces réunies au royaume sous son gouvernement (Alsace, Flandres, Roussillon et Pignerol).

Le jour de sa mort, le 9 mars 1661, toujours critiqué et en proie aux moqueries, Mazarin répète plusieurs fois, que « si son langage n'est pas français, son cœur l'est entièrement... ».

« L'ÉTAT, C'EST MOI ! »

Le « coup de majesté »

Mazarin meurt le 9 mars 1661, laissant une France prépondérante en Europe et un jeune roi bien préparé à sa tâche. Une nouvelle ère peut commencer... Deux jours après la mort du cardinal, le 11 mars 1661, Louis XIV convoque ses ministres et leur communique ses intentions. Il déclare solennellement : « Je vous ai rassemblés pour vous dire que jusqu'à présent, j'ai bien voulu laisser gouverner mes affaires par le cardinal. Il est temps que je les gouverne moi-même. »

Louis XIV assume la totalité du pouvoir et supprime le poste de « premier ministre ». « L'État, c'est moi ! », si cette phrase qui lui est prêtée est probablement apocryphe, elle résume bien l'état d'esprit du jeune roi, bien conscient cependant que l'État est plus important que sa personne. À sa mort, il affirmera d'ailleurs : « Je m'en vais, mais l'État demeurera toujours. »

L'arrestation de Fouquet

Les finances sont alors dans un état catastrophique. Alerté par Colbert de l'état économique du pays et de certaines malversations du surintendant des Finances Nicolas Fouquet, Louis XIV décide de le faire arrêter et de récupérer une grande partie de ses prérogatives. En réalité, l'ascendant politique pris par Fouquet et son insolente fortune déplaisent au souverain qui n'entend aucunement partager son pouvoir.

Le gouvernement du roi

Louis XIV s'attaque aussi aux parlements, leur interdisant de présenter des remontrances avant l'enregistrement des édits et des ordonnances royaux. Rappelant qu'il est roi de droit divin, il souligne qu'il n'a de comptes à rendre à personne. Il nomme lui-même ses ministres, et, s'il les réunit lors du Conseil du roi, il se contente d'écouter leurs avis et décide seul. Il impose point par point sa conception de l'autorité et n'hésite pas à faire des exemples afin de prouver sa détermination.

Par ailleurs, il accroît le contrôle sur les provinces en y envoyant des intendants qui font appliquer sa loi. Les révoltes des paysans contre l'impôt sont brutalement réprimées. D'un bout à l'autre du pays, les administrations sont rationalisées et uniformisées. Les finances sont réformées et assainies par Colbert. La paix civile rend la prospérité dans les campagnes, les échanges commerciaux sont stimulés ainsi que l'esprit d'entreprise.

Ci-dessus : *Charles Le Brun,* Louis XIV, roi de France et de Navarre, *v. 1662 : le jeune roi va moderniser, unifier et agrandir le pays comme jamais auparavant.*
Ci-dessous : ***Le château de Vaux-le-Vicomte (Île-de-France)****, construit de 1656 à 1661, auquel Fouquet a consacré une grande partie de sa fortune et pour lequel ont travaillé les plus grands artistes, comme l'architecte Louis Le Vau ou le peintre Charles Le Brun.*

Anecdote

La chute de Nicolas Fouquet

Nicolas Fouquet, procureur général du parlement de Paris et surintendant, est un homme brillant qui a longtemps servi de prête-nom à Mazarin. Il est aussi un mécène influent et le protecteur de Corneille et de Scarron. Élégant, séducteur, il aime paraître et faire étalage de ses richesses. Le personnage a tout pour irriter un jeune roi jaloux de son pouvoir ! Sans compter que pour saluer l'avènement du monarque, Fouquet ne trouve rien de mieux que de donner au mois d'août 1661 une fête dans son flamboyant château de Vaux-le-Vicomte. Elle est somptueuse, avec jets d'eaux, feux d'artifice, buffet de plus de mille couverts supervisé par François Vatel et création de la pièce de Molière, *Les Fâcheux*. Le faste des réjouissances impressionne tant le roi qu'il en prend ombrage et décide, ce soir-là, de stopper la formidable ascension de son ambitieux ministre. Dans le carrosse qui le ramène à Paris, il aurait déclaré à sa mère : « Ah, madame, est-ce que nous ne ferons pas rendre gorge à tous ces gens-là ? » Le 5 septembre suivant, il fait arrêter Fouquet par le capitaine d'Artagnan. Au terme d'un procès de trois ans, l'ancien surintendant est condamné à la confiscation de ses biens et au bannissement du royaume. Sa peine est par la suite commuée par le roi en prison à perpétuité. Il est enfermé dans la place forte de Pignerol, dans les Alpes, où il meurt de maladie en 1680.

LOUIS XIV, LE SOLEIL ROYAL

Un culte pour le monarque absolu

Le règne de Louis XIV constitue sans doute l'apogée de la monarchie absolue. Il est le résultat d'une évolution constante depuis le Moyen Âge, qui a conféré au souverain un pouvoir de droit divin. Plus que ses prédécesseurs, il se présente comme le représentant de Dieu sur terre. C'est à Dieu qu'il doit sa couronne et à lui seul qu'il devra un jour rendre des comptes. S'opposer à lui revient à s'opposer à la volonté divine.

Détail de la grille royale du château de Versailles (Île-de-France) dessinée par Mansart.

Aucun roi n'incarne donc mieux que lui cette monarchie de droit divin qu'il a puissamment incarnée. Tout au long du règne, sa personne est l'objet d'un véritable culte. Les courtisans assistent au spectacle solennel des gestes royaux les plus quotidiens, tels que le lever ou le coucher. Que la cour soit itinérante ou qu'elle se fixe à Versailles, l'étiquette y demeure stricte. En domestiquant la noblesse, le roi se garantit contre le retour des troubles qui ont marqué sa jeunesse, au temps de la Fronde, en même temps qu'il assure son prestige.

En prenant le soleil pour symbole, il se conforme aux principes des théoriciens politiques de l'époque. Lieutenant de Dieu, dont il incarne la toute-puissance sur la Terre, il se place au centre de toutes les attentions : c'est ainsi qu'on le voit participer aux fêtes et spectacles.

« Nec pluribus impar ! »

Dès 1662, la personne du roi est l'objet du culte monarchique du « Roi-Soleil », omniprésent. Louis XIV choisit pour emblème le soleil, un symbole déjà utilisé par les empereurs romains. En France, Charles V a été le premier à ajouter aux fleurs de lys un soleil, imité ensuite par Charles VI et Louis XI. Associé à la couleur jaune et à l'or, le soleil évoque la richesse matérielle et celle de l'esprit. Il représente de plus le pouvoir car c'est lui qui permet la vie et il dispense un feu bénéfique. Avec l'adoption de la devise latine « Nec pluribus impar » qui équivaut à « Il l'emporte sur tous les autres » (« Supérieur à tous »), Louis XIV entend affirmer qu'il se place non seulement au-dessus de ses sujets mais encore au premier rang des souverains étrangers. Le roi a lui-même expliqué le sens de ces trois mots en ces termes : « Suffisant seul à tant de choses, dans le royaume de France je suffirais sans doute encore à gouverner d'autres empires. »

Médaille de Louis XIV.

Ci-dessus : Henri Gissey (d'après), Carrousel donné par Louis XIV dans la cour du palais des Tuileries le 5 juin 1661, *1670. Quinze mille invités étaient présents, venus de toute l'Europe.*
Ci-dessous : Louis XIV en dieu solaire dans Le Ballet de la Nuit *donné devant la cour en 1653.*

Le « Roi-Soleil » en représentation

C'est au cours du Grand Carrousel du 5 juin 1662 que le roi prend définitivement le soleil pour emblème et adopte la devise « *Nec pluribus impar* ». Dans ce spectacle équestre, organisé aux Tuileries pour célébrer la naissance du dauphin, les quadrilles sont menés par le roi et les grands du royaume qui apparaissent déguisés en personnages mythologiques ou symboliques. Le roi se montre vêtu à la gréco-romaine dans une représentation d'Apollon-Hélios, dieu du Soleil, portant des flèches représentant les rayons du soleil. Les festivités sont les plus somptueuses du siècle – et les seules auxquelles le public pourra assister. Désormais, toutes les portes, les objets des Tuileries ou de Versailles, sont ornés d'un soleil.

LOUIS LE BÂTISSEUR

La marque du roi

Le « Siècle de Louis XIV », comme l'a appelé Voltaire, brille par les arts et l'esprit que le roi cherche à insuffler pour servir son prestige. La « grande œuvre » du souverain est l'affermissement du pouvoir royal et il entend marquer la France et la capitale de sa grandeur.

Aux yeux de l'Histoire, Louis XIV est le roi bâtisseur par excellence. Son œuvre de construction est immense. Tout au long de son règne, il a entretenu en particulier une véritable passion pour l'architecture. Les historiens lui ont d'ailleurs souvent reproché « d'avoir trop aimé les bâtiments ». Aujourd'hui, ces polémiques semblent bien dérisoires : que serait Paris sans la colonnade du Louvre, le jardin des Tuileries ou l'Observatoire pour n'en citer que quelques-uns ?

Pour glorifier le roi, des portes triomphales sont construites sur les « boulevards » parisiens, à l'emplacement de l'enceinte de Charles V par l'architecte François Blondel et le sculpteur Michel Anguier. ***La porte Saint-Denis*** *est achevée en 1672 en l'honneur des victoires sur le Rhin et en Franche-Comté. Deux ans plus tard,* ***la porte Saint-Martin*** *est érigée au croisement de l'actuelle rue du Faubourg-Saint-Martin et du boulevard Saint-Denis. Haute de 18 mètres, elle porte l'inscription : « À Louis le Grand pour avoir pris deux fois Besançon et la Franche-Comté ».*
Les deux monuments sont des arcs de triomphe à la façon romaine.

Une œuvre immense

Le roi entreprend de moderniser Paris, qui, à l'époque, est un véritable coupe-gorge ainsi qu'un foyer de contaminations en tout genre. Sous l'impulsion de ses architectes et urbanistes, de nouvelles avenues sont percées, des bâtiments insalubres sont détruits. De vastes places sont créées, notamment la place Vendôme et la place des Victoires, baptisée ainsi pour célébrer la victoire de la France contre l'Espagne. Les fortifications de Charles V sont rasées pour laisser place aux « grands boulevards » et la porte de Saint-Denis et la porte Saint-Martin sont érigées en l'honneur du roi. L'approvisionnement en eau de la capitale est assaini, et rationalisé, ainsi que le traitement des ordures. Une lieutenance de police – l'équivalent contemporain du poste de préfet de Police de Paris – est créée, chargée d'unifier et de coordonner les différents corps chargés de lutter contre la délinquance : elle éradique définitivement les dernières « zones de non-droit » comme on dirait aujourd'hui, qui sévissaient dans la capitale. De nombreuses rues sont désormais pavées, éclairées et, grande nouveauté pour l'époque, certaines sont numérotées. L'administration de la capitale est divisée en vingt quartiers, qui préfigurent les arrondissements actuels. Louis XIV entreprend également de grands travaux au Louvre puis au palais des Tuileries qu'il dote d'un grand jardin, dessiné par Le Nôtre.

Louis XIV ordonne en 1670 la construction à Paris d'un hospice destiné à recevoir les soldats âgés ou gravement mutilés. Bien que les plans du bâtiment aient été dessinés par Libéral Bruant, l'architecte Jules Hardouin-Mansart prend une part fondamentale à son édification. C'est à lui que l'on doit le magnifique dôme de l'église Saint-Louis-des-Invalides et son plan géométrique. ***L'Hôtel royal des Invalides*** *est officiellement inauguré par le roi le 28 août 1706. Ce bâtiment devient ainsi l'âme de l'histoire de l'armée française et il le reste encore aujourd'hui.*

Pour donner plus de faste à la capitale, Louis XIV fait bâtir deux grandes places, dont la mise en œuvre est confiée à Mansart. Les travaux pour ***la place Vendôme****, alors appelée place Louis-le-Grand, commencent en 1685. On rachète les anciens hôtels et les bâtiments aux propriétaires (dont le duc de Vendôme, qui donna plus tard son nom à la place) pour les raser. De splendides façades sont édifiées en harmonie les unes avec les autres. Mais les problèmes financiers du royaume, dus aux interminables guerres de la fin du règne, arrêtent pour longtemps le chantier.* ***La place circulaire des Victoires****, consacrée aux victoires du roi, dont la statue en pied orne le centre, est achevée plus rapidement et son inauguration a lieu dès le 26 mars 1686.*

Le magnifique dôme de l'église Saint-Louis des Invalides, imaginé par Jules Hardouin-Mansart.

VERSAILLES, PALAIS DU SOLEIL

Le chef-d'œuvre absolu

Si les prétentions des nobles ont été abaissées, elles ne sont nullement détruites, et le roi se méfie toujours de Paris, si prompte à se rebeller. À partir de 1661, il décide de bâtir un nouveau palais à Versailles, modeste village à l'ouest de Paris, où se trouve un relais de chasse prisé par son défunt père. Les travaux, menés par Le Vau, Mansart et Le Nôtre ne visent à rien de moins que construire un bâtiment démesuré autour du petit château originel, le doter d'importants jardins et, comble du raffinement, d'une orangerie. Pendant plus de cinquante ans, des travaux considérables sont entrepris : les marais environnants sont assainis, de grandes perspectives sont tracées. Le résultat sera à la hauteur des sommes engagées. Le château surpasse en faste toutes les demeures royales européennes. Les jardins de Le Nôtre sont sans équivalent en Europe. La richesse et la profusion des décorations intérieures donnent naissance à un style qui se diffusera à travers toutes les capitales.

Vingt-huit imitations

Louis XIV impressionne les autres rois qui cherchent à le copier en toutes choses, et Versailles est rapidement imité à travers toute l'Europe. On ne compte pas moins de vingt-huit imitations du château : à Berlin, à Dresde, à Coblence, à Charlottenburg, à Schönbrunn, à Londres (Hampton Court), à Stockholm (Drottningholm), à Naples (palais de Caserte), à Madrid, jusqu'en Pologne et en Russie (Saint-Pétersbourg).

La Bande des quatre...

La splendeur de Versailles tient au génie de quatre grands créateurs – sans compter le roi lui-même, qui décide toujours en dernier lieu. Le premier est Louis Le Vau, architecte de talent qui a déjà bâti le château de Vaux-le-Vicomte. Il sait admirablement allier la sobriété du classicisme français et l'exubérance du baroque. André Le Nôtre est, lui, un jardinier paysagiste au savoir-faire incomparable, le créateur des jardins « à la française » qu'il réalise à maintes reprises ; ami fidèle et véritable du roi, il n'est pas dénué d'humour puisque, lors de son anoblissement en 1675, il choisit pour armoiries : trois limaçons, un chou, un râteau et une bêche. Le troisième est Charles Le Brun, peintre et décorateur considéré par certains historiens de l'art comme le plus grand peintre du XVIIe siècle : son œuvre la plus remarquable est sans doute la création de la galerie des Glaces. Le dernier enfin est Jules Hardouin Mansart, autre architecte de renom, qui succède à Le Vau après la mort de ce dernier en 1670 : il fait construire les ailes du Midi et du Nord afin de loger les princes du sang. Avec lui, le nouvel ensemble architectural se déploie bientôt sur 575 mètres de longueur. Il est également le bâtisseur de l'Orangerie et du Grand Trianon. En 1685, au faîte de sa gloire, il est nommé intendant des Bâtiments du Roi.

Le jardin à la française

André Le Nôtre reçoit la lourde tâche d'aménager le parc du château de Versailles. Il porte l'art du jardin « à la française » à son apogée. Ce style entend dominer la nature pour imposer la symétrie. Il s'agit d'exprimer le triomphe de l'ordre sur le désordre, de la culture sur la nature sauvage. Le plan des compositions est très géométrique. Une terrasse surélevée domine le jardin et permet au visiteur de saisir d'un seul coup d'œil tout son agencement. Les allées sont ornées de statues et de topiaires, ces magnifiques sculptures végétales. Le jardin à la française est rapidement copié par toutes les cours d'Europe.

Versailles (Île-de-France), *l'archétype du classicisme français.*
Ci-dessous : Le parterre du Midi avec en arrière-plan la pièce d'eau des Suisses.

6 MAI 1682 : LOUIS XIV S'INSTALLE DÉFINITIVEMENT À VERSAILLES

Un vaste chantier

Jusqu'à cette date, les châteaux royaux ne sont que des étapes d'une cour itinérante. Le Louvre, le Palais-Royal, les Tuileries, Saint-Germain, Fontainebleau, Chambord sont les principales résidences. Mais, en 1682, les travaux sont suffisamment avancés pour que le roi et sa cour puissent s'installer à Versailles. Depuis vingt ans – et cela durera des années encore –, un monde d'ouvriers, de maçons et de jardiniers, jusqu'à 35 000 travailleurs, s'active sur le vaste chantier. Les accidents sont nombreux et, chaque soir, des charrettes évacuent les morts de la journée.

Les jardins ont été l'objet des premières attentions. Le Nôtre y a créé une orangerie et une ménagerie. Ils ont été ensuite ornés de statues, de fontaines et de bassins car Versailles est d'abord une résidence d'agrément. À perte de vue, un système complexe de bassins aux eaux jaillissantes prolonge le château.

L'architecte Le Vau a agrandi le bâtiment initial en l'entourant de nouveaux édifices. En 1678, après la mort de celui-ci, Jules Hardouin-Mansart est nommé à la direction des travaux : il triple la surface du château en construisant deux ailes immenses au sud et au nord et à la place de l'ancienne terrasse est bâtie l'imposante galerie des Glaces.

La cour s'installe

La construction n'est pas terminée mais le site est prêt pour accueillir le roi et sa cour. Le 6 mai 1682, malgré les retards dus au froid de l'hiver, Louis XIV quitte Saint-Cloud et emménage à Versailles. L'ensemble est majestueux et obéit aux règles esthétiques de l'art classique, symbolisées par la façade de trois étages qui donne sur les jardins. La cour s'installe parmi les bruits des travaux, les projections de poussière et de plâtre, dans l'odeur de la peinture fraîche. La galerie des Glaces est encore encombrée d'échafaudages. Qu'à cela ne tienne, le roi feint d'ignorer ces désagréments et encourage la poursuite des travaux. Dans les années suivantes, la machine de Marly doit conduire l'eau de la Seine jusqu'à Versailles. En 1701, la chambre du roi est placée au centre du palais et, en 1710, la chapelle est achevée.

L'instrument de pouvoir

Au cœur de cette formidable architecture, le roi est en perpétuelle représentation. Ses levers, repas, promenades et couchers se font sous le regard des courtisans établis à Versailles. Un millier de grands seigneurs habitent en effet le château en permanence : ce sont les « logeants », installés dans les ailes nord et sud dans des chambres exiguës et malgré la saleté des appartements disponibles. Un autre millier le fréquentent régulièrement. Nourris, logés et divertis aux frais de l'État, les nobles sont désormais constamment sous les yeux du roi qui peut les transformer en dociles serviteurs par la distribution d'offices ou par la menace d'une disgrâce. Une stricte « étiquette » régit les rapports entre le roi et ses vassaux. Les nobles du royaume qui naguère se révoltaient

Sans cesse remanié et embelli, le château de Versailles (Île-de-France) se doit de refléter la puissance de Louis XIV et d'en célébrer la gloire : il est le centre du royaume. La chambre et même le lit du roi, sont eux situés exactement au cœur du palais, tourné vers la ville de Versailles et vers où convergent trois immenses avenues.

à la moindre occasion en sont réduits à intriguer pour assister au lever du roi... Le temps des révoltes nobiliaires est désormais révolu. L'unité du royaume s'en retrouve consolidée. Plus qu'une résidence, le château est un instrument de pouvoir. Il est le centre politique du royaume, les principales institutions restent à Paris mais le gouvernement s'y installe.

Le coût de cette folie est énorme : 82 millions de livres entre 1661 et 1715, soit 3 % du budget annuel de l'État français ! Forcément royal...

LA GALERIE DES GLACES ÉBLOUIT LE MONDE

Plus qu'un modèle d'architecture, Versailles est avant tout un immense théâtre chargé de mettre en scène la personne royale et d'en consacrer la grandeur. Le château n'est que le plus bel instrument de pouvoir au service d'un souverain qui entend démontrer aux yeux de tous qu'il incarne l'État. La conception de la magnifique galerie des Glaces le démontre parfaitement.

La galerie des Glaces s'étend entre le salon de la Guerre et le salon de la Paix, sur 73 mètres de long et 10,50 mètres de large. Construite entre 1678 et 1684 par Jules Hardouin-Mansart, elle sert de galerie de grand apparat. Percée de 17 fenêtres, revêtue de 357 miroirs, elle doit éblouir les visiteurs du monarque absolu au faîte de son pouvoir. Ce qu'elle ne manque pas de faire dès sa création ! En 1685, tant de splendeur bouleverse Mme de Sévigné qui écrit à sa fille : « Rien n'est égal à la beauté de cette galerie de Versailles. Cette sorte de beauté royale est unique dans le monde ! »

Belle, elle l'est par son volume et son ampleur exceptionnels ainsi que par la richesse des matériaux employés. Quant au programme iconographique, il est tout à la gloire du roi Louis XIV. Des trophées d'armes de bronze doré rappellent les exploits militaires du souverain, dignes des plus grands empereurs romains dont les bustes ornent aussi la galerie. Le plafond est quant à lui décoré de près de 1 000 mètres carrés de peintures de l'atelier de Charles Le Brun illustrant les grands moments du règne du roi. Peint peu après la guerre de Hollande, il donne une image outrageusement glorieuse de Louis XIV, représenté en roi de guerre et de triomphe qui écrase tous ses ennemis. Cette image flatteuse sera renvoyée à tous les visiteurs puisque la galerie des Glaces est destinée à servir de cadre aux plus grands événements de Versailles. Une fois de plus, il s'agit d'une œuvre de propagande destinée à magnifier le pouvoir royal.

***La galerie des Glaces** du château de Versailles (Île-de-France).*

1659 : LE ROUSSILLON EST RATTACHÉ À LA FRANCE

Le Roussillon se sépare de la Catalogne

Depuis le Xe siècle, le comté du Roussillon fait partie de la Catalogne. Royaume indépendant jusqu'au XVe siècle, celle-ci accepte de plus en plus mal sa soumission aux rois d'Espagne. Ce sentiment est encore plus fort dans la partie située au nord des Pyrénées, plus proche de la France. Durant la guerre de Trente Ans (1618-1648), le Roussillon est souvent le théâtre de durs combats. La population est ulcérée par les innombrables ravages et pillages commis par les soldats espagnols dans leur région au cours de la guerre alors qu'ils sont censés défendre la Catalogne contre les Français. Peu à peu, cette région développe des opinions séparatistes vis-à-vis des rois espagnols de Madrid et prend fait et cause pour le roi de France contre les Habsbourg. De Barcelone à Perpignan, la sympathie pour la France s'accroît. En 1641, la Catalogne se place de son propre chef sous l'autorité de Louis XIII. Pendant que les partisans catalans de la France franchissent les Pyrénées et se regroupent dans le Roussillon, l'issue de la guerre se joue au nord, dans les Pays-Bas espagnols : Turenne remporte plusieurs victoires décisives. Des négociations s'ouvrent alors.

Ci-dessus : Jacques Laumonier, Le Mariage de Louis XIV et Marie-Thérèse d'Autriche, *fille du roi Philippe IV d'Espagne, le 9 juin 1660, en l'église Saint-Jean-Baptiste de Saint-Jean-de-Luz (Nouvelle-Aquitaine).*
Page de droite : ***La maison de l'Infante à Saint-Jean de-Luz*** *lieu de séjour de Marie-Thérèse.*

Le traité des Pyrénées

En 1659, les principaux ministres français et espagnol, Mazarin et don Luis de Haro, se rencontrent au pays Basque sur la rivière frontalière de la Bidassoa. L'île des Faisans devient pour l'occasion l'île de la Conférence. Les deux hommes négocient âprement et, le 7 novembre 1659, le traité des Pyrénées est signé. Outre l'acquisition de l'Artois sur la frontière nord, il reconnaît au sud le principe d'une frontière naturelle délimitée par les sommets pyrénéens. Sur le versant nord, le Roussillon et une partie de la Cerdagne sont annexés par la France. Fortifié par Vauban, le destin du Roussillon se sépare définitivement de celui de la Catalogne espagnole. Mazarin profite de son avantage pour conclure un accord de mariage entre les deux dynasties.

Mariage royal à Saint-Jean-de-Luz

Sept mois plus tard, le 9 juin 1660, Louis XIV épouse Marie-Thérèse, symbole de la réconciliation entre les deux pays. Le mariage est célébré à Saint-Jean-de-Luz. Il est prévu que l'infante renonce à ses droits à la couronne d'Espagne en échange du versement d'une dot de 500 000 écus. Cette somme ne sera jamais versée, ce qui permettra à Louis XIV de prétendre à la succession du roi d'Espagne.

Le traité des Pyrénées marque l'apogée de la politique de Mazarin, qui meurt deux ans plus tard. Il confirme la prédominance du royaume de France qui prend définitivement le pas sur l'empire des Habsbourg, sorti fragilisé de la guerre de Trente Ans.

1678 : LA FRANCHE-COMTÉ DEVIENT FRANÇAISE

La Franche-Comté à conquérir

Depuis le XVIe siècle, les rois de France souhaitent acquérir la riche province de la Franche-Comté qui sert d'avant-poste aux troupes du Saint-Empire romain germanique aux mains des Habsbourg, sous la domination desquels la province jouit d'une large autonomie.

En 1672, la Franche-Comté est envahie, Besançon puis Dole assiégées. Le roi décide de prendre part personnellement aux combats et assiste en mai-juin 1674 au siège de la ville de Besançon. La citadelle capitule en moins d'un mois. Les troupes françaises sont fort bien renseignées sur ses points faibles : en effet, dans leur hâte à vouloir fortifier la Franche-Comté après 1668, les Espagnols ont purement et simplement recopié des plans réalisés par Vauban. Quand Vauban réinvestit « sa » citadelle, il remanie complètement la place avant de la compléter par d'autres fortifications en 1695.

Besançon capitale

Le traité de Nimègue en 1678 reconnaît la possession de la Franche-Comté au Roi-Soleil. Louis XIV décide de faire de Besançon la capitale de la Franche-Comté et y transfère aussitôt le parlement et l'université depuis Dôle. En outre, il confie le soin à Vauban d'en faire l'un des maillons essentiels de sa « ceinture de fer ».

Bientôt, le comté de Montbéliard reconnaît à son tour la suzeraineté de la France. Avec la Bresse, le Bugey et le pays de Gex, cédés à la France par le duc de Savoie en 1601, c'est toute la région qui se trouve ainsi réunie à la couronne de France. Mais pendant longtemps l'intégration s'avérera difficile. Les intendants de Louis XIV sont mal accueillis et parfois menacés. Les partisans comtois réclament d'être enterrés face contre terre pour tourner le dos au soleil de Louis XIV et ne pas voir les Français fouler leur terre...

La citadelle de Besançon (Bourgogne-Franche-Comté).

Une « ceinture de fer »

L'idée de Vauban est de bâtir une « ceinture de fer » pour protéger les frontières : il construit 180 places fortes sur toutes les frontières de France, comme Neuf-Brisach en Alsace ou Mont-Dauphin dans les Alpes et améliore les fortifications d'environ 300 villes. En outre, il dirige la création de trente-sept nouveaux ports. Vauban protège également le nord de la France par un système de trois lignes parallèles de citadelles.

Portrait

Vauban le « preneur de ville »

Louis XIV confie la défense du royaume à Sébastien Le Prestre, marquis de Vauban, ingénieur militaire à partir de 1655 et spécialiste de la guerre de siège. Cet homme à l'esprit curieux et inventif possède de multiples talents puisqu'il s'intéresse à des domaines aussi divers que l'économie et l'agronomie, qu'il est aussi urbaniste, architecte et essayiste, même s'il s'est d'abord fait une réputation de « preneur de villes ». Il s'illustre en Hollande et notamment au siège de Maastricht en 1673. Très apprécié du roi, il devient commissaire général aux fortifications en 1678 et ambitionne de faire de la France une sorte de « pré-carré », selon sa propre expression. Nommé maréchal de France en 1703, Vauban meurt en 1707 à Paris. En 1808, son cœur est déposé aux Invalides, dans l'église du Dôme, parmi les plus grands maréchaux français.

François de Troy (atelier de),
Sébastien le Prestre, seigneur de Vauban, maréchal de France.

Carte

Carte de France à la mort de Louis XIV

- Annexions sous Louis XIV
- 1 Flandre, Hainaut, Artois
- 2 Alsace
- 3 Franche-Comté
- 4 Charolais
- 5 Orange
- 6 Roussillon
- Révolte contre les impôts
- Révolte contre la politique religieuse
- États ennemis de la France
- Villes fortifiées par Vauban
- Frontières de la France en 1715
- Frontières de la France actuelle

1648 : L'ALSACE RÉUNIE À LA FRANCE

Le traité de Westphalie : un tournant majeur

Après huit siècles de domination germanique ou d'autonomie princière et municipale, l'Alsace devient française, et le Rhin constitue une nouvelle frontière, depuis Bâle jusqu'aux Pays-Bas autrichiens. Les traités de Westphalie marquent un tournant historique majeur, en sonnant définitivement le glas du rêve de domination universelle des Habsbourg. Mais ils excluent Strasbourg, Mulhouse et une dizaine de petites villes qui ont constitué entre elles une alliance appelée Décapole. Strasbourg reste ville libre, et ne sera annexée à la province d'Alsace qu'en 1681.

Hélas, les nouveaux territoires conquis ont cruellement souffert de la guerre. Plus de dix ans après la fin du conflit, les effets de la mortalité sont tels que Louis XIV incite des étrangers à venir s'installer en Alsace pour la repeupler. Cependant, le pas essentiel est fait et les villes demeurées hors du royaume seront peu à peu annexées au XVIIIe siècle.

Une habile administration

Patiemment organisée et unifiée par l'administration royale, la domination progressive de l'Alsace par les Bourbons va permettre d'établir une frontière « naturelle » entre France et Allemagne, qui épouse le cours du Rhin. La province conserve certains de ses privilèges : exonération des droits de douane, et maintien pour les protestants des droits accordés par l'édit de Nantes. Les représentants du roi se trouvent vite en présence sur ce plan de graves difficultés : l'obstination de Louis XIV à vouloir rétablir le culte catholique se brise contre la ténacité alsacienne. Traqués dans le reste de la France, les protestants conservent en Alsace une sorte de demi-liberté – à ce prix, le calme le plus complet y règne.

Le chef-d'œuvre de Vauban, Neuf-Brisach, est situé en Alsace (Grand-Est), au bord du Rhin. Dernière ville forte construite par Vauban en 1699, sur ordre de Louis XIV, pour garantir la sécurité de la province, elle constitue un modèle d'architecture de défense militaire avec ses remparts de grès rose et ses tours bastionnées intactes. Il s'agit d'un site unique en Europe : les fortifications de Vauban sont d'ailleurs inscrites sur la liste prestigieuse du Patrimoine mondial de l'Unesco depuis juillet 2008.

La forteresse de Neuf-Brisach (Grand-Est).

Histoire d'un mot

L'alsacien

À l'époque de Louis XIV, seul un quart des habitants du royaume parlent français, chaque région possédant son patois. Élément majeur de l'identité alsacienne, le dialecte alémanique est utilisé dans la plus grande partie de l'Alsace, même s'il tend à décliner de génération en génération, mais de façon inégale.
Au XXe siècle perception de l'alsacien, proche de l'allemand, souvent confondu avec cette langue par les Français, entraînera de nombreuses maladresses mal acceptées par la population alsacienne qui ne désire surtout pas être confondue avec son voisin allemand. Aujourd'hui ce dialecte se maintient mieux dans les zones rurales qu'en ville et mieux dans le nord de l'Alsace que dans le sud.

LE CANAL DU MIDI, CHEF-D'ŒUVRE DE PAUL RIQUET

Maîtriser la nature

L'idée de parvenir à domestiquer la nature s'inscrit parmi les grandes pensées du XVIIe siècle. Puisqu'elle ne peut être combattue, il faut l'adapter pour mieux pouvoir se l'approprier. Louis XIV veut faire sien ce concept qui lui permettrait de laisser sa marque sur les éléments. De même qu'à Versailles on va se jouer des éléments, en édifiant un palais sur des marais et en tentant de détourner l'eau de l'Eure pour l'amener par l'aqueduc de Maintenon, de même dans le Languedoc et la Guyenne on « force la nature », soumise à la volonté du monarque. Le canal du Midi de Pierre-Paul Riquet et le gigantesque dispositif de pompage des eaux de la Seine de Rennequin Sualem sont significatifs de l'*hubris* royale.

Une aventure extraordinaire

Le plus surprenant est le canal des Deux-Mers ou canal du Midi : une titanesque entreprise. À l'époque, faute d'un véritable réseau routier, les voies navigables, fleuves, rivières et canaux revêtent une importance fondamentale pour la circulation des hommes et des marchandises. L'ingénieur – et riche fermier général du Languedoc — Pierre-Paul Riquet a étudié le système hydraulique de la montagne Noire et compris comment le contrôler afin de servir un ambitieux projet : joindre l'océan Atlantique à la Méditerranée. La réalisation de ce gigantesque projet prendra quinze ans, de 1666 à 1681, et occupera jusqu'à 12 000 hommes. Le canal s'allonge sur près de 250 kilomètres avec ses soixante-deux écluses et ses lacs artificiels. Le bassin de Saint-Ferréol (Haute-Garonne) restera pendant plus de deux cents ans le plus grand barrage d'Europe : Pierre-Paul Riquet en pose la première pierre en 1667.
Riquet laissera dans cette entreprise sa fortune, même si l'État et les états du Languedoc en financent les deux tiers, et sa santé : il n'en verra pas la fin.

À gauche : ***Le canal du Midi*** *relie la Garonne à l'étang de Thau sur la Méditerranée (Occitanie), courant de Toulouse au port de Sète. Il est classé au Patrimoine mondial de l'Unesco.*
À droite : Les écluses perfectionnées de Fonseranes, à Béziers (Occitanie), où se succèdent neuf barrages.

*Ci-dessus : **Le canal aqueduc de Marly**. Ci-dessous : La machine de Marly, vers 1685.*

Des quantités d'eau gigantesques !

À Versailles, un des plus gros problèmes que pose le parc avec ses bassins, est celui de leur alimentation en eau. Le Grand Canal, ses vingt-cinq bassins, retenues ou réservoirs, ses 140 kilomètres de rigoles nécessitent des besoins colossaux.

Dès 1663, une pompe est construite sur la réserve d'eau la plus proche et la plus importante, l'étang de Clagny, actionnée par un manège de chevaux et plus tard renforcée par des moulins à vent et d'autres. En 1674, la pompe est agrandie et devient « la grande pompe » qui débite presque 3 000 mètres cubes d'eau par jour soit la consommation d'une petite ville de 10 000 habitants. Enfin, en 1685, s'achève la construction de la « machine de Marly » qui achemine à Versailles l'eau de la Seine jusqu'à l'aqueduc de Louveciennes par un système complexe de roues actionnant des pistons. Œuvre du maître charpentier et mécanicien liégeois Rennequin Sualem, elle permet d'élever l'eau de 163 mètres et est programmée pour produire 6 000 mètres cubes d'eau par jour. C'est l'une des machines les plus complexes de son temps. De l'ensemble des machines installées jadis, ne subsistent de nos jours que quelques bâtiments, dont les réservoirs de Marly et l'aqueduc de Louveciennes.

Comme la machine de Marly ne fonctionnait pas comme souhaité, Louis XIV voulut aussi faire parvenir à Versailles de l'eau de l'Eure par un canal de 80 kilomètres. En 1685, 30 000 hommes dont 20 000 soldats sont réquisitionnés pour les travaux du canal aqueduc et la construction d'un aqueduc de 16 kilomètres. Six mille hommes périront à cause du paludisme et des mauvaises conditions de travail. Le chantier fut abandonné en 1688.

Chapitre 13

LOUIS XV, « LE PLUS MAUVAIS DES ROIS DE FRANCE » ?

Insaisissable mais incontournable...

Dans notre mémoire collective, Louis XV incarne l'indolence, le libertinage, l'égoïsme, l'oisiveté, à mille lieues de son aïeul Louis XIV. Pendant longtemps, les historiens n'ont pas été tendres envers ce souverain jugé d'une « apathie extrême », d'un « incurable ennui », subissant l'influence néfaste de Mme de Pompadour, considérée comme « la vraie souveraine ». On lui reproche la perte du Canada, des Indes, de presque toutes nos colonies, et plus généralement une immense faiblesse face aux parlements. Très populaire à son avènement, son indécision politique et un certain désintérêt pour la politique ternissent rapidement son image aux yeux de son peuple. Le souverain ne semble pas avoir su prendre en compte les nouvelles attentes des Français du « Siècle des Lumières »... Le grand historien Ernest Lavisse considère ainsi Louis XV comme « le plus mauvais de nos rois ». Autant de jugements de valeur qui ont été depuis profondément remis en question. Intelligent, généreux, mais instable, anxieux et faible de caractère, il demeure un souverain insaisissable mais incontournable...

Les deux faces du « Bien-Aimé »

En 1722, le jeune roi est sacré en grande pompe à Reims. Il fait l'admiration de tous : on salue sa beauté, son air majestueux et son excellente instruction tant intellectuelle que militaire. C'est un sportif accompli, notamment un excellent chasseur qui traque presque tous les jours le cerf ou le sanglier, en petit ou grand équipage. Aussi, lorsqu'il tombe gravement malade, à Reims en 1744, la population s'émeut. À l'annonce de la guérison subite quelques jours plus tard, c'est l'explosion de joie dans tout le pays. Il y gagne le surnom de Bien-Aimé. Cependant, cette apparence flatteuse cache mal un caractère en demi-teinte qui contraste avec celui de son prédécesseur. Avec sa voix faible et enrouée, le souverain est mal à l'aise en public. S'il est sérieux et travailleur, l'arrière-petit-fils de Louis XIV ne se consacre pas entièrement à sa fonction royale. Il règne comme par intermittence...

Une époque décisive de l'histoire

C'est avec son règne que s'ouvre la crise du pouvoir royal. La réaction de l'aristocratie qui renforce son emprise sur le gouvernement du royaume et la guérilla des parlements qui tentent de remettre en cause la monarchie absolue font vaciller l'autorité du souverain. La crise est alimentée par le manque de volonté politique de Louis XV, qui n'a pas la fermeté et la discipline de son illustre prédécesseur, le « Roi-Soleil ». Ces oppositions favorisent la naissance d'une véritable opinion publique animée par des parlementaires, des journalistes et des philosophes. Pour autant l'action politique de Louis XV est loin d'être négligeable, notamment par les réformes judiciaires qu'il engage à la fin de son règne, dans le but de réduire les inégalités de la société d'ordres.

Maurice Quentin de La Tour, Louis XV, *1750. Ne tenant pas en place, le roi partage son temps entre Versailles, Marly, Fontainebleau et Choisy, obligeant les ministres à de fréquents déplacements. Excellent cavalier, il chasse tous les jours sauf le dimanche. Mais son hyperactivité s'accorde mal avec son caractère doux et timide, sa piété austère, son obsession de la mort, sa sensibilité aux maux du corps.*

« Le sang
de nos ennemis
est toujours
le sang
des hommes.
La vraie gloire,
c'est de l'épargner. »

Louis XV

UN ROI TOUT D'ABORD ADULÉ

Le survivant

Né le 15 février 1710, l'arrière-petit-fils de Louis XIV fait figure de survivant. Il a réchappé à l'épidémie de variole qui a décimé la famille royale, entre 1710 et 1712, devant peut-être son salut à sa gouvernante, Mme de Ventadour, qui l'a éloigné des funestes saignées des médecins de l'époque... Seul rescapé du drame, c'est presque par surprise qu'il succède à l'âge de cinq ans à Louis XIV lorsque celui-ci meurt le 1er septembre 1715. Comme il est trop jeune pour régner, la régence est assurée par son grand-oncle, Philippe d'Orléans, qui mène une politique audacieuse pour réduire le déficit budgétaire creusé par les guerres de l'époque louis-quatorzienne.

Aimant la vie de famille

Contrairement à son aïeul, il se préserve une véritable vie privée, passant de longues heures dans ses appartements privés, avec son épouse Marie Leszczynska, fille de l'ex-roi de Pologne, qu'il épouse en 1725. D'autant qu'elle lui donne, entre 1727 et 1738, dix enfants. Après trois filles, la reine accouche un an plus tard du dauphin Louis tant attendu. Six autres naissances suivront. Après une fausse couche, elle interdira le lit conjugal à son époux qui cherchera son plaisir ailleurs, dans les bras de ses innombrables maîtresses. On en dénombre une trentaine officielles. Elles se nomment Louise de Mailly, Marie Anne de Châteauroux, la Pompadour ou la du Barry.

L'opinion publique se déchaîne !

À la faiblesse de caractère du souverain s'ajoute une politique hasardeuse qui nourrit un large mécontentement. En 1741, Louis XV s'engage dans la guerre de Succession d'Autriche qui oppose la France et la Prusse à l'Angleterre, l'Autriche et la Hollande. Les Français remportent la grande victoire de Fontenoy le 11 mai 1745. Mais, au traité d'Aix-la-Chapelle en 1748, Louis, peu avide de conquêtes, abandonne tous les territoires envahis. Cette décision est mal comprise par le peuple qui méprise encore un peu plus son souverain et critique cette paix au motif qu'elle n'a rien apporté à la France. Il dénonce la mauvaise influence exercée sur le roi par sa nouvelle maîtresse, Mme de Pompadour, qui multiplie les dépenses immobilières et incite le souverain à renvoyer des hommes de valeur, comme son contrôleur général des Finances, Orry, puis son secrétaire d'État aux Affaires étrangères, Argenson. Interviennent aussi les mauvaises récoltes des années 1747 et 1748 qui renforcent les critiques adressées au pouvoir.

Enfin, une des raisons du discrédit du souverain est son échec à faire accepter par la noblesse et le haut clergé des mesures financières les mettant à contribution. Au fil du temps, l'État monarchique est devenu de plus en plus administratif. Or, il faut de l'argent pour cela et la fiscalité n'a pas suivi. Le roi n'a absolument pas les moyens de sa politique, et il ne peut pas créer de nouveaux impôts sans les faire enregistrer par les parlements de province, qui deviennent la caisse de résonance de tous les mécontentements. Après la création en 1749 d'un impôt « égalitaire » sur le revenu, le vingtième, la grogne gagne tous les privilégiés, notamment le clergé. Et, une nouvelle fois, Louis XV cède et se résigne à exempter le clergé en 1751.

Horace Vernet, Louis XV à la bataille de Fontenoy, *1828. Malgré cette victoire, l'affaiblissement de l'autorité royale, l'opposition systématique des parlements qui tentent de remettre en cause la monarchie absolue entraînent des mutations politiques qui conduiront bientôt à la Révolution française.*

Une fin de règne désastreuse...

La faiblesse du roi réveille l'opposition des parlementaires parisiens et provinciaux. Au XVIIIe siècle, ils forment un puissant groupe de pression, cramponné à leurs privilèges, et aspirant à renforcer le rôle des parlements dans le gouvernement du royaume, sur le modèle de la monarchie anglaise. Ils se déchaînent contre le souverain, multipliant les remontrances et les grèves. Sans premier ministre, Louis se montre de plus en plus incapable et de nombreuses réformes, pourtant nécessaires, ne voient pas le jour. Le roi meurt d'une septicémie le 10 mai 1774, si détesté par son peuple que l'on doit l'enterrer en pleine nuit !

MAGNIFICENCE ROYALE ET PROSPÉRITÉ : LES GRANDES PLACES

Des premières années prospères....

De 1726 à 1743, le cardinal de Fleury, l'ancien précepteur du roi, dirige la France avec son accord. C'est une période de paix et de prospérité. Le premier ministre parvient à équilibrer le budget de l'État et favorise l'expansion économique du royaume. Afin de développer le commerce, les voies de communication sont considérablement étendues. La France se dote du réseau routier le plus moderne et le plus important d'Europe. La première partie du canal de Saint-Quentin, reliant l'Oise à la Somme, est achevée en 1738. Tous ces travaux publics sont possibles grâce au corps des ingénieurs des Ponts et chaussées, fondé en 1716. En politique extérieure, Fleury recherche la paix : il réconcilie la France avec l'Espagne et sollicite une alliance avec l'Angleterre. Ce premier ministre infatigable s'éteint en 1743 à l'âge de 90 ans.

Des places monumentales pour le roi

Avec Louis XV, les plans d'embellissement urbains commencés sous Louis XIV se multiplient, avec notamment la création de places royales dans les grandes villes de province. Ces places monumentales sont destinées à théâtraliser la représentation équestre du souverain et à servir de cadre à sa statue. On peut citer à titre d'exemple la place Bellecour à Lyon, inaugurée en 1713, la place du Peyrou à Montpellier en 1718, la place Royale de Dijon en 1725, la place Royale (Louis XIV) de Rennes en 1726, celle de Reims, dessinée en 1754 par Legendre dans le cadre d'un vaste plan de réaménagement de la ville, celle de Bordeaux, aujourd'hui place de la Bourse, commencée en 1730...

Cette mode des places royales se répand ensuite en Europe : en 1750 à Copenhague, en 1758 à Lisbonne, où la Plaça do Comércio ressemble beaucoup par son architecture à la place de Bordeaux, ou en 1776 à Bruxelles.

La plus grande place : la Concorde

En 1748, la Ville de Paris charge le sculpteur Edme Bouchardon d'ériger un monument équestre à la gloire du roi pour une future place, la place Louis XV, et, en 1753, le souverain approuve le projet d'une nouvelle place monumentale au centre de Paris. La marquise de Pompadour supervise personnellement ce projet d'aménagement, confié à l'architecte Jacques-Ange Gabriel. D'autres proches de la Pompadour sont chargés de différents travaux. Ainsi, après la mort de Bouchardon, c'est Jean-Baptiste Pigalle, un de ses protégés, qui achève la statue équestre du roi, couronné de lauriers, installée au centre de la place en 1763. Terminée en 1772, la place est conçue avec une rangée harmonieuse de nouveaux bâtiments. Elle est la première place de style néoclassique.

La statue de bronze grandeur nature de Louis XV, chef-d'œuvre d'Edme Bouchardon, sera malheureusement détruite pendant la Révolution en 1792. Il n'en subsiste que la maquette en bronze, choisie par le roi lui-même. Estimant qu'il faut savoir user de la force avec discernement pour installer une paix durable, le roi se voit en souverain pacificateur. Réalisé en 1758, le monument avec son piédestal est inauguré en 1763, à la fin de la catastrophique guerre de Sept Ans.

La place de la Concorde à Paris (Île-de-France), conçue par l'architecte Jacques-Ange Gabriel et inaugurée en 1763, afin de célébrer la gloire du roi Louis XV.

La place Royale de Reims (Grand-Est) ornée de la statue de Louis XV, œuvre de Pierre Cartellier, érigée en 1818 en remplacement de celle qui représentait le roi vêtu à la romaine, exécutée par Jean-Baptiste Pigalle et détruite à la Révolution.

CÉLÉBRER LA GLOIRE DU ROI

Le style Louis XV

Le style Louis XV se développe dans un premier temps de 1723-1750 dans ce que l'on nomme le style rocaille. Les formes se font plus exubérantes, plus décoratives, plus originales, les façades sont richement décorées. Puis, de 1750 à 1774, date de la mort de Louis XV, le style se fait plus néoclassique, plus ordonné, sobre et symétrique. L'architecte en chef du roi est jusqu'en 1742 Jacques Gabriel, remplacé ensuite par son fils le célèbre Jacques-Ange Gabriel dont les œuvres majeures sont l'École militaire, l'ensemble des bâtiments de place de la place Louis XV, aujourd'hui place de la Concorde (1761-1770), et le Petit Trianon à Versailles (1764). Les bâtiments de la place Louis XV présentent des lignes classiques avec des frontons gréco-romains ou des balustrades sur la ligne de toit. Il faut les voir en ayant à l'esprit le temple du Parthénon à Athènes. Les façades dessinées par Gabriel sont parfaitement rythmées et équilibrées par des rangées de colonnes et de fenêtres, et les décors sculptés abondants et exubérants sont en ressaut.

Pour le roi, plus vite et plus loin...

Entre 1715 et 1789, près de 40 000 kilomètres de routes empierrées et pavées sont construits pour faciliter les échanges ! Une politique de grands travaux est en particulier lancée en 1738 par Louis XV et placée en 1743 sous la direction de Philibert Orry, contrôleur des Finances, et Daniel-Charles Trudaine, intendant des finances chargé des Ponts-et-Chaussées. La circulaire du 13 juin 1738 a mobilisé tous les intendants des généralités. Pour construire ce gigantesque réseau routier, pas d'ouvriers mais des paysans, réquisitionnés dans le cadre de la corvée, au rythme de douze journées de travail par an. Une bonne affaire pour l'État royal car la corvée est gratuite ! Le cahier des charges est précis : les « grands chemins » devront avoir 64 pieds de large, être les plus droits possible, être plantés d'arbres et relier Paris aux principales capitales régionales. Le réseau étoilé français est né ! La chaussée sera construite avec « des cailloux et des cailloutis purs, non mélangés à du sable ». Ce développement du réseau routier facilite les déplacements. Alors qu'il fallait douze jours pour relier Paris à Marseille en 1765, il n'en faut plus que huit en 1780.

Le médaillon de Louis XV trône sur l'arc de triomphe d'Héré, sur le côté nord de la place Royale à Nancy (Grand-Est), réaménagée par Stanislas Leszczynski et inaugurée en 1755. Il est soutenu par un génie et par une femme assise représentant la Lorraine, et surmonté de la Renommée tenant dans une main une trompette et dans l'autre une couronne de laurier, œuvres du sculpteur Barthélemy Guibal.

L'hôtel de la Marine, place de la Concorde à Paris (Île-de-France), est construit entre 1757 et 1772 avec son pendant, l'hôtel des Monnaies (actuel hôtel de Crillon). Symbole de l'art français et du style Louis XV, il est un des chefs-d'œuvre néoclassiques de Jacques-Ange Gabriel. Il est aujourd'hui le siège de la Fondation pour la mémoire de l'esclavage.

*Les impressionnantes **grandes écuries du château de Chantilly (Hauts-de-France)** ont été construites de 1719 à 1740 par le cousin du roi, Louis-Henri de Bourbon-Condé. Elles constituent un témoignage précieux de l'architecture Louis XV. D'une longueur de 186 mètres, elles sont conçues pour accueillir deux cent quarante chevaux, ce qui en fait les plus grandes écuries princières d'Europe.*

Portrait

La Pompadour, mauvais génie ou éminence grise ?

Jeanne-Antoinette Poisson

Avec son « air de nymphe », Jeanne-Antoinette Poisson est l'une des plus belles femmes de Paris. Devenue Mme d'Étiolles par son mariage avec un financier, elle est aussi la filleule d'un des frères Pâris, célèbres financiers parisiens en disgrâce au début des années 1740. Sa rencontre avec le roi ne doit rien au hasard. Avides de conclure à nouveau des affaires avec le pouvoir, les frères Pâris la poussent dans les bras de Louis XV. Le roi est séduit par cette jeune femme au « regard charmant », qui danse merveilleusement et joue si bien du clavicorde, à tel point qu'elle est, en quelques mois, installée à Versailles, titrée marquise de Pompadour et consacrée maîtresse officielle, au grand dam de la cour qui n'a que mépris pour elle. Situés juste au-dessus de la chambre du roi, ses appartements sont directement reliés à celle-ci par un escalier secret. Véritable souveraine de la cour, à la fois l'amante et la confidente du roi, elle passe le plus clair de ses journées en sa compagnie. Les ministres viennent volontiers la consulter avant de s'ouvrir au roi de tel ou tel projet. On dit même qu'elle assiste discrètement au Conseil.

« Madame Putain »

Trompée à son tour par Louis XV dès 1750, elle n'en garde pas moins une influence profonde sur le roi. Habile et énergique, elle s'emploie à déjouer les rivalités, à obtenir le renvoi de certains ministres et à introduire ses créatures. La « Pompadour » fait accorder à ses protégés des honneurs, des titres et des postes, multiplie les dépenses immobilières… ce qui ne manque pas de choquer l'opinion publique. Enfin, la marquise joue également un rôle majeur dans la décision de Louis de « renverser ses alliances » diplomatiques et de se rapprocher de l'Autriche en 1756. Choix qui mène au désastre de la guerre de Sept Ans, perdue contre l'Angleterre et la Prusse avec des conséquences catastrophiques pour la France.

Son amour des arts et ses interventions dans les affaires du pays lui valent, en même temps qu'au roi, la haine du peuple français et d'une partie de la cour, notamment la famille royale qui la nomme « madame Putain ». Pour autant, elle est loin d'être ce « mauvais génie » si souvent décrit.

À la tête d'un ministère des Arts

Même si l'influence de Jeanne-Antoinette s'exerce dans de nombreux domaines, sa prédilection va vers la politique artistique. Elle place son frère, le marquis de Marigny, à la tête des Bâtiments du roi. Mécène généreuse, elle soutient de nombreux artistes comme les peintres Boucher, Nattier, Van Loo, le sculpteur Pigalle et le graveur Cochin, encourage Diderot et d'Alembert dans la rédaction et la publication de leur *Encyclopédie*. Elle aime d'ailleurs que ses protégés dressent son portrait dans son salon de lecture ou de musique. En 1753, Jeanne-Antoinette s'offre l'hôtel d'Évreux, appelé après la Révolution palais de l'Élysée. Elle y fait faire de grands travaux et une nouvelle décoration dans un style justement nommé Pompadour. Les jardins sont également réaménagés et agrémentés de portiques et d'une grotte dorée. Elle s'intéresse aussi à la construction de l'École militaire, une idée du maréchal de Saxe qui a convaincu Louis XV de l'intérêt de créer une institution militaire pour former les officiers français. En 1756, elle encourage la création de la manufacture de porcelaine de Sèvres.

À la fin de sa vie, elle saura lancer la mode du retour à l'antique qui connaîtra son apogée sous la Révolution et l'Empire. C'est également dans ses dernières années qu'elle obtient du roi la construction d'un petit château au fond du parc de Versailles : le Petit Trianon, mais elle n'en verra pas l'achèvement.

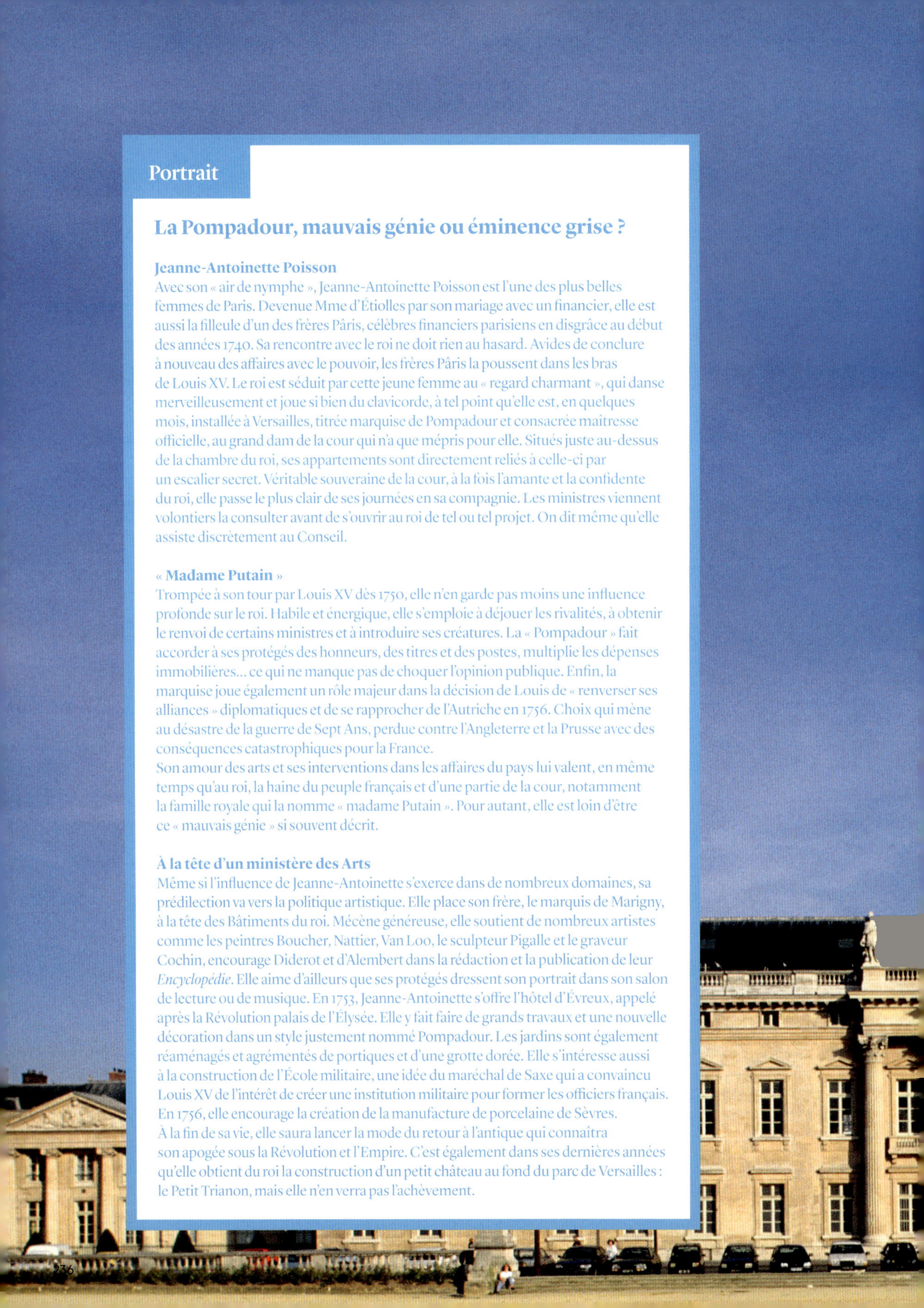

Ci-contre : *Maurice Quentin de La Tour,* Portrait de la marquise de Pompadour, *1752. La taille bien prise et le visage d'un ovale harmonieux, la marquise est réputée pour sa beauté. Sous des cheveux châtain clair, ses yeux, dont la couleur oscille entre le bleu et le gris, et son sourire charment ses interlocuteurs.*
Ci-dessous : *Œuvre de l'architecte* Jacques-Ange Gabriel, ***l'École militaire*** *est fondée par le roi Louis XV en 1751 grâce à l'entremise de la marquise de Pompadour. Au-dessus des trophées qui encadrent l'écusson de Louis XV, on aperçoit la Victoire, représentée sous les traits de Louis XV, et la France symbolisée par une femme drapée à l'antique.*

Date

1766 : annexion de la Lorraine

Un échec de Louis XIV

Le Roi-Soleil a essayé en vain de mettre la main sur la Lorraine par sa politique de réunion : de nombreuses seigneuries lorraines ont été provisoirement rattachées à la France et, en 1702, ses armées sont entrées dans Nancy, mais le duc Léopold en a repris possession en 1714. Son successeur, le duc François III, épouse l'archiduchesse d'Autriche Marie-Thérèse, fille de l'empereur Charles VI, et s'installe à Vienne. Éloigné de ses terres, nommé vice-roi de Hongrie par son beau-père, il se désintéresse de la Lorraine et accepte en 1737, à l'issue de la guerre de Succession de Pologne, que la Lorraine serve de monnaie d'échange. En vertu d'accords dits « préliminaires de Vienne », négociés par Fleury en 1735, Stanislas Leszczynski, ancien roi de Pologne et beau-père de Louis XV, renonce au trône polonais et reçoit en compensation le duché qui, à sa mort, reviendra à la France.

Un cadeau diplomatique...

En réalité, au cours des négociations pour la cession de la Lorraine à Stanislas, Louis XV n'a fait aucun cadeau à son beau-père : par la déclaration secrète de Meudon, le 30 septembre 1736, la Lorraine entre immédiatement en possession de la France. Ce n'est que par courtoisie pour Stanislas que l'accord reste secret : Stanislas « règne » officiellement sur la Lorraine jusqu'à sa mort, en 1766. Dès 1737, un intendant nommé par Louis XV administre la province. D'abord mal accueilli par ses sujets, Stanislas saura s'en faire aimer en embellissant ses capitales, Lunéville et Nancy.

Stanislas embellit Nancy

Amateur d'art, Stanislas Leszczynski réunit des lettrés et des artistes à la cour de Lorraine et tient à ce que Nancy, capitale de son duché, soit à la hauteur du faste de sa cour. L'ex-roi de Pologne laisse libre cours à ses talents de bâtisseur. Il demande à l'architecte Emmanuel Héré de remanier le centre de la ville et de relier ses quartiers anciens aux extensions récentes. En l'honneur de Louis XV, est créée la place Royale (place Stanislas aujourd'hui) : achevée en 1757, elle est entourée d'immeubles élégants et de magnifiques grilles dorées. Chefs-d'œuvre de ferronnerie réalisés par Jean Lamour, elles symbolisent la paix et la guerre par leur décoration. Et Stanislas fait du château de Lunéville déjà restauré par le duc Léopold un véritable « petit Versailles ».

Emblématique de l'architecture néoclassique, l'hôtel de Ville de Nancy (Grand-Est) est construit de 1752 à 1755 sous la direction de l'architecte Emmanuel Héré, sur ***la place Stanislas****, classée au Patrimoine mondial de l'Humanité par l'Unesco depuis 1983.*

Sur **l'arc de triomphe**, édifié de 1753 à 1755, le thème principal du décor est la guerre et la paix, symbolisées par des branches de laurier et d'olivier, allusions à la victoire de Fontenoy (1745) et au traité d'Aix-la-Chapelle (1748).

Les grilles en fer forgé et dorées à l'or fin, richement décorées, qui ferment la place Stanislas sont l'œuvre du ferronnier lorrain Jean Lamour, la Fontaine de Neptune est due à Barthélemy Guibal.

BORDEAUX : ENSEMBLE ARCHITECTURAL EXCEPTIONNEL

Une cité très anglophile

La reprise de Bordeaux aux Anglais, le 19 octobre 1453, a mis un point final à l'occupation anglaise. Après trois cents ans de domination anglaise, l'Aquitaine était rattachée au domaine royal. La florissante cité avait fondé sa richesse sur le négoce des vins, notamment vers l'Angleterre, l'Écosse, les pays flamands et les villes de la Baltique et de la mer du Nord. Pendant longtemps, elle conserve son esprit d'indépendance, se révoltant à de nombreuses reprises contre l'autorité des rois de France, entre autres en 1653 pendant la Fronde. Bordeaux sera la dernière cité à se rallier à Louis XIV qui s'en méfiera toujours.

Le symbole du dynamisme bordelais

Pourtant la politique maritime de Colbert a beaucoup aidé à son essor, comme à celui de tous les ports français. Plus que tout autre, le commerce avec les Antilles sucrières connaît une croissance formidable. Les îles produisent du sucre, du café, de l'indigo, assurant à elles seules un tiers des importations françaises. Bordeaux, alors premier port et troisième ville de France – avec une population de 110 000 habitants en 1770 –, voit son activité commerciale multipliée par vingt depuis 1700. L'année 1771 constitue une année record : le trafic du port représente 40 % du commerce extérieur français. Sous l'intendance du marquis de Tourny, la ville se dote d'un ensemble architectural exceptionnel. Les monuments les plus emblématiques sont : la place de la Bourse, la place du Parlement, les allées Tourny et, sur la place de la Comédie, le magnifique Grand Théâtre commandé à l'architecte Victor Louis. Paris exclu, c'est Bordeaux qui compte aujourd'hui le plus de bâtiments protégés.

***La place de la Bourse, ex-place Royale, de Bordeaux (Nouvelle-Aquitaine)**, destinée à servir d'écrin à la statue équestre de Louis XV, fait partie du vaste périmètre classé au Patrimoine mondial de l'Unesco sous l'appellation de « Bordeaux, Port de la Lune » en 2007.*

***Le Grand Théâtre de Bordeaux**, brillante adaptation du style antique, est le chef-d'œuvre de l'architecte Victor Louis, édifié de 1773 à 1780.*

La place de la Bourse

Au XVIIIe siècle, les plans d'aménagement urbain en font un exemple exceptionnel d'ensembles architecturaux des tendances classique et néoclassique. Les riches armateurs bordelais se font construire de somptueuses demeures de style Louis XV par les trois frères Laclotte. La place de la Bourse de Bordeaux, à l'origine baptisée place Royale, est dessinée sur l'emplacement des remparts médiévaux par les architectes du roi Jacques Gabriel et son fils Jacques-Ange-Gabriel entre 1730 et 1755. Elle est destinée à recevoir la statue équestre de Louis XV inaugurée en 1749 et qui sera détruite à la Révolution.

LA MANNE DU VIGNOBLE BORDELAIS

La ville doit sa richesse à la production et au commerce du vin. Implanté par les Romains, le vignoble bordelais se développe très tôt : Bordeaux se transforme en une importante cité de négoce dont la culture viticole pénètre tous les secteurs d'activité. Les Anglais apprécient beaucoup le claret, ce vin rouge et léger ainsi nommé en raison de sa couleur claire. Ils se mettent alors à importer des quantités considérables de vins et, en échange, approvisionnent la cité aquitaine en textiles, métaux et aliments. L'importance de la flotte anglaise et la facilité d'accès au port de Bordeaux par l'estuaire de la Gironde favorisent les expéditions par voie maritime. À cette époque, celles-ci se font par tonneaux d'une capacité de 900 litres (soit quatre barriques bordelaises de 225 litres) : le tonneau deviendra par la suite l'unité de volume internationale pour le jaugeage des navires.

Au XIIIe siècle, le roi d'Angleterre accorde en outre d'importants privilèges fiscaux aux négociants bordelais qui se mettent alors à planter de la vigne à tour de bras. Fidèles sujets du suzerain, ils monnayent leur loyauté contre des privilèges fiscaux et commerciaux. En trois siècles d'histoire anglaise, Bordeaux établit ainsi un monopole sur la production, la vente, l'expédition et la distribution des vins vers l'Angleterre : dès le XIVe siècle, la moitié de la production part vers l'Angleterre – durant la seule année 1303, 102 724 tonneaux sont exportés, un record qui ne sera égalé qu'en 1950 !

À partir du XIIIe siècle, la vigne bordelaise gagne du terrain dans les faubourgs de Bordeaux et investit les ceintures des bourgades alentour telles Saint-Émilion, Fronsac, Cadillac, Saint-Macaire, Langon, Barsac ou encore, ici, Saint-Palais (Nouvelle-Aquitaine).

Vue sur la cité médiévale et l'église monolithe de Saint-Émilion (Nouvelle-Aquitaine) : en 1999, ***la juridiction de Saint-Émilion*** *est devenue le premier vignoble inscrit au Patrimoine mondial de l'humanité par l'Unesco au titre de ses paysages culturels. Les « châteaux » des vignobles bordelais se trouvent au centre de leurs domaines et datent pour la plupart du milieu du XVIIIe et jusqu'au début du XIXe siècle.*

Chapitre 14

LOUIS XVI, LE ROI MARTYR

L'infamie de l'Histoire

Un roi faible et impuissant passant son temps à réparer des serrures, une reine étrangère, frivole et dépensière, une monarchie trop conservatrice pour suivre le mouvement des Lumières... Le règne de Louis XVI a subi toutes les caricatures. Cependant, bien avant 1789, le dernier roi de la monarchie absolue a tenté de mener une véritable « révolution royale » pour résoudre les multiples crises de la société française. Après un début de règne placé sous le signe de l'espoir, son manque de caractère et de sens politique le conduit droit à l'échafaud, lui et sa ravissante épouse Marie-Antoinette. Louis XVI n'a pas senti souffler le vent de la « révolution dont lui-même avait reconnu la nécessité » (Jean Jaurès). En 1793, juste avant son exécution, certains conventionnels exigent ce que l'on nomme un « appel au peuple », une sorte de référendum, pour déterminer si les Français sont favorables au jugement et à une éventuelle condamnation du roi. Robespierre, Saint-Just et les Jacobins, a priori très favorables à ce processus référendaire, vont pourtant, cette fois, le refuser farouchement. Ils savent en effet très bien que les Français gracieront Louis XVI... Lorsque le roi est guillotiné, il l'est donc par la volonté d'une infime minorité. Roi martyr victime d'une haine qu'il ne peut comprendre, livré à la vindicte populaire, il est exécuté « pour conspiration contre l'État et la Révolution ». Louis XVI est devenu le symbole du pouvoir déchu. Voilà ce qu'a retenu l'Histoire...

Un homme des Lumières

Il est vrai que le souverain manque cruellement de stature. Jeune homme inexpérimenté, un peu gauche, son caractère débonnaire et naïf ne lui permet pas de réagir face au grand mouvement révolutionnaire de 1789. Pourtant, il n'est pas le benêt faible et paresseux si longtemps décrit, Louis XVI est sans doute le plus instruit de nos rois de France et le seul à posséder un esprit scientifique. Curieux, ouvert aux Lumières, le souverain veut sincèrement faire le bonheur de son peuple. Il a en effet reçu une éducation approfondie et complète tant théorique que pratique, dans des disciplines très différentes, littéraires et scientifiques. Loin d'incarner la réaction, il veut au contraire être ce monarque éclairé et paternaliste qui sortira la France de l'ornière. Mais il doit affronter de multiples crises : blocage de la société divisée en trois ordres archaïques, opposition systématique des parlements, hostilité de la noblesse et déficit budgétaire abyssal. Confronté à la Révolution, Louis XVI multiplie les erreurs. La dernière, sa fuite à Varennes en 1791, se révèle fatale...

Un roi peu préparé à régner

En 1754, Louis Auguste de France voit le jour à Versailles. Son père, Louis Ferdinand de France, est le dauphin de Louis XV. Louis Auguste n'est que le cinquième de la fratrie, le troisième garçon : il n'est donc pas l'héritier en titre et il n'est pas préparé à l'exercice du pouvoir. Il est même tenu à l'écart des affaires. C'est un élève studieux, témoignent ses professeurs, qui nourrit un très grand intérêt pour les disciplines scientifiques, la géométrie, l'astronomie et la logique, associées à la grammaire et à la rhétorique. Il étudie les langues : le latin, l'allemand, l'espagnol, et l'anglais qu'il maîtrise parfaitement. Il possède une excellente culture historique et géographique. Le jeune roi découvre aussi les philosophes de son temps, en particulier Montesquieu et sa conception moderne d'une monarchie détachée du droit divin dans *L'Esprit des lois* (paru en 1748). Lorsque meurent en 1761 son frère atteint de tuberculose osseuse, puis en 1765 son père d'une affection pulmonaire peut-être tuberculeuse, Louis se retrouve alors officiellement héritier du trône de France. C'est un passage brutal aux responsabilités de l'âge adulte.

> ***« Peuple, je meurs innocent de tous les crimes qu'on m'impute. Je pardonne aux auteurs de ma mort et je prie Dieu que le sang que vous allez répandre ne retombe jamais sur la France. »***
>
> Louis XVI

Nicolas Monsiau, Louis XVI donnant des instructions à Lapérouse [29 juin 1785], *1817 : érudit, Louis XVI se passionne pour les sciences, l'histoire et la géographie.*

DANS LA TOURMENTE RÉVOLUTIONNAIRE

Une impopularité croissante

En 1770, afin de concrétiser l'alliance de la France et de l'Autriche, le dauphin Louis épouse l'archiduchesse Marie-Antoinette, fille cadette de l'impératrice Marie-Thérèse. Tout semble les opposer. Autant lui est cultivé, consciencieux, animé par un désir constant de bien faire, autant Marie-Antoinette est peu instruite, paresseuse et ne songe qu'aux frivolités de la vie : fêtes, bals et tables de jeu. La princesse est comme ivre de liberté et d'indépendance.

Le 10 mai 1774, au décès de son grand-père Louis XV, Louis devient roi et il est sacré à Reims le 11 juin de l'année suivante. Pendant ses treize ans de règne, Louis XVI doit affronter une noblesse turbulente, la contestation de tous les privilèges, un acharnement populaire à salir l'image du couple royal, aggravé par les fautes incontestables de Marie-Antoinette. À partir de 1778, la France participe à la guerre d'Indépendance américaine qui lui coûte très cher et accroît considérablement les difficultés financières du pays. Malgré des tentatives de réformes profondes, qui vont toutes échouer, Louis XVI n'empêche pas la France de sombrer dans la tourmente de la Révolution.

Le roi fait sa révolution !

Louis XVI a essayé de nommer deux représentants des idées nouvelles – Turgot et Calonne – au poste de contrôleur général des Finances. Tous deux tentent de réduire les dépenses et les dettes de l'État et de ramener la confiance. Ils élaborent un plan de réformes pour le royaume : instaurer un impôt permanent pesant sur tous les sujets, quel que soit leur ordre, créer des assemblées provinciales... Conscient que le moment est venu de faire sortir la France de l'impasse, Louis XVI est séduit par ces projets. Il se sent

Pierre Antoine de Machy, L'Exécution de Louis XVI le 21 janvier 1793 sur la place de la Révolution *(aujourd'hui place de la Concorde), v. 1793.*

À gauche : Marie-Antoinette de Lorraine-Habsbourg, reine de France, 1778.
À droite : Joseph-Siffred Duplessis, Louis XVI*, 1770. Manquant de fermeté, le roi ne possède aucune des qualités qui font les vrais chefs d'État. Ses tergiversations constantes comme ses concessions de dernière minute ne font qu'envenimer chaque situation.*

devenir ce « monarque éclairé » qu'il a toujours rêvé d'être. Il est prêt pour mener enfin une « révolution royale »... C'est sans compter sur le conservatisme des notables, presque tous issus du haut clergé, des noblesses d'épée ou de robe : tous s'opposent fermement à toute remise en question de leurs privilèges. Bientôt la bourgeoisie les rejoint pour former une véritable opposition dressée contre le pouvoir royal. Ensemble, ils appellent à la réunion des états généraux, symbole de cette monarchie mixte qu'ils veulent voir instaurer. Finalement, Louis XVI décide de réunir les représentants de la noblesse, du clergé et du tiers-état dans une assemblée des états généraux le 5 mai 1789.

La chute de la monarchie

L'hostilité des nobles à toute réforme, conjuguée à une peur de la famine liée aux mauvaises récoltes, déclenche la journée révolutionnaire du 14 juillet, où les Parisiens s'emparent de la prison de la Bastille. Désormais, la Révolution est en marche. Louis XVI tente d'abord de s'opposer au nouveau régime mais, sous l'influence de la Prusse et de l'Autriche, il songe à fuir. Le 20 juin 1791, la famille royale s'embarque à bord d'une berline et se dirige incognito vers l'Allemagne. Reconnu, le roi est arrêté à Varennes et ramené à Paris. Le peuple est furieux contre son souverain. Le 3 septembre 1791, les députés de l'Assemblée adoptent une Constitution par laquelle la souveraineté du Roi est transférée à la Nation. Ainsi, est instituée en France une monarchie constitutionnelle dans laquelle Louis n'est plus que le « roi des Français ». L'inquiétude grandit dans les monarchies européennes. En avril 1792, le pays entre en guerre avec l'Autriche, alliée à la Prusse. Persuadée de la complicité du roi avec les puissances étrangères, l'Assemblée devenue législative abolit la royauté le 10 août 1792, après la prise des Tuileries. La République est proclamée le 21 septembre 1792. Le roi est jugé et condamné à mort le 17 janvier 1793. Le 21, Louis est conduit à l'échafaud place de la Concorde.

En 1779, Louis XVI ordonne la construction dans la rade de Cherbourg du fort de l'île Pelée et de deux autres forts.

Lieu de mémoire

Louis XVI fait construire la rade de Cherbourg

Vue aérienne de la rade de Cherbourg.

Une passion pour la marine

Enfant, Louis XVI reçoit dès 1769 des « cours de marine » de la part du savant Nicolas Ozanne. Ils comprennent : construction des vaisseaux, manœuvre, tactique navale et histoire navale du royaume. Des modèles d'instruction naviguent sur le Grand Canal de Versailles. Le roi est donc très jeune sensibilisé aux questions maritimes. Depuis son cabinet de Versailles, il se soucie de découvertes géographiques teintées de philanthropie. Ce roi pacifique, alors même que « la Royale » française affronte la Navy lors de la guerre d'Amérique, recommande d'apporter à l'explorateur rival James Cook toute l'aide dont il pourrait avoir besoin. Louis XVI s'enthousiasme aussi pour l'expédition de La Pérouse autour du monde. Ses instructions, spécifient : « ...dans toutes les circonstances, se comportera avec beaucoup d'humanité envers les peuples qu'il visitera au cours de son voyage. Il s'occupera avec zèle et intérêt de tous les moyens qui pourraient améliorer leur condition. »

La création du port militaire de Cherbourg

Avec la guerre contre l'Angleterre (1778-1783), Louis XVI comprend la nécessité de donner à la marine française un grand port militaire sur la Manche. Ce projet existe depuis Colbert mais n'a jamais pu être finalisé. Le roi adopte, dès 1777, le plan présenté par l'ingénieur en chef des Ponts et Chaussées et des Ports Armand Lefebvre, qui prévoit la fortification de la rade de Cherbourg couverte par une immense digue. En effet, situé en bordure de mer, Cherbourg ne possède aucune rade naturelle.

Le 23 juin 1786, le roi part visiter l'avancement des gigantesques travaux du port. Au cours du voyage, il constate sa grande popularité auprès du peuple : « Je n'ai jamais mieux goûté le bonheur d'être roi que le jour de mon sacre et depuis que je suis à Cherbourg », écrit-il à Marie-Antoinette. Il découvre la mer pour la première fois. Le 24 juin, il fait sa première sortie en bateau à bord du *Patriote*, vaisseau de soixante-quatorze canons. Il est passionné par tout ce qu'il observe.

La plus grande rade artificielle au monde

La construction de la digue artificielle constitue un des chantiers de génie civil les plus importants de la fin du XVIIIe siècle. Débutés dans les années 1780, les travaux des fondations de la digue sont colossaux, ils reposent à la fois sur d'immenses cônes de bois et des enrochements dont le sommet atteindra le niveau moyen des basses mers. À ses extrémités, quatre forts assurent sa protection. Des milliers d'hommes mettent leur savoir-faire et leur courage au service de cette entreprise, souvent au péril de leur vie. Les fondations sont terminées en 1789, mais les travaux sont interrompus pendant la Révolution. Napoléon les fera reprendre en 1803 et 1813. La digue du Large, longue de plus de 3 700 mètres, constitue la plus grande rade artificielle au monde.

Louis-Philippe Crépin, Visite de Louis XVI à Cherbourg le 23 juin 1786, *1817. Aujourd'hui, la seule rue Louis-XVI en France est à Cherbourg.*

Date

3 septembre 1783 : La France victorieuse contre l'Angleterre

Humiliée par le traité de Paris de 1763, la France saisit l'occasion de l'insurrection déclenchée par les colons américains dans les treize colonies anglaises d'Amérique du Nord pour redorer son blason. Elle signe un traité d'alliance avec la jeune nation américaine en 1778, prenant acte de la Déclaration d'indépendance du 4 juillet 1776. Ce traité a pour conséquence la déclaration de guerre de la France à l'Angleterre. Contribution décisive d'autant plus que la France apporte aussi l'appui de sa marine, ce qui contribue à la victoire finale des colons américains contre les Anglais. Par le traité de Versailles, du 3 septembre 1783, la France apporte non seulement son appui à la jeune nation américaine, mais elle raffermit son empire colonial, récupérant ses comptoirs en Inde, gardant en Afrique le Sénégal, en Amérique Saint-Pierre-et-Miquelon, et une partie des Antilles tandis que sa marine en sort renforcée. Pour autant la guerre a coûté cher et grevé le budget de l'État, provoquant les difficultés financières directement à l'origine de la Révolution française.

BARRIÈRES ET TEMPLES NÉOCLASSIQUES

L'avènement du néoclassicisme

Sous Louis XVI, l'architecture est sobre et monumentale et tend, à la fin du règne, vers le néoclassique. L'église de Sainte-Geneviève (aujourd'hui le Panthéon), construite de 1758 à 1790 par Jacques-Germain Soufflot, et les barrières de Paris de Claude-Nicolas Ledoux en témoignent.

Le mur des Fermiers généraux

En 1784, sur ordre de Louis XVI, est décidée la construction d'un nouveau mur autour de Paris, ville ouverte depuis les années 1670. Le but est de permettre à la Ferme générale, qui prend en charge la collecte des impôts royaux, prélever l'octroi, impôt sur les marchandises entrant dans la ville et de limiter la contrebande. Cette nouvelle enceinte dite des Fermiers généraux, longue de 24 kilomètres, suit le tracé de nos grands boulevards actuels, et servira de limite administrative de Paris jusqu'aux grands travaux de Napoléon III en 1860. Elle comporte cinquante-sept bureaux de perception appelés barrières d'octroi dont il subsiste aujourd'hui les barrières d'Enfer, de la Villette, de Charenton, du Trône, de Bercy et de Monceau. De 1785 à 1790, l'architecte Claude-Nicolas Ledoux est chargé de dresser ces édifices à la fois solennels et majestueux, de formes variées : rotonde, temple grec, colonnes doriques alternant les éléments cubiques et cylindriques.

Portrait — Claude Nicolas Ledoux, l'architecte utopiste

« Sans les ressorts inépuisables de l'imagination, le génie ne produit rien », affirmait Claude-Nicolas Ledoux dans sa somme *L'Architecture*, publiée en 1804. Il reste avant tout comme le créateur d'un édifice exceptionnel par la pureté de ses lignes, à juste titre classé au Patrimoine mondial de l'Unesco depuis 1982.
Fils d'un modeste marchand champenois, influencé par l'art grec, Ledoux construit son premier ouvrage en 1762 : le café militaire Godot à Paris, puis des écoles, des fontaines, des presbytères, des ponts et des églises… Grâce à son succès, il mène grand train et constitue une belle fortune. En 1774, on lui confie la construction de la Saline d'Arc-et-Senans. Il édifie aussi des théâtres, notamment celui de Besançon à partir de 1778. En 1784, il se voit chargé du mur autour de Paris, qui servira de péages et de douane.
Dès 1786, les protestations de la population parisienne hostiles à la construction de cette barrière sont de plus en plus vives. Ledoux devient malgré lui un des symboles de l'oppression fiscale. Louis XVI décide de le suspendre de ses fonctions en 1788 pour apaiser les Parisiens mais, en mai, l'agitation politique est telle que le ministre Necker le révoque. Ledoux est pendant la Révolution arrêté et jeté à la prison de la Force. Libéré grâce au peintre David, il se consacre ensuite à la réunion de ses textes sur l'architecture.

Antoine-François Callet,
Claude-Nicolas Ledoux, *v. 1780.*

__La rotonde du parc Monceau__ construite par Claude-Nicolas Ledoux en 1787.

La rotonde en forme de croix grecque de la barrière de la Villette.

Le Panthéon : toutes les gloires de la France

L'église Sainte-Geneviève, connue sous le nom de Panthéon, est construite de 1757 à 1790 par l'autre grand architecte néoclassique, Jacques Germain Soufflot, dans le but de rivaliser avec Saint-Pierre de Rome. Malheureusement, dès son achèvement, « le plus beau de tous les temples de la capitale » (selon Napoléon), présente des failles préoccupantes et doit rester étayé. Il est consolidé en 1806. Toute sa décoration intérieure est postérieure à sa construction. Elle date essentiellement de la deuxième moitié du XIXe siècle, lorsque l'on décide de faire du Panthéon un monument-musée. Apparaissant comme un monument dans lequel la France a matérialisé toutes les idéologies, conceptions et aspirations qui se rattachent à son histoire, il a maintenant vocation à honorer de grands personnages ayant marqué l'histoire de France. Soixante-dix-sept personnes y reposent.

__Le Panthéon__ transformé en mausolée après 1791.

ARC-ET-SENANS, SALINE ROYALE CLASSÉE AU PATRIMOINE MONDIAL DE L'UNESCO

*Panorama d'**Arc-et-Senans (Bourgogne-Franche-Comté)**, l'une des plus importantes salines d'Europe de son époque qui a cessé son activité en 1895 en raison de la concurrence des marais salants.*

Date

15 avril 1775 : Arc-et-Senans, la cité industrielle idéale

Premier site industriel classé par l'Unesco

Le 15 avril 1775 est posée la première pierre de la saline d'Arc-et-Senans à proximité de Besançon. Arcs-et Senans constitue la première grande réalisation d'architecture industrielle, qui reflète l'idéal de progrès du siècle des Lumières. Plus qu'une nouvelle manufacture royale, l'ensemble monumental qui doit s'élever dans la plaine franc-comtoise est conçu selon des principes totalement révolutionnaires par Claude-Nicolas Ledoux, architecte-urbaniste utopiste. Ce vaste ouvrage semi-circulaire doit permettre une organisation rationnelle et hiérarchisée du travail.

Inscrite à l'Unesco en 1982, la grande saline royale d'Arc-et-Senans, produisant du sel ignigène (obtenu par évaporation, sous l'action de la chaleur) fut le premier site industriel au monde à bénéficier de cette distinction.

La manufacture royale pour le bonheur des ouvriers

Le roi a commandité une fabrique. L'architecte va en profiter pour édifier le prototype de la cité industrielle idéale, rationnelle et salubre, fonctionnelle et monumentale, bâtie pour la production de sel mais aussi pour le bien-être et le bonheur de ses ouvriers.

Ledoux imagine un vaste cercle de 370 mètres de diamètre qui, faute de moyens, sera ramené à un hémicycle. En son centre, la maison du directeur aux allures de temple romain (inspirée de celui de Paestum), flanquée de deux usines à sel. Tout autour les ateliers des tonneliers et des maréchaux-ferrants, le lavoir, la boulangerie, le service médical, la chapelle et les logements des ouvriers – fait exceptionnel pour l'époque, ils bénéficient tous d'une cheminée. En même temps qu'ils sont logés sur leurs lieux de travail, les ouvriers sont suffisamment éloignés pour ne trop souffrir des émanations dégagées par l'évaporation des saumures. Rares sont les manufactures qui à l'époque offrent de telles conditions de travail à leur personnel. Même si le projet initial, qui prévoyait la construction d'une ville encerclant la saline, est finalement abandonné, Ledoux est parvenu à édifier un ensemble harmonieux solide et totalement adapté à sa fonction industrielle et une cité ouvrière capable de fonctionner en parfaite autarcie.

Un saumoduc de 21 kilomètres

Dès son achèvement en 1779, la production du sel est lancée à Arc. Les saumures, eaux à forte teneur en sel présentes en abondance dans la région, sont acheminées depuis les puits salins de Salins-les-Bains, situés à 21 kilomètres, vers Arc-et-Senans par une conduite appelée « saumoduc ». Même si la canalisation est enterrée pour la rendre moins vulnérable aux aléas climatiques, les pillards sont nombreux à tromper la vigilance des gabelous, ces agents des douanes de l'époque responsables du commerce du sel et du prélèvement de la gabelle – impôt très impopulaire car le sel est nécessaire à la conservation des aliments comme la viande ou le poisson. Une fois arrivée à destination, la saumure est chauffée et le sel obtenu par évaporation, puis façonné en pains qui peuvent être distribués dans toutes les provinces du royaume, permettant ainsi aux caisses de l'État, qui en ont bien besoin, d'engranger des sommes considérables.

Ci-contre : La maison du directeur de la saline Royale d'Arc-et-Senans (Bourgogne-Franche-Comté) : son fronton est orné d'un oculus en forme d'œil symbolisant la surveillance et de six colonnes doriques qui rappellent le goût de Ledoux pour le classicisme antique.
Ci-dessous : L'entrée principale, précédée d'un péristyle d'ordre dorique, est constituée d'une grotte ornée de concrétions qui donne l'impression de pénétrer dans une mine de sel. L'alliance des styles antique et Renaissance symbolise les forces primitives de la nature et le génie organisateur de l'homme.
En bas : L'entrée donne sur un vaste espace semi-circulaire entouré de onze bâtiments : lieux d'habitation et de travail des ouvriers du sel. Sur la partie circulaire, on trouve la tonnellerie, la forge et les deux bâtiments d'habitation ; sur la partie rectiligne les ateliers d'extraction du sel alternent avec des bâtiments administratifs dont, au centre, le pavillon du directeur. Un projet est actuellement à l'œuvre pour créer le deuxième demi-cercle manquant au projet de Ledoux.

Chapitre 15

LOUIS PHILIPPE, DERNIER ROI DES FRANÇAIS

Quel régime politique pour la France ?

Après la Révolution, les Français expérimentent tous les types de régimes : république, empire, monarchie... puis les mêmes dans l'autre sens et cela jusqu'en 1870, sans qu'aucun s'enracine durablement. La France des années 1815-1870 ressemble à un vaste laboratoire où sont pratiquées successivement de multiples expériences politiques, où se confrontent sans cesse les mémoires de l'Ancien Régime, de la Révolution française et de l'Empire napoléonien. Pourtant, malgré son instabilité, cette époque est marquée par le dynamisme d'un État français bien administré et solide.

Un tour de passe-passe dynastique

Après la grandeur napoléonienne, la Restauration (1815-1830) fait pâle figure. Louis XVIII (1815-1824) et Charles X (1824-1830) traînent encore une sinistre réputation de souverains d'un autre âge, en décalage complet avec leur époque. On souligne à l'envi l'apathie physique et politique de Louis XVIII, puis l'esprit réactionnaire de l'inconséquent Charles X. Par la Charte constitutionnelle de 1814, Louis XVIII a essayé de se concilier la France nouvelle, tout en rétablissant le drapeau blanc. Charles X par sa politique ultra-royaliste cristallise contre lui toutes les oppositions. Ses ordonnances du 26 juillet 1830 provoquent une révolution, qui renverse la branche aînée des Bourbons. C'est l'heure du duc d'Orléans, cousin de Louis XVI, qui devient Louis-Philippe Ier, roi des Français, en vertu de la Charte révisée. Le nouveau roi, féru d'histoire, a bien conscience d'usurper le trône de son cousin Charles X, de la branche aînée, seule légitime aux yeux de ses partisans, appelés « légitimistes ».

Louis-Philippe, « roi des barricades »...

Né le 6 octobre 1773, Louis-Philippe, malgré son sang princier, s'est engagé dans la Révolution aux côtés des Jacobins, ce qui lui vaut la haine des nobles. Il a participé à la bataille de Valmy mais, effrayé des excès de la Terreur, il est passé dans les rangs ennemis. Il s'est réfugié d'abord en Suisse, installé en 1800 en Angleterre puis en 1809 en Sicile où il a épousé Marie Amélie de Bourbon. En 1817, il est revenu enfin en France mais pour s'opposer à Louis XVIII dans les rangs des libéraux.

Le roi-citoyen

Quand Charles X est renversé, les dirigeants de l'opposition libérale comme Adolphe Thiers pensent à lui pour le trône. C'est ainsi que, le 9 août 1830, Louis-Philippe devient enfin « roi des Français » Un nouveau régime se met en place, la monarchie de Juillet, en référence à la révolution de juillet 1830. Louis Philippe se veut un roi libéral. Toutes les références à l'Ancien Régime sont effacées et remplacées par celles de 1789. Il reprend le drapeau tricolore bleu, blanc, rouge, la liberté de la presse est reconnue et il négocie avec les Anglais le retour du corps de Napoléon à Paris. Désormais, le roi n'est plus le représentant de Dieu sur terre, mais celui de tous les Français...

Horace Vernet, Louis Philippe accompagné de ses fils, sortant à cheval du château de Versailles (10 juin 1837), *1846. De gauche à droite : le prince de Joinville, né en 1818, qui s'illustre comme marin ; en retrait, le benjamin, duc de Montpensier, né en 1824 ; puis l'aîné, Ferdinand-Philippe, né en 1810, duc d'Orléans et prince royal – le terme de dauphin est désormais proscrit pour désigner l'héritier de la couronne –, espoir de la dynastie mais qui mourra en 1842 d'un accident de calèche ; le duc de Nemours, né en 1814 ; enfin, le duc d'Aumale, né en 1822.*

LE RÈGNE DU « ROI BOURGEOIS »

Une monarchie parlementaire ?

La monarchie de Juillet est restée dans les mémoires comme le règne de la bourgeoisie, dans ce qu'elle a de plus prosaïque voire de plus médiocre. Louis-Philippe est donc comme l'incarnation du « roi bourgeois ». Les contemporains s'en sont donné à cœur joie, de Victor Hugo au caricaturiste Charles Philippon qui n'a pas hésité à représenter sous la forme d'une poire le visage du souverain. La nouvelle Charte devient un pacte entre le souverain et son peuple. Le roi partage l'initiative des lois avec la Chambre des députés, et le recours aux ordonnances est restreint. Les changements sont néanmoins limités. Le nouveau régime reste censitaire. En théorie, il n'est toujours pas une monarchie parlementaire, même si le souverain est dans les faits obligé de se conformer aux décisions de la majorité parlementaire.

Un régime impopulaire

Impopulaire, Louis-Philippe est victime de plusieurs attentats. La réaction du roi est à chaque fois des plus terribles, notamment à l'égard de la presse, accusée de diffuser des idées républicaines. Par la loi du 9 septembre 1835, il rétablit la censure et l'autorisation royale pour les caricatures. Une trentaine de journaux disparaissent alors. Le mouvement républicain qui souhaite l'instauration du suffrage universel est décapité et voué à une situation de quasi-clandestinité. Le mot même de « républicain » est proscrit par le régime et les républicains sont contraints d'utiliser l'appellation de « radicaux ».

Les libéraux se soulèvent...

À partir de 1847, une crise économique entraîne la montée du chômage et des revendications des ouvriers. Comme le régime n'autorise pas les réunions politiques, ses adversaires organisent des « banquets ». Le 9 juillet 1847, débute une longue série de banquets jusqu'en février 1848 dans toute la France, qui réuniront en tout près de 17 000 participants. Le 21 février 1848, le gouvernement interdit la tenue d'un grand banquet à Paris. En protestation, dès le 23 février et dans tout Paris, des barricades commencent à s'élever.

La révolution de 1848

La révolte tourne aussitôt à l'insurrection générale. On compte désormais mille cinq cents barricades dans tout Paris. Le 24 février, les révolutionnaires livrent contre les forces de l'ordre des combats acharnés. Certains se dirigent vers les Tuileries, la résidence du roi. Effrayé, Louis-Philippe choisit d'abdiquer en faveur de son petit-fils, le comte de Paris. Mais le peuple n'est pas prêt à l'accepter ! Un gouvernement provisoire est aussitôt formé. À minuit, ce gouvernement tout neuf proclame la Deuxième République. Louis-Philippe s'est déguisé pour fuir la capitale et parvient à se réfugier en Angleterre. La reine Victoria met à sa disposition le château de Claremont (Surrey) où il décédera le 26 août 1850. En 1876, son corps sera ramené en France et inhumé à la chapelle royale de Dreux (Eure-et-Loir).

Horace Vernet, Louis-Philippe, duc d'Orléans, quitte le Palais-Royal pour se rendre à l'Hôtel de Ville de Paris (31 juillet 1830), *1832.*

Histoire d'un mot

« Déchristianisation »

Au milieu du XIXe siècle, Mgr Dupanloup, évêque d'Orléans, emploie le premier le mot « déchristianisation » pour désigner notamment le détachement des Français à l'égard de la religion chrétienne. La pratique religieuse s'affaiblit nettement dans certaines régions : Bassin parisien, Aquitaine et Provence. Cette évolution est surtout liée à l'exode rural vers les villes, qui entraîne un relâchement de l'encadrement ecclésiastique. La pratique religieuse reste importante dans la France de l'Ouest, de l'Est et dans le sud du Massif central.

Lieu de mémoire

Le musée de l'Histoire de France de Versailles

Réconcilier les Français avec leur Histoire

Profondément marqué par les événements révolutionnaires des quarante dernières années, Louis-Philippe espère réconcilier monarchie et idéaux révolutionnaires. Le nouveau régime se veut un régime du juste milieu, qui recherche le consensus et se présente comme une synthèse accomplie par l'Histoire. Cela explique son positionnement politique au centre, c'est-à-dire également éloigné des excès du pouvoir populaire et des arbitraires du pouvoir royal. Son objectif est d'enraciner sa dynastie, seule à même d'en finir avec les déchirements français. Il en appelle à l'Histoire pour ancrer profondément son pouvoir.

Le musée de l'Histoire à Versailles

Sa mesure la plus symbolique est de donner une destination nouvelle au palais de Versailles, résidence royale et emblème du pouvoir absolu. Louis-Philippe décide d'en faire un musée pour y accueillir « toutes les gloires de la France ». Il rend ainsi hommage aussi bien à l'Ancien Régime qu'à la Révolution ou à l'épopée napoléonienne sans oublier le nouveau régime. De 1833 à 1837, Louis-Philippe fait remanier le château de Versailles, et ordonne la destruction de nombreux appartements princiers afin de créer son musée de l'Histoire de France. Les travaux sont rondement menés. Encore duc d'Orléans, Louis-Philippe s'était déjà constitué en sa résidence du Palais-Royal une belle collection de tableaux historiques. Pour compléter ce fonds, il commande aux plus grands artistes de son temps des centaines d'œuvres à la gloire de la France. L'inauguration des Galeries historiques de Versailles a lieu le 10 juin 1837. Cette cérémonie fait partie d'un ensemble de fêtes données à l'occasion du mariage à Fontainebleau de son fils Ferdinand-Philippe d'Orléans avec Hélène de Mecklembourg-Schwerin, gage d'enracinement de la dynastie par l'arrivée escomptée d'un héritier.

*La galerie des Batailles est la pièce la plus vaste du château de Versailles (Île-de-France) : 120 mètres de long, 13 mètres de large. Elle occupe la quasi-totalité du premier étage de l'aile du Midi et marque le point fort de la visite du **musée de l'Histoire de France**. La collection compte aujourd'hui plus de six mille tableaux...*

La galerie des Batailles

Dans les Galeries historiques de Versailles, chacun peut trouver son compte. La majestueuse « galerie des Batailles » court de la victoire de Clovis, premier roi franc, à Tolbiac, sa conversion au christianisme et débouche sur Wagram, victoire de Napoléon sur l'Autriche. Les légitimistes se satisfont des « salles des Croisades », exaltant de preux chevaliers chrétiens. La « salle des États-Généraux », convoqués depuis Philippe le Bel en 1302 jusqu'à Louis XVI en 1789, convient aux partisans d'un régime parlementaire. La Révolution est évoquée à ses seuls débuts : la « salle de 1792 », qui met en scène à Valmy le duc de Chartres, titre alors porté par le jeune Louis-Philippe, indique la limite au-delà de laquelle il ne faut point aller. Les « salles du Consulat et de l'Empire » remplissent d'aise les bonapartistes souvent recyclés en orléanistes, tel le maréchal Soult devenu président du Conseil. Quant à l'histoire au présent, elle s'incarne dans une « salle de 1830 », et des « salles d'Afrique » campant les exploits de l'armée coloniale française en Algérie et au Maroc.

Ci-contre, en haut : Les anciennes parties habitables de l'aile du Midi et de l'aile nord sont transformées par l'architecte Frédéric Nepveu de 1833 à 1837 pour installer le musée de l'Histoire de France. Ici la salle des Croisades (aile nord).
Ci-contre, en bas : Au fronton du château de Versailles (Île-de-France), Louis-Philippe fait graver : À TOUTES LES GLOIRES DE LA FRANCE. Versailles a dépassé les 8 millions de visiteurs en 2019 dont 79 % d'étrangers…

Lieu de mémoire

Le palais royal des Orléans

La reconstruction de Philippe-Égalité

Édifié par Richelieu, le Palais cardinal (voir page 192) a été donné en apanage en 1692 au frère de Louis XIV, Philippe, duc d'Orléans. Il est resté ensuite dans la famille des Orléans jusqu'à Louis-Philippe, son descendant direct. Après l'incendie de la salle de l'opéra du palais en 1763, une reconstruction générale a été entreprise par le père de Louis-Philippe, le célèbre et controversé Philippe-Égalité – qui a épousé les idées révolutionnaires et voté la mort de son cousin Louis XVI, ce qui n'a pas empêché qu'il ait été guillotiné à son tour en 1794… Les anciens bâtiments ont été rasés et le futur Philippe-Égalité a confié les travaux, en 1781, à l'architecte Victor Louis qui venait d'achever le théâtre de Bordeaux. Afin d'éponger ses dettes de jeu dans le cadre d'une vaste opération de spéculation immobilière, il a fait aménager des bâtiments qui ont été loués à des commerçants, des tenanciers de salles de jeu, des cafés, et même deux salles de spectacle : celle où s'est installée la Comédie-Française en 1799 et un petit théâtre de marionnettes qui a été vendu en 1787 et évoluera jusqu'à devenir en 1831 le théâtre du Palais-Royal – tous deux achevés seront complètement réaménagés en 1860 Victor Louis a construit un ensemble d'immeubles uniformes répartis sur trois ailes, comportant des galeries marchandes au rez-de-chaussée, soutenues par 180 arcades rythmées de pilastres colossaux à chapiteaux et surmontées d'appartements d'habitation.

Haut-lieu de la prostitution

Le Palais-Royal est devenu dès lors un haut-lieu de divertissement pour la bonne société et un centre d'agitation politique où se sont joués les premiers épisodes révolutionnaires. Quatre-vingt-huit boutiques y étaient logées qui attiraient sous les arcades une foule de flâneurs, de joueurs : en 1805, au numéro 100, le café Lemblin y était devenu le rendez-vous des officiers de l'Empire et celui des demi-solde nostalgiques sous la Restauration. Dans les galeries du palais déambulent les prostituées dans des robes de mousseline transparentes. Huit cents filles habitent au Palais-Royal, auxquelles il faut ajouter les « hirondelles » qui n'y résident pas mais qui viennent à la recherche de clients le soir venu.

Les aménagements de Louis-Philippe

Dès 1814, Louis-Philippe charge le grand architecte Fontaine de réaménager le palais. Les travaux durent dix-huit ans et occasionnent d'énormes dépenses. Fontaine dessine la cour d'honneur, celle qui héberge aujourd'hui les colonnes de Buren avec son péristyle, colonnade qui court le long des deux ailes, le pavillon Valois et le pavillon de Montpensier. Séparant la cour d'honneur du jardin, la galerie d'Orléans est érigée avec une double colonnade de pierre.
Dans ce palais en perpétuel chantier, le duc d'Orléans mène une existence tranquille jusqu'en 1830. Le nouveau roi doit ensuite quitter à regret son palais pour les Tuileries. L'édifice est malheureusement saccagé lors de la révolution de 1848, avant que la Commune de Paris ne l'incendie gravement en mai 1871. Il doit être une nouvelle fois reconstruit. Aujourd'hui, certaines parties sont privatisées tandis que d'autres abritent le Conseil d'État, le Conseil constitutionnel ou les bureaux du ministre de la Culture.

À l'est, l'élégant pavillon de Valois est aujourd'hui le siège du ministère de la Culture. Les colonnes de Daniel Buren qui quadrillent la cour ont été ajoutées en 1986 sur une commande publique du ministère.

__Le Palais-Royal (Île-de-France)__, avec les façades du Conseil d'État, du Conseil constitutionnel et de la Comédie-Française en arrière-plan.

Histoire d'un mot

Barboteuses, pierreuses…

Haut lieu de la vie nocturne parisienne, les fameuses arcades abritent une foule de prostituées. Contrairement à celles des « barrières » souvent misérables, comme les « barboteuses » qui quêtent les faveurs des artisans, les filles du Palais-Royal sont des catins de luxe. Elles sont souvent jeunes, « raccrocheuses » (elles travaillent « en garnis »), « boucaneuses » et négocient leurs charmes à des tarifs relativement élevés : jusqu'à 3 livres pour les plus fraîches. À l'autre bout de l'échelle sociale, les « pierreuses » sont les prostituées du dernier rayon qui racolent dans les terrains vagues ou sur les chantiers de construction.

Le jardin à la française du Palais-Royal (Île-de-France) redessiné par Le Nôtre en 1674 puis par son parent Claude Desgots en 1730, et labellisé « Jardin remarquable » par le ministère de la Culture en 2005.

Portrait — Le comte de Paris, Philippe d'Orléans

La restauration monarchique ratée de 1873

Louis-Philippe disparaît en 1850. C'est à son petit-fils Philippe d'Orléans, comte de Paris, né en 1838, qu'échoit la lourde tâche de devenir le prétendant orléaniste au trône de France. Face à lui, le petit-fils de Charles X, comte de Chambord, est lui le dernier représentant légitimiste de la branche aînée des Bourbons.
En 1873, au lendemain de la chute du Second Empire dans une IIIe République encore fragile, une occasion inattendue de restaurer la monarchie se présente. Philippe d'Orléans accepte de reconnaître comme chef de la maison de France le comte de Chambord, dit Henri V. Ce rapprochement permet de renforcer la majorité monarchiste à la Chambre, face aux républicains et aux bonapartistes. Le comte de Chambord n'ayant pas d'enfants, Philippe deviendrait son successeur. Il est convaincu que cette réconciliation des deux maisons rend possible une restauration légitimiste. Mais c'est sans compter avec la bêtise du comte de Chambord et d'une majorité de députés légitimistes qui refusent d'accepter le drapeau tricolore comme emblème national et exigent le drapeau blanc royaliste. Leur intransigeance rend impossible le retour de la monarchie. Il faut dans l'attente d'une solution élire un nouveau président de la République. Décidé à s'effacer devant le roi si la royauté est rétablie, le maréchal Mac-Mahon est élu, le 24 mai 1873, président de la République, par une large majorité royaliste de l'Assemblée : 390 voix sur 721 députés. À la fin d'octobre 1873, le contexte politique semble de nouveau favorable pour une restauration. On commence à préparer le retour du prochain roi de France, Henri V. Les négociations sont prises au sérieux à la Bourse de Paris, qui monte en flèche. Mais une nouvelle fois l'intransigeance du comte de Chambord fait échouer l'affaire. La République se renforce progressivement et les chances de restaurer la monarchie disparaissent.

La chapelle royale de Dreux

À la suite du malheureux accident de son fils aîné, Louis-Philippe décide, par une ordonnance en date du 23 juin 1843, que « Notre chapelle royale de Dreux est consacrée à la sépulture des princes et princesses de notre famille ainsi qu'à celle de nos successeurs, descendants et héritiers ». Érigée par sa mère en 1816 à l'emplacement de l'ancien château des comtes de Dreux, dont il ne reste rien, la chapelle Saint-Louis de Dreux abrite donc les sépultures de la famille de Bourbon-Orléans. De 1843 à 1845, la chapelle de style néogothique est agrandie et décorée de somptueux vitraux, tous exécutés à la manufacture de Sèvres, sur des dessins d'Eugène Delacroix et de Jean-Dominique Ingres. Dans le parc, Louis-Philippe fait élever en 1844 un élégant pavillon à tourelles. Léguée avec le domaine de Dreux par le comte de Paris (1908-1999), la chapelle appartient désormais à la Fondation Saint-Louis.

***Le château d'Eu (Normandie)**, commencé en 1578, a été embelli, au siècle suivant, par la Grande Mademoiselle. Propriété de Louis-Philippe à partir de 1828, il est agrandi par l'architecte Fontaine, puis restauré et décoré par Viollet-le-Duc à partir de 1872 pour le comte de Paris, Philippe d'Orléans. Il abrite aujourd'hui un musée Louis-Philippe.*

*Ci-dessus : **La chapelle royale Saint-Louis de Dreux (Centre-Val de Loire)**, nécropole de la famille d'Orléans, d'où son surnom de « Saint-Denis des Orléans », a été construite par l'architecte Charles-Philippe Cramail en 1816 et est agrandie en 1839 par Pierre Bernard Lefranc.*
Ci-contre, en haut : Les vitraux du transept sud de la chapelle royale Saint-Louis de Dreux (Centre-Val de Loire) représentent, de gauche à droite : saint Louis, sainte Isabelle, saint Germain, sainte Radegonde et saint Rémi et sainte Bathilde. Les trois dernières représentations arborent les traits des membres de la famille royale. Ceux du bras nord du transept : sainte Geneviève, saint Denis, sainte Clotilde femme de Clovis, saint Ferdinand, sainte Amélie, saint Philippe. Ils ont été réalisés en 1843-1844 d'après les cartons de Jean-Auguste-Dominique Ingres. Les ornements architecturaux ont été dessinés par Viollet-de-Duc.
Ci-contre, en bas : Dans la crypte circulaire de la chapelle basse reposent les descendants de la famille des Orléans.

CHANTILLY, CHÂTEAU DU DERNIER PRINCE

Joyaux de l'Histoire et de l'architecture françaises

Le château de Chantilly est une reconstruction commandée par Henri d'Orléans, duc d'Aumale, fils du dernier roi de France, Louis-Philippe. L'architecte Honoré Daumet est chargé des plans et en suit l'édification de 1875-1882. Il s'inspire du château originel des ducs de Montmorency, bâti au XVIe siècle et détruit pendant la Révolution. Les magnifiques jardins à la française, signés Le Nôtre, ont été réalisés avant ceux de Versailles.

À l'âge de 8 ans, Henri a été désigné comme légataire universel par le dernier prince de Condé, mort sans descendance. Il reçoit ainsi en héritage ce qui est considéré à l'époque comme le plus important patrimoine foncier français avec, entre autres, le domaine de Chantilly. Le duc d'Aumale y installe ses magnifiques collections de peintures, de dessins et de livres anciens. Veuf et ayant perdu ses deux fils jeunes – son dernier enfant, le duc de Guise, est mort en 1872, il léguera le château et son domaine à la Fondation de France pour en faire l'un des plus beaux musées de France, à la condition que le musée Condé soit ouvert au public et que sa présentation murale soit préservée.

Le château de Chantilly (Hauts-de-France), *reconstruit en 1875-1881 par le duc d'Aumale sous la direction de l'architecte Honoré Daumet, abrite aujourd'hui le musée Condé.*

> *« Pour moi, votre royauté a cessé d'être politique, et maintenant est historique. Ma République ne s'en inquiète pas. Vous faites partie de la grandeur de la France et je vous aime. »*
>
> Victor Hugo

Franz Xaver Winterhalter, Le duc d'Aumale *[Henri d'Orléans, 1822-1897]* gouverneur de l'Algérie, *1846. Proscrit deux fois par le gouvernement de son pays, cet ami des arts patriote incarne l'esprit français, courageux, humaniste et généreux.*

La deuxième collection après le Louvre

Le musée abrite aujourd'hui 1 000 tableaux anciens, dont il constitue la deuxième collection après le Louvre. Y figurent aussi 2 500 dessins (dont 366 portraits de cour par Jean Clouet), et 6 000 estampes. Sa collection de livres précieux est exceptionnelle. Sa bibliothèque est composée de milliers de livres rares : les *Très Riches Heures du duc de Berry*, peut-être le plus beau manuscrit enluminé au monde, parmi 1 600 manuscrits du Xe au XIXe siècle, dont 300 à peintures (livres d'heures, psautiers, etc.), 12 500 livres imprimés du XVe au XIXe siècle, et 30 000 livres des XIXe-XXe siècles. Sans oublier, enfin, 4 000 monnaies.

Chantilly, une œuvre d'art totale

Dans son testament du 3 juin 1884, le duc d'Aumale se pose la question de l'avenir de son domaine et de ses collections : « Voulant conserver à la France le domaine de Chantilly dans son intégrité avec ses bois [...], et tout ce qu'ils contiennent, trophées, tableaux, livres, archives, objets d'art, tout cet ensemble qui forme comme un monument complet et varié de l'art français dans toutes ses branches et de l'histoire de ma patrie à des époques de gloire, j'en confie le dépôt à un corps illustre [l'Institut de France dont dépend la Fondation] [...] qui, sans se soustraire aux transformations inévitables des sociétés, échappe à l'esprit de faction, comme aux secousses trop brusques, conservant son indépendance au milieu des fluctuations politiques. » Le geste généreux du prince frappa beaucoup les grands esprits de son temps y compris Victor Hugo, le républicain...

CONCLUSION

Léon Cogniet, Les Drapeaux, *vers 1830.Le drapeau tricolore comme symbole de la victoire des révolutionnaires sur le lys des rois, même si le blanc de nos rois est toujours présent…*

UN RETOUR DE LA MONARCHIE ?

Un double héritage

Historiquement et culturellement, la France est le produit d'un double héritage, d'une part catholique et royal, mais également d'autre part républicain et laïc. Ces deux héritages qui façonnent la France d'aujourd'hui sont à l'origine de ses valeurs fondamentales. Elles viennent tout autant de nos grands rois catholiques (de Saint Louis à Louis XVI) que de l'édit de Nantes, de l'esprit des Lumières, de la Déclaration des droits de l'homme et de grands personnages républicains comme Victor Hugo, Léon Gambetta ou Georges Clemenceau. Nous devrions être fiers de ces deux héritages, l'Histoire de France est un bloc ! « Les Français ne peuvent comprendre la France s'ils ne sont pas capables de vibrer à la fois au sujet du sacre de Reims et de l'évocation de la fête de la Fédération de 1790 », disait le grand historien Marc Bloch.

Quatre Français sur dix pour une monarchie

Plus de deux cent trente ans après la Révolution, la monarchie conserve une signification profonde pour les Français. Quatre d'entre eux sur dix resteraient profondément attachés à la figure du roi. C'est ce que nous rappellent régulièrement les fréquents sondages réalisés à ce sujet. Selon un sondage BVA, de septembre 2016, 38 % des Français considèrent qu'un monarque serait bénéfique pour l'unité nationale. Un autre nous indique (sondage Ifop, octobre 2018) : « Quatre Français sur dix seraient prêts à confier la direction du pays à un "pouvoir politique autoritaire" pour le réformer en profondeur. » Les Français ont toujours eu besoin d'un homme fort pour les conduire, de gré ou de force, sur les chemins de la modernité. « Au-delà des clivages politiques, les Français veulent un chef », nous confirme Matthieu Chaigne, directeur associé chez BVA dans son ouvrage *La France en face* (éditions du Rocher, 2017).

Les partisans actuels d'un retour à la monarchie ne manquent pas d'arguments en sa faveur :
- une représentation, par le roi, de toute la nation plutôt que d'une partie seulement ;
- la mesure d'un système qui ne se réfère pas à une idéologie ;
- l'axiome bien connu que les qualités nécessaires pour parvenir au pouvoir sont inverses de celles qu'il faut pour bien l'exercer ;
- la continuité d'une dynastie ;
- la durée de l'action ;
- la compétence de celui qui dès l'enfance a été préparé à régner.

Ils n'ont pas forcément tort. La monarchie n'est pas automatiquement un système réactionnaire, et elle serait même peut-être la prochaine forme du progressisme...

La république très monarchique du général de Gaulle

Certes, certains voient dans le président de la Vᵉ République une fâcheuse réminiscence monarchique, ce qui fut en effet voulu par le très « monarchien » général de Gaulle, promoteur de la Constitution de 1958. La monarchie républicaine telle que l'a conçue de Gaulle est une réalité. Le Général considérait la Vᵉ République comme une sorte de substitut de la monarchie qu'il aurait d'ailleurs souhaitée à titre personnel. Selon ses propres paroles : « Pour moi, l'Histoire de France commence avec Clovis, choisi comme roi de France par la tribu des Francs, qui donnèrent leur nom à la France. » Il a construit alors un système formé autour d'un président de la République et d'un Premier ministre : comme chef de l'État élu, le premier est chargé des orientations stratégiques et de l'incarnation de l'État, le second s'occupe de la gestion des affaires quotidiennes. Or, c'est un système dans lequel le président de la République peut facilement, le cas échéant, être remplacé par un monarque. On peut imaginer cette double légitimité dans le prolongement de ce que le général de Gaulle avait conçu.

> *« Je suis un monarchiste, la République n'est pas le régime qu'il faut à la France. »*
>
> Charles de Gaulle

La roue va-t-elle tourner ?

Quand l'unité du pays se détériore, quand la communauté nationale n'est plus une évidence, quand le tissu social, culturel et économique est gravement dégradé par rapport à ce qu'il était jadis, quand l'identité nationale est de plus en plus incertaine, plus le sentiment de faire corps avec les autres est abîmé, plus il est nécessaire d'avoir des repères solides. La monarchie apparaît comme un recours, comme le régime qui a constitué la France au cours des siècles. Elle demeure l'institution de la réalité charnelle de la patrie et de l'État. Pour l'historien grec Polybe, la monarchie est le régime le plus naturel, celui qui a précédé tous les autres, et l'évolution cyclique du temps en assure le retour périodique, la démocratie n'ayant alors plus rien d'un horizon inéluctable et indépassable. La roue va-t-elle encore tourner et faire de la monarchie un régime d'avenir en France ? On peut se poser la question. Toujours selon Polybe, la démocratie (pouvoir du peuple) évolue inéluctablement en pouvoir de la foule manipulée par ses passions, entraînant des désordres qui rendent inévitable le recours à un homme fort. Et c'est le retour de la monarchie. Ainsi à Rome, au terme d'un siècle de luttes fratricides, les Romains, fatigués de la République, ont-ils abdiqué leur liberté entre les mains d'Auguste, qui leur avait promis le retour de la paix et de la prospéritéé.

Les Français ont rarement été aussi divisés qu'aujourd'hui, la société jamais aussi fracturée, les passions incroyablement exacerbées. Le peuple s'estime exclu du pouvoir et insuffisamment écouté. Les mots « communautarisme », « séparatisme », « partition », « islamisme », « guerre civile » sont sur toutes les lèvres... Alors, qui pourrait jurer qu'elle ne reviendra pas ? Le parallèle est-il trop audacieux ? Voire ! Un système dans lequel, à la suite d'une révolution, les Français seraient amenés à se prononcer sur une éventuelle restauration de la monarchie est une chose qui n'est pas à exclure.

Notre cher et vieux pays a-t-il un avenir ?

La nostalgie de la monarchie n'est jamais morte dans notre pays. Certes, la sphère politique qui s'en réclame ne paraît pas avoir le vent en poupe. Les partis royalistes sont aussi nombreux que confidentiels, ne parvenant même pas à se mettre d'accord sur le prétendant légitime : Jean d'Orléans pour les orléanistes, Louis de Bourbon pour certains légitimistes sans oublier les bonapartistes du prince Jean-Christophe. Ni tous ceux qui se fichent du régime, pourvu qu'on ait un président-monarque omniprésent comme aujourd'hui...

Mais l'idée royale et le besoin de roi ne se limitent pas à ceux qui s'en réclament aujourd'hui. La presse *people* continue à bien se vendre, et nos concitoyens raffolent des événements royaux, mariages, naissances, couronnements, et divorces, de plus en plus souvent. Nous jalousons secrètement l'unité des Britanniques derrière leur dynastie et leur incroyable reine : Elizabeth II. Le président Macron lui-même a exprimé sa tentation monarchique en déclarant en 2015 : « Dans la politique française, cet absent est la figure du roi, dont je pense fondamentalement que le peuple français n'a pas voulu la mort. » Mais c'est un parlementaire britannique, Edmund Burke, dans un célèbre discours devant la Chambre des communes d'Angleterre en 1790, qui a le mieux résumé la situation : « Les Français se sont fait connaître comme les plus habiles architectes de destruction qui aient jusqu'à présent existé dans le monde. Dans ce court espace de temps, ils ont complètement détruit jusqu'aux fondements de leur Monarchie, leur Église, leur Noblesse, leurs Lois, leurs Revenus publics, leur Armée, leur Marine, leur Commerce, leurs Arts et leurs Manufactures. » Propos qui rappelle la phrase choc du philosophe et écrivain français, Ernest Renan : « Le jour où la France coupa la tête de son roi, elle commit un suicide... »

Conclusion : si nous voulons marcher vers un futur serein, retournons à nos racines...

Photogravure : IGS-CP 16
Imprimé et façonné en Italie par la L.E.G.O.
ISBN : 9782226445971

Éditions Albin Michel, 22 rue Huyghens, 75014 Paris
www.albin-michel.fr
Pour tout renseignement :
nicolas.decointet@albin-michel.fr
Facebook : Beaux-livres Albin Michel
Catalogue : bit.ly/extraits-beaux-livres